山右叢書　山右歷史文化研究院　編

張司隸初集

［明］張道濬　撰　　田同旭　趙建斌　馬艷　點校

上海古籍出版社

圖書在版編目(CIP)數據

張司隸初集／（明）張道濬撰；田同旭，趙建斌，馬艷點校. —上海：上海古籍出版社，2018.6
（山右叢書）
ISBN 978-7-5325-8870-1

Ⅰ.①張… Ⅱ.①張… ②田… ③趙… ④馬… Ⅲ.①張道濬—文集 Ⅳ.①Z424.8

中國版本圖書館CIP數據核字（2018）第123775號

張司隸初集

山右叢書
（明）張道濬 撰
田同旭 趙建斌 馬艷 點校
上海古籍出版社出版發行
（上海瑞金二路272號 郵政編碼200020）
(1) 網址：www.guji.com.cn
(2) E-mail：guji1@guji.com.cn
(3) 易文網網址：www.ewen.co
浙江臨安曙光印務有限公司印刷
開本700×1000 1/16 印張28 插頁2 字數339,000
2018年6月第1版 2018年6月第1次印刷
印數：1－1,100
ISBN 978-7-5325-8870-1
G・689 定價：118.00元
如有質量問題，請與承印公司聯繫

目　録

點校説明 …………………………………… 一
叙 ………………………………… 戴國士　五
序 ………………………………… 顧　宸　七

　　　　一編　澤畔行吟

序 ………………………………… 王　庭　一一
序 ………………………………… 韓繹祖　一三

澤畔行吟卷一 …………………………… 一五

　賦 ………………………………………… 一五
　　晚烟賦 ………………………………… 一五
　　隱豹賦 ………………………………… 一五
　　歸夢賦 ………………………………… 一六

澤畔行吟卷二 …………………………… 一七

　詩_{樂府} ………………………………… 一七
　　公無渡河 ……………………………… 一七
　　夜飲朝眠曲 …………………………… 一七
　　當窗織 ………………………………… 一七

君馬黃 ……………………………………… 一七

烏夜啼 ……………………………………… 一八

采蓮曲 ……………………………………… 一八

久離別 ……………………………………… 一八

飲馬長城窟行 ……………………………… 一八

春日長 ……………………………………… 一八

楊白花 ……………………………………… 一九

折楊柳曲 …………………………………… 一九

烏棲曲 ……………………………………… 一九

自君之出矣 ………………………………… 一九

雀飛多 ……………………………………… 一九

長相思 ……………………………………… 一九

蓮舟買荷渡 ………………………………… 二〇

鼓吹入朝曲 ………………………………… 二〇

相逢行 ……………………………………… 二〇

猛虎行 ……………………………………… 二〇

牧牛詞 ……………………………………… 二〇

射雉詞 ……………………………………… 二一

胡無人 ……………………………………… 二一

舞衣曲 ……………………………………… 二一

玉堦怨 ……………………………………… 二一

橫江詞 ……………………………………… 二一

蕩舟曲 ……………………………………… 二二

行路難 ……………………………………… 二二

澤畔行吟卷三 …………………………………… 二三

詩 五言古 …………………………………… 二三

感遇十二首	二三
出塞	二五
擬招隱	二五
銅雀臺弔古	二五
雁門	二六
松蘿篇	二六
柏林唐晉王墓	二六
聽雨	二六
郊原遠	二七
偶成	二七
題千里駒爲郭噩吾中丞賀	二七
聽李葵塢彈琴	二七
游仙	二七
夜集孫白谷吏部園亭	二七
感寓	二八
再謫	二八
秋泛	二八
秋江篇	二八
西浦	二八
送吳來之大行	二九
雪	二九
馮高	二九
勵志	二九
拾夢	二九
唁李青來秀才程姬	三〇
艷情	三〇
南湖漾舟	三〇

出招慶南逢陸芝房司馬泛舟作 …………………… 三〇

秋夜寄訊王介人山人 ………………………………… 三一

次兒德棻自家鄉來省 ………………………………… 三一

明月曲 …………………………………………………… 三一

夢先宮保 ………………………………………………… 三一

夢先忠烈 ………………………………………………… 三二

又夢先忠烈 ……………………………………………… 三二

病起柬周太華 …………………………………………… 三二

山夜 ……………………………………………………… 三二

澤畔行吟卷四 ……………………………………… 三四

詩 七言古 ……………………………………………… 三四

彈劍篇 …………………………………………………… 三四

從軍行 …………………………………………………… 三四

應孫愷陽相國教賦得洗兵魚海雲迎陣時塔山閱武值雨也 …… 三四

感遇 ……………………………………………………… 三五

賦得閨人怨蕩子 ………………………………………… 三五

悲歌 ……………………………………………………… 三五

縱歌 ……………………………………………………… 三六

送少司馬呂益軒老師歸田 ……………………………… 三六

羅令浮玉八歲罹回祿幾殆母氏力救得免已成名欲祿養
　而弗逮也時向人流涕其年友楊給諫含沖哀之余代爲
　賦此 …………………………………………………… 三六

壽恕軒隱者 ……………………………………………… 三七

往雁門辭家初日馬上口占 ……………………………… 三七

題孫白谷吏部映碧園 …………………………………… 三七

美人梳頭歌 ……………………………………………… 三八

定交篇贈汪讓之參謀……………………………………三八
短歌贈王介人山人………………………………………三八
贈方雲生女郎……………………………………………三八
游紫陽洞…………………………………………………三九
頌鄭鴻逵太守禱雨有應…………………………………三九
秋夜歌……………………………………………………三九
教月………………………………………………………四〇
挑燈………………………………………………………四〇
故宋御教場………………………………………………四〇
田家東鄰…………………………………………………四〇
寄朱倩生女郎……………………………………………四一

澤畔行吟卷五………………………………………………四二

詩 五言律……………………………………………………四二
賀孫愷陽年伯拜相………………………………………四二
出使寧遠哀痛先公用孫楚帷孝廉韵寫懷………………四二
渡海往覺華島……………………………………………四二
賦得落絮…………………………………………………四二
幽居………………………………………………………四二
偶成………………………………………………………四三
曉發太行次星軺驛………………………………………四三
野望………………………………………………………四三
送余雲谷山人之秦………………………………………四三
閣夜………………………………………………………四三
秋日送尹舜鄰給諫………………………………………四三
七夕………………………………………………………四三
中秋夜宴…………………………………………………四四

雪中往沁水 …… 四四
別墅 …… 四四
聞柝 …… 四四
郊行 …… 四四
晚出沁州 …… 四四
代州早秋 …… 四五
別孫白谷吏部 …… 四五
金山寺 …… 四五
宿甘露寺 …… 四五
夜泊揚子江 …… 四五
丹陽道中懷故園知己 …… 四五
卜居 …… 四五
雨霽 …… 四六
聞鐘 …… 四六
秋日同陸芝房司馬王介人山人登烟雨樓 …… 四六
阮圓海太常以詩見慰用韵寄謝四首 …… 四六
塘上 …… 四七
同談仲木文學王言遠孝廉山寺晚望 …… 四七
送五叔 …… 四七
送王委玉秀才 …… 四七
九日病中寄王介人山人 …… 四七
即事 …… 四七
蘭 …… 四八
竹 …… 四八
泊新橋二首 …… 四八
懷談仲木秀才 …… 四八
冬夜懷歸 …… 四八

早發苕溪…………………………………四九

新正懷陸芝房司馬寄訊…………………四九

挽内………………………………………四九

古塚………………………………………四九

念母………………………………………四九

秋夜聽雨…………………………………四九

西湖舟宿有感……………………………四九

聞舍妹病感夢作…………………………五〇

南塘晚步…………………………………五〇

留別沈何山司寇…………………………五〇

燕子磯江閣………………………………五〇

初春候家信不至…………………………五〇

白下贈王月生女郎………………………五〇

雨後野步…………………………………五一

落花………………………………………五一

同王介人屠用明秋泛……………………五一

秋夜即事…………………………………五一

同沈君庸王介人過東塔謁朱買臣墓……五一

寄張天如太史……………………………五一

寓大雲寺…………………………………五一

檇李移居…………………………………五二

游三竺……………………………………五二

吕司馬老師示慰奉和四首………………五二

玉泉寺……………………………………五三

澤畔行吟卷六……………………………五四

　詩五言排律………………………………五四

送孫愷陽相公榆關視師……………………………… 五四
過侯馬姜女廟……………………………………………… 五四
寄別范質公司馬…………………………………………… 五四
觀海………………………………………………………… 五五
春日同談仲木李青來秀才王介人山人王言遠孝廉嫣
　如霞如二女郎游鴛湖………………………………… 五五
贈熊汝望開府……………………………………………… 五五
祝周挹齋相公……………………………………………… 五六
岳鄂王廟…………………………………………………… 五六

澤畔行吟卷七 ……………………………………… 五七

詩七言律 ………………………………………………… 五七
　白燕……………………………………………………… 五七
　初晴侍孫相公寧遠閱邊………………………………… 五七
　逆瑨敗余起自田間過陘陽驛閱壁上舊題感而漫成…… 五七
　賀苗侍峰大尹六旬有二生子…………………………… 五七
　送曹旭海侍御…………………………………………… 五八
　樊叔魯餉部見召示慰次韵……………………………… 五八
　秋興次田御宿大參韵四首……………………………… 五八
　自慰……………………………………………………… 五九
　秋夜不寐次孫白谷吏部四韵…………………………… 五九
　再次前韵………………………………………………… 六〇
　再次前韵………………………………………………… 六一
　虜退感事用孫白谷吏部韵……………………………… 六一
　雁門留別田御宿大參…………………………………… 六二
　幽怨……………………………………………………… 六二
　晚步水濱………………………………………………… 六二

謫海上過金山登眺 …………………………… 六二
甘露寺 ……………………………………… 六二
檇李中秋 …………………………………… 六三
登吴山 ……………………………………… 六三
同彭德符孝廉陸芝房司馬彭觀民太守鴛湖夜泛分韵得
　微字 …………………………………… 六三
萍 …………………………………………… 六三
談仲木留別次答 …………………………… 六三
冰 …………………………………………… 六四
元日 ………………………………………… 六四
客夜醉賦 …………………………………… 六四
艷體 ………………………………………… 六四
口占 ………………………………………… 六四
秋柳 ………………………………………… 六五
泛太湖 ……………………………………… 六五
同王介人携嫣如霞如兩女郎虎丘步月 …… 六五
西湖冶體 …………………………………… 六五
飛來峰 ……………………………………… 六五
寄懷王言遠孝廉 …………………………… 六六
泛西湖 ……………………………………… 六六
湖心亭 ……………………………………… 六六
孟冬偶成 …………………………………… 六六
孤山吊林逋墓 ……………………………… 六六
御風送陳丹井户部 ………………………… 六七
贈柳如是 …………………………………… 六七
無題 ………………………………………… 六七
桃花 ………………………………………… 六七

薛姬入道…………………………………………六七

澤畔行吟卷八………………………………………六九

　詩 七言排律

　　和陸芝房職方觀走馬燈櫽括五行二十八宿十二直
　　　神詩……………………………………………六九
　　再次陸芝房觀走馬燈櫽栝五行二十八宿十二直神
　　　原韵……………………………………………六九
　　上元虞乾陽給諫招同曹愚公侍御陸芝房職方譚梁生
　　　屯田魏道安山人周秀生女郎夜飲次韵…………六九

澤畔行吟卷九………………………………………七一

　詩 五言絶句

　　静夜思……………………………………………七一
　　古意………………………………………………七一
　　秋思………………………………………………七一
　　閨情二首…………………………………………七一
　　絶句………………………………………………七一
　　夜半聞笳…………………………………………七二
　　夷門監者…………………………………………七二
　　孫白谷吏部園亭雜咏七首…………………………七二
　　任任之太學杞圃…………………………………七三
　　閨思………………………………………………七三
　　湖歸………………………………………………七三
　　古艷詞……………………………………………七三
　　觀舞………………………………………………七三
　　芙蓉堤……………………………………………七三

咏豐城劍贈王介人 …………………………… 七三
中夜 …………………………………………… 七三
同內人聞桂 …………………………………… 七四
有感 …………………………………………… 七四
對菊 …………………………………………… 七四
蓮 ……………………………………………… 七四
芙蓉 …………………………………………… 七四
盆魚 …………………………………………… 七四
感懷 …………………………………………… 七四
即事 …………………………………………… 七四
寄屠用明 ……………………………………… 七四
別情 …………………………………………… 七五
龍井一片雲石 ………………………………… 七五
望湖心亭 ……………………………………… 七五
問水亭 ………………………………………… 七五

澤畔行吟卷十 …………………………………… 七六

詩七言絕句

宮怨九首 ……………………………………… 七六
古意 …………………………………………… 七七
月夜張心冶文鐵庵朱滄起三太史過飲 ……… 七七
閨情二首 ……………………………………… 七八
感遇 …………………………………………… 七八
孟良城 ………………………………………… 七八
過石嶺關 ……………………………………… 七八
映碧園夜飲迴文二首 ………………………… 七八
旅感 …………………………………………… 七九

夜坐	七九
到家	七九
同于伯玉孝廉游白雲寺	七九
有懷二首	七九
漳水懷古	八〇
汴堤懷古	八〇
怨情	八〇
落花	八〇
憶舊游	八〇
睡起	八〇
聞砧	八一
蘇堤二首	八一
姑蘇柳枝	八一
即事	八一
乞巧戲題	八一
戲贈王月生女郎	八二
戲贈李慧生女郎	八二
吳門即事	八二
哭亡妾二首	八二
雨花臺	八二
越來溪	八三
二十四橋	八三
晚春口號	八三
題畫	八三
贈柳如是女郎二首	八三
塞下曲	八四
聞檐馬聲	八四

閨情四首	八四
赤壁	八五
采蓮女	八五
明妃小像	八五
少年行	八五
偶成	八五
保叔塔	八五
段橋	八五
柳洲亭	八六
贈王大含孝廉	八六
宫怨	八六

二編　澤畔行吟續

澤畔行吟續卷一 …… 八九

賦 …… 八九

出塞賦有序	八九
寶刀賦	九〇
遥壽慈幛賦	九一
餘秋讀書賦	九二
西湖泛月賦有序	九二
美人賦	九三

澤畔行吟續卷二 …… 九五

詩樂府 …… 九五

| 東飛伯勞歌 | 九五 |
| 櫂歌行 | 九五 |

天馬	九五
江南曲	九五
走馬引	九五
雁門太守行	九六
車遙遙篇	九六
園桃	九六
俠客行	九六
東海	九六
前溪	九七
將進酒	九七
雙燕	九七
隴頭流水歌	九七
綠竹	九七
莫愁	九七
估客樂	九八
捕蝗	九八
泛水曲	九八
映水曲	九八
白雪	九八
太行路	九八
攜手曲	九九
苦寒行	九九
釣竿篇	九九
日出入行	九九
戰城南	九九
三峽流泉	九九
今何在	一〇〇

白頭吟 五解	一〇〇
白楊行	一〇〇
蒲坂行	一〇〇
夜宴曲	一〇〇
蕭史曲	一〇一
猛虎行 三首	一〇一
寓言	一〇一
行路難	一〇一
自君之出矣	一〇二
臨高臺	一〇二
相逢行	一〇二

澤畔行吟續卷三 ……… 一〇三

詩 五言古 ……… 一〇三

昭烈廟	一〇三
苦寒	一〇三
九日同諸子集陳氏山園分得子字	一〇三
鷗	一〇三
廣陵贈魯繡林 近遷大行 魯冰長 鑑學憲昆仲	一〇四
酬馬巽倩 權奇 水部兼柬陳章侯 洪綬 秀才	一〇四
簡書擬陶體	一〇四
經呂梁洪	一〇四
雲龍山	一〇五
觀韓次卿 昭宣 飭部閱武	一〇五
來烟亭	一〇五
寄黎博庵學憲 元寬	一〇五

武林夜發之吳門同王介人聯句 …………… 一〇六
寄懷韓次卿餉部昭宣 …………………… 一〇六
寄懷王元昭溯元秀才因柬王介人翃 …… 一〇六
贈陳雪灘宮詹盟 ………………………… 一〇六
贈西洋國畢今梁方濟 …………………… 一〇七
哭二弟濟 ………………………………… 一〇七
飲黃氏故宅有感 ………………………… 一〇七
贈戴初士孝廉國士 ……………………… 一〇七
嘉興簿徐石麟五十 ……………………… 一〇八

澤畔行吟續卷四 …………………………… 一〇九

詩七言古 …………………………………… 一〇九
  望湖亭 …………………………………… 一〇九
  廣陵嘉宴詩有引 ………………………… 一〇九
  范質公景文司馬池生並蒂蓮遂有蘭夢雙徵因美之 … 一一〇
  壽韓聚之郡二守奎 ……………………… 一一〇
  贈劉明輔總戎良佐 ……………………… 一一一
  湖上別陸芝房司馬澄原 ………………… 一一一
  同王介人月夜訪徐弱雲女郎 …………… 一一一
  題戲馬臺豪飲圖 ………………………… 一一二

澤畔行吟續卷五 …………………………… 一一三

詩五言律 …………………………………… 一一三
  石屋 ……………………………………… 一一三
  同陳章侯洪綬茂才王介人翃布衣蔣聞笙女郎游
    烟霞 …………………………………… 一一三

雨中望棲霞 …………………………………… 一一三
金山寺妙高臺 ………………………………… 一一三
逆風發吳江 …………………………………… 一一三
曉泊宿遷 ……………………………………… 一一四
彭城大佛寺眺望 ……………………………… 一一四
哭韓長卿歷城尹_{承宣} ………………………… 一一四
贈賈月生女郎 ………………………………… 一一四
冬夜陳章侯王介人泛月用介人韻 …………… 一一四
山居 …………………………………………… 一一四
懷友人在苕 …………………………………… 一一四
晚步 …………………………………………… 一一五
同韓青城王介人雨集陸芝房司馬鬱林別業 … 一一五
雨中柬吳今生太學_右 ………………………… 一一五
偶見 …………………………………………… 一一五
投謝韓次卿户部_{昭宣} ………………………… 一一五
柬周紫髯總戎_{文郁} …………………………… 一一五
贈孫稚君秀才_竹 ……………………………… 一一六
用韵酬周紫髯總戎 …………………………… 一一六
懷徐太玉太史_{時泰} …………………………… 一一六
吳今生_右太學招同孫九一_龍王介人_翃兩布衣蔣聞笙
　李內郎兩女郎泛湖得十二文 ……………… 一一六
昨夢 …………………………………………… 一一六
寄陸芝房職方_{澄原} …………………………… 一一六
期王言遠孝廉不至_庭 ………………………… 一一七
夜抵江口 ……………………………………… 一一七
醉後別陳章侯秀才_{洪綬} ……………………… 一一七
贈袁蕙如女郎 ………………………………… 一一七

江行 …………………………………………………… 一一七
病中同澤法兩弟發清江寄懷王元昭韓次卿 ………… 一一七
寄賀王渭橋廷璽明經令子秋第 ……………………… 一一七
寄賀門人王式金度秋捷 ……………………………… 一一八
寄賀門人張山庭光秋捷 ……………………………… 一一八
客舍 …………………………………………………… 一一八
同王介人自維揚至荆溪別後將復游江北 …………… 一一八
同王介人游制平寺 …………………………………… 一一八
送李毓白開先通侯因柬韓次卿昭宣戶部 …………… 一一八
答王介人寄慰 ………………………………………… 一一九
蔣魚從福昌太學歸自武昌柬戲之 …………………… 一一九
送張華東總憲延登二首 ……………………………… 一一九
贈劉佑生進士延禧 …………………………………… 一一九
贈趙韞退進士進美 …………………………………… 一一九
爲胡雉餘大尹爲臣寵姬韻如作 ……………………… 一二〇
維揚別龔孟男太守震英 ……………………………… 一二〇
同王介人石頭城晚眺 ………………………………… 一二〇
贈張舒容女郎 ………………………………………… 一二〇
徐州道中 ……………………………………………… 一二〇
侍宴 …………………………………………………… 一二〇

澤畔行吟續卷六 ………………………………… 一二二

詩七言律 ……………………………………………… 一二二
塞下二首 ……………………………………………… 一二二
同馬巽倩權奇水部陳章侯洪綬茂才王介人翃布衣
　蔣聞笙文較書段橋醉月分得三江 ……………… 一二二
己卯冬仲送丁君鄰千秋戶侯還朝 …………………… 一二二

孤山看梅 …………………………………… 一二三
新柳 ………………………………………… 一二三
客夜 ………………………………………… 一二三
上元前一日立春大雪 ……………………… 一二三
北固登眺 …………………………………… 一二三
贈袁臨侯少參繼咸 ………………………… 一二四
送黃跨千鳴俊大參入覲 …………………… 一二四
庚辰正月大雪泊平望 ……………………… 一二四
吳門 ………………………………………… 一二四
舟次澔墅有懷 ……………………………… 一二四
毗陵聞笛 …………………………………… 一二五
贈張赤涵少宰捷 …………………………… 一二五
京口 ………………………………………… 一二五
寄王峨雲司馬業浩 ………………………… 一二五
發京口遲陸芝房司馬澄原 ………………… 一二五
寄楊沁湄掌科時化 ………………………… 一二六
有懷 ………………………………………… 一二六
再次孫白谷傳庭吏部秋夜不寐韵四首 …… 一二六
寄徐澹寧太傅本高 ………………………… 一二七
吊王耕玄侍御肇坤 ………………………… 一二七
贈田康宇戚畹弘遇 ………………………… 一二七
贈譚梁生水部貞默 ………………………… 一二七
徐州酬別張天放山人縱 …………………… 一二八
贈張修其懋爵淮揚代巡兼攝學政鹽務 …… 一二八
贈張二酉二守爾葆 ………………………… 一二八
瓜洲大觀樓 ………………………………… 一二八
贈藺坦生給事剛中 ………………………… 一二八

壽鄭母徐孺人·································一二九
別王介人(缺頁無詩)·····························一二九
輓呂益軒司馬二首(缺頁無詩)·····················一二九
謝景金濤莒州守(缺頁無詩)·······················一二九
賣妾四首·······································一二九
王藎軒故金裔世藩北關爲奴酋所覆六歲子身來歸累官
　大將軍榆關相從十五年矣再晤白門因贈之·······一三〇
贈王素文女郎···································一三一

澤畔行吟續卷七·································一三二

詩五言排律·····································一三二
　早朝···一三二
　謁陵···一三二
　候張華東總憲延登·····························一三二
　候張貌姑少司空慎言···························一三三
　贈朱未孩大典漕撫以上方督師···················一三三
　哭孫愷陽相國承宗·····························一三三
　賦得水中芙蓉影·······························一三四
　贈宋先之憲副繼登·····························一三四
　贈別荊二鉉明府廷鈺···························一三四

澤畔行吟續卷八·································一三五

詩五言絕句·····································一三五
　澤畔···一三五
　得五弟澄平安信·······························一三五
　淮安至自嘉興·································一三五
　縱鷹···一三五

命奚奴磨刀	一三五
月夜	一三五
瓜洲城頭	一三五
紙鳶	一三六
大雲寺凭欄	一三六
夜夢	一三六
雨中花	一三六
秋陰	一三六
蟋蟀	一三六
鴛鴦	一三六
梳頭	一三六
喜王介人南來	一三六
金山浮圖	一三七
鸚鵡	一三七
索小婦宛玉彈琴	一三七
答	一三七
雨中望金山	一三七
內人畫眉	一三七
懷鄉	一三七
聞雁	一三七
相思鳥	一三七
內苑白兔	一三八
硯	一三八
傷春	一三八
裁衣	一三八
瓶花	一三八
贈韓青城秀才紹忠	一三八

吴今生右上舍西爽堂 …………………… 一三八
夜坐 …………………………………… 一三八
即事 …………………………………… 一三八
小婦烟鬟彈琴 ………………………… 一三九
桃葉渡 ………………………………… 一三九
曉發瓜洲柬張二酉二守爾葆 ………… 一三九
秋嘆 …………………………………… 一三九

澤畔行吟續卷九 …………………… 一四〇

詩 七言絕句 ………………………… 一四〇

塞上曲五首 …………………………… 一四〇
有所思 ………………………………… 一四一
春雪即事 ……………………………… 一四一
新正病中 ……………………………… 一四一
湖頭送客 ……………………………… 一四一
元日用五弟澄韵 ……………………… 一四一
次維揚 ………………………………… 一四一
泊高郵 ………………………………… 一四二
黃河 …………………………………… 一四二
戲馬臺 ………………………………… 一四二
別韓次卿户部昭宣 …………………… 一四二
別王晉侯秀才溯元 …………………… 一四二
偶題 …………………………………… 一四二
泊新豐有感 …………………………… 一四二
二十四橋 ……………………………… 一四三
楓橋夜泊 ……………………………… 一四三
即事 …………………………………… 一四三

別李稽箭進士沖 …………………………………… 一四三

東陵夢劇 …………………………………………… 一四三

寄朱倩生女郎 ……………………………………… 一四三

清江浦阻賊寄王元昭溯元茂才韓次卿昭宣戶部 ……… 一四四

漂母祠 ……………………………………………… 一四四

聞杜鵑 ……………………………………………… 一四四

飲顧修遠孝廉宸 …………………………………… 一四四

宮詞二首 …………………………………………… 一四四

經友人故居 ………………………………………… 一四五

贈陸芝房澄原司馬歌姬五首 ……………………… 一四五

聽李嫣如彈琵琶 …………………………………… 一四六

次胡雉餘竹枝詞韵十首 …………………………… 一四六

有懷四首 …………………………………………… 一四八

飲王元明茂才鼎祚四首 …………………………… 一四八

黃天蕩吊古 ………………………………………… 一四九

同王介人發儀真余舟阻宣華港望燕子磯咫尺不至
　因賦 …………………………………………… 一四九

景陽宮 ……………………………………………… 一四九

臨春閣 ……………………………………………… 一五〇

烏衣巷 ……………………………………………… 一五〇

邀笛步 ……………………………………………… 一五〇

桃葉渡 ……………………………………………… 一五〇

勞勞亭 ……………………………………………… 一五〇

莫愁湖 ……………………………………………… 一五〇

孫楚酒樓 …………………………………………… 一五〇

穆陵關 ……………………………………………… 一五一

燕子磯	一五一
從柳奕蕃祚昌安遠侯索菊	一五一
偶訪	一五一
有覓砂挼者戲賦	一五一
午夜詞爲陳閒子女郎賦四首	一五一
途次徐州	一五二
再渡黄河	一五二
早朝	一五二
宮宴	一五二

三編　澤畔行吟再續

澤畔行吟再續卷一 …… 一五七

賦 …… 一五七

世忠堂賦 …… 一五七
遠望可以當歸賦 …… 一五八
中流擊楫賦 …… 一五八
樂饑園賦 …… 一五九
樢山三松賦 …… 一五九

澤畔行吟再續卷二 …… 一六一

詩樂府 …… 一六一

久別離 …… 一六一
青樓曲 …… 一六一
對酒 …… 一六一
長門怨 …… 一六一

相逢行 …………………………………… 一六二
登高丘而望遠海 ………………………… 一六二
采蓮曲 …………………………………… 一六二
野田黄雀行 ……………………………… 一六二
日出入行 ………………………………… 一六二
鴛鴦 ……………………………………… 一六二
隴頭流水歌 ……………………………… 一六二
青溪小姑曲 ……………………………… 一六三
朝雲曲 …………………………………… 一六三
櫂歌行 …………………………………… 一六三
遠如期 …………………………………… 一六三
女兒子 …………………………………… 一六三
蛺蝶行 …………………………………… 一六三
江南 ……………………………………… 一六三
讀曲歌二首 ……………………………… 一六四
桃葉歌 …………………………………… 一六四
黄鵠曲 …………………………………… 一六四
寄衣曲 …………………………………… 一六四
王明君 …………………………………… 一六五
捕魚歌 …………………………………… 一六五
歸鴻二首 ………………………………… 一六五
關山月 …………………………………… 一六五
擣衣 ……………………………………… 一六六

澤畔行吟再續卷三 ……………………… 一六七

詩 五言古 ……………………………………… 一六七
　讀青山記有感 …………………………… 一六七

北新關對月…………………………………一六七

秋夜遣懷…………………………………一六七

辛巳冬抄送王介人返長水…………………一六七

壬午………………………………………一六八

春抄訪栩園………………………………一六八

感懷………………………………………一六八

何大瀛太常園中桐樹應瑞…………………一六八

寄鄒臣虎水部之麟…………………………一六九

范質公司馬移居景文………………………一六九

哭陸芝房職方澄原…………………………一六九

坐陳襄範給諫曠閣爾翼……………………一七〇

武林訪吳今生太學右………………………一七〇

贈曹介皇孝廉元方…………………………一七〇

贈朱近修孝廉一是…………………………一七〇

送劉蓉生中丞漢儒…………………………一七〇

感懷………………………………………一七一

夜步………………………………………一七一

青樓夜……………………………………一七一

唁賈澤寰參軍……………………………一七一

十贈詩十首…………………………………一七二

澤畔行吟再續卷四…………………………一七四

詩七言古……………………………………一七四

鍾山石獅子歌………………………………一七四

聞笛………………………………………一七四

湖上胡彥遠介同江道暗浩兩文學過訪賦贈………一七四

渡錢塘江……………………………………一七五

燕子磯同王介人聯句…………一七五

再見方雲生女郎…………一七五

重訪蔣聞笙女郎…………一七六

楊妃梅…………一七六

贈王享斯奕士 來享…………一七六

秋征…………一七六

丹坪行贈周瑞文 來鳳司理…………一七七

澤畔行吟再續卷五…………一七八

詩 五言律…………一七八

幽居…………一七八

過俞光禄山園 彦…………一七八

送霍耀予舅氏還里…………一七八

白下客夜…………一七八

寓王峨雲司馬剩園…………一七八

對雪二首…………一七九

白下看春…………一七九

贈蘭雨和尚…………一七九

雁…………一七九

贈顧山臣布衣 朴…………一七九

經湖頭故居…………一八〇

沿蘇堤入西泠望兩山楓樹…………一八〇

尋白沙泉…………一八〇

湖上晚步…………一八〇

金陵遇王舍宇 廷瓚大行送賀相國歸楚…………一八〇

西陵別楊屋山會稽尹 鵬翼…………一八〇

同袁槐眉侍御王介人布衣張月使文學湖上有訪

不遇 …………………………………… 一八〇
喜孫白谷傳庭司馬出獄督師 ………… 一八一
同王介人訪方雲生聯句 ……………… 一八一
念母 …………………………………… 一八一
螢 ……………………………………… 一八一
芙蓉園 ………………………………… 一八一
訪葛屺瞻太常寅亮 …………………… 一八一
送談仲木文學南還 …………………… 一八二
同王介人秋江訪溜 …………………… 一八二
舟病 …………………………………… 一八二
有懷 …………………………………… 一八二
南客 …………………………………… 一八二
聞朱仙鎮失利 ………………………… 一八二
馬瑤草士英治兵鳳陽 ………………… 一八二
送杜韜武大將軍出鎮廬州 …………… 一八三
別袁槐眉侍御 ………………………… 一八三
哭沈君庸太學 ………………………… 一八三
送恒一和尚之江陵 …………………… 一八三
登樓 …………………………………… 一八三
即事 …………………………………… 一八三
寄范質公大司寇 ……………………… 一八四
立秋日樓集 …………………………… 一八四
偶成 …………………………………… 一八四
步秋 …………………………………… 一八四
贈李曙生 ……………………………… 一八四
秋夜題寄 ……………………………… 一八四
別阮圓海光禄大鋮 …………………… 一八四

澤畔行吟再續卷六 ……… 一八六

詩 七言律 ……… 一八六

題弘濟寺山閣用喬白嵓太宰韻 ……… 一八六

感題 ……… 一八六

雪後野望 ……… 一八六

答張天如太史溥 ……… 一八六

酬謝阮圓海大鋮 ……… 一八七

寄賀徐文煥州守芳 ……… 一八七

談仲木還武原以詩留別用韻附餞之 ……… 一八七

張藐山慎言司農以詩投贈附謝 ……… 一八七

張坦之履旋茂才來自故鄉喜得家信賦贈 ……… 一八七

贈張彥清都閫宗翰 ……… 一八八

贈劉蓼生中丞漢儒 ……… 一八八

答杜韜武將軍文煥 ……… 一八八

廣陵贈劉遠予龍溪令鴻嘉 ……… 一八八

廣陵寓顧所符爽閣買婢 ……… 一八八

白下送張坦之還里 ……… 一八九

李稽箭冲縣令邀過丹陽感贈 ……… 一八九

丹陽遇趙孟遷以烟花三月別揚州詩索和 ……… 一八九

別張藐山大司農 ……… 一八九

訪王介人言別 ……… 一八九

西興望海樓晚眺 ……… 一九〇

贈何一公戶部品崇 ……… 一九〇

賀齊价人孝廉維藩 ……… 一九〇

霜夜 ……… 一九〇

寄張二嶽大尹士楚 ……… 一九〇

贈曹文姬內家 …… 一九一
入里 …… 一九一
次孔釣雪文綸茂才投韵 …… 一九一

澤畔行吟再續卷七 …… 一九二

詩 五言絕
古意 …… 一九二
閨愁 …… 一九二
夜雨 …… 一九二
怨情 …… 一九二
傷秋 …… 一九二
見訪趙芬者因念顧山臣 …… 一九二
江南有感 …… 一九二
所見 …… 一九三
五人之墓 …… 一九三
白髮 二首 …… 一九三
述言 …… 一九三
寒蟬 …… 一九三
偶書 …… 一九三
聞蛩 …… 一九三
即事 …… 一九四
畫眉 …… 一九四
怨情 …… 一九四
枯楊 …… 一九四
夜望 …… 一九四
語水道中 …… 一九四
放鶴洲 …… 一九四
維舟白苧 …… 一九四

京口泊舟懷王介人 …………………………………… 一九四
楓江雨宿 ……………………………………………… 一九五
聞雁 …………………………………………………… 一九五
鶴窺魚 ………………………………………………… 一九五
鴛鴦 …………………………………………………… 一九五
江夜 …………………………………………………… 一九五
瓜洲晚望 ……………………………………………… 一九五
聞家園有年 …………………………………………… 一九五
雨後 …………………………………………………… 一九五
雨中 …………………………………………………… 一九五
嘲鏡 …………………………………………………… 一九六
遠將歸 ………………………………………………… 一九六
夜歸 …………………………………………………… 一九六
題畫 …………………………………………………… 一九六

澤畔行吟再續卷八 ……………………………… 一九七

詩 七言絶 ……………………………………………… 一九七
  絶句 ………………………………………………… 一九七
  即事 ………………………………………………… 一九七
  寄呂君發茂才 啓元 ………………………………… 一九七
  偶來段橋 …………………………………………… 一九七
  湖樓早望 …………………………………………… 一九七
  再過芙蓉亭 ………………………………………… 一九八
  重泊北新關 ………………………………………… 一九八
  生子口號 …………………………………………… 一九八
  同顧山臣卝陸嗣哲潬源呂君發啓元李玄洲彭年徐州來延吳
    諸文學秦淮夜泛 ………………………………… 一九八
  訪陳閒子不遇 ……………………………………… 一九八

蕩舟	一九八
贈馮本卿歌姬四首	一九九
湖上書感	一九九
渡錢塘	一九九
宿西陵驛	二〇〇
西陵道中	二〇〇
經若耶溪	二〇〇
別楊匏齋侍御四首	二〇〇
別徐州來茂才延吴	二〇〇
別王言遠孝廉庭	二〇〇
閨情	二〇〇
當壚女	二〇一
聽方雲生度曲	二〇一

四編　奏草焚餘

大都督張公奏議序 ……………… 談遷　二〇五

奏草焚餘 …………………………………… 二〇七

疏 …………………………………………… 二〇七

　初請復讐疏 ……………………………… 二〇七
　請加恤疏附禮科抄參 ………………… 二〇八
　辭官養母疏 ……………………………… 二一〇
　清查宿衛疏 ……………………………… 二一二
　請勘朝鮮疏 ……………………………… 二一三
　督冶請關防疏 …………………………… 二一四
　再請復讐疏 ……………………………… 二一五
　督冶復命疏附閣部疏 ………………… 二一六

賜環糾璫孽疏 …………………………………… 二一九
駁璫孽疏 ………………………………………… 二二〇
再駁璫孽疏 ……………………………………… 二二二
理擊奸首功疏 …………………………………… 二二三
應詔陳言疏 ……………………………………… 二二五
申飭清汰疏 ……………………………………… 二二六
自劾疏 …………………………………………… 二二八
再自劾疏 ………………………………………… 二二九
聞警入衛疏 ……………………………………… 二三〇
備陳途中見聞疏 ………………………………… 二三〇
直糾不忠疏 ……………………………………… 二三二
再糾疏 …………………………………………… 二三四
虜平請告疏 ……………………………………… 二三五
辭冶造疏 ………………………………………… 二三六
糾欺罔邪黨疏 …………………………………… 二三七
遵旨再糾疏 ……………………………………… 二三九
再請告疏 ………………………………………… 二四一
表 ………………………………………………… 二四二
進呈《春秋集傳》表 …………………………… 二四二

五編　古測

題辭 ……………………………… 王廷瓚　二四七

古測 …………………………………………… 二四九

論 ……………………………………………… 二四九
　　正統論 ………………………………………… 二四九

梁武帝論 …………………………………… 二五〇

陳後主論 …………………………………… 二五一

侯嬴論 ……………………………………… 二五一

樊於期論 …………………………………… 二五二

韓信論 ……………………………………… 二五三

李廣論 ……………………………………… 二五三

王陽貢禹論 ………………………………… 二五四

馬謖論 ……………………………………… 二五四

石崇論 ……………………………………… 二五五

岳飛論 ……………………………………… 二五五

西施論 ……………………………………… 二五六

瀨女論 ……………………………………… 二五六

朋黨論 ……………………………………… 二五七

恩怨論 ……………………………………… 二五八

小人不可作緣論 …………………………… 二五九

六編　杞謀

題辭 ………………………………… 陳洪綬　二六三

杞謀 ……………………………………… 二六五

議 ………………………………………… 二六五

三途並用議 ………………………………… 二六五

復藩議 ……………………………………… 二六六

恤錄議 ……………………………………… 二六七

屯田議 ……………………………………… 二六八

募兵議 ……………………………………… 二六九

馭虜議 …………………………………………… 二七〇
楚寇議 …………………………………………… 二七一
饑盜議 …………………………………………… 二七二

七編　奚囊剩艸

序 ………………………………………… 李靜修　二七七

奚囊剩艸卷一 ………………………………… 二七九

序 ………………………………………………… 二七九
　《沁水縣志》序 ………………………………… 二七九
　《續國史紀聞》序 ……………………………… 二八〇
　《奇門秘旨》序 ………………………………… 二八一
　高陽孫愷陽少師文集序 ………………………… 二八一
　大司農張覴山先生《洺水齋詩》序 …………… 二八二
　陸嗣端司馬《日紀》序 ………………………… 二八三
　《施氏臆説》序 ………………………………… 二八四
　沈氏《家塾私訓》序 …………………………… 二八五
　新建戴初士文集序 ……………………………… 二八六
　長水王介人文集序 ……………………………… 二八七
　王元昭《好書》序 ……………………………… 二八七
　綏寧吴能尚詩序 ………………………………… 二八八
　《選唐詩》序 …………………………………… 二八九
　《張氏文獻録》序 ……………………………… 二八九
　《復古道林》序 ………………………………… 二九〇
　《春秋集傳》後序 ……………………………… 二九一
　輯先忠烈公《文集》後序 ……………………… 二九二

奚囊剩艸卷二 ································ 二九四

引 ································ 二九四

《投筆草》引 ································ 二九四

《督冶》引 ································ 二九四

《越吟》引 ································ 二九五

《題孫白谷吏部映碧園詩》引 ································ 二九五

《賣妾詩》引 ································ 二九六

奚囊剩艸卷三 ································ 二九七

記 ································ 二九七

臨潮閣月夜記 ································ 二九七

萬卷樓藏書記 ································ 二九七

游丹坪山記 ································ 二九八

人日游雨花臺記 ································ 二九九

奚囊剩艸卷四 ································ 三〇一

碑記 ································ 三〇一

漢壽亭侯碑記 ································ 三〇一

河伯祠碑記 ································ 三〇二

宓子墓碑記 ································ 三〇四

大雲寺禪堂碑記 ································ 三〇四

奚囊剩艸卷五 ································ 三〇六

檄 ································ 三〇六

禁樵山伐松檄 ································ 三〇六

創世勛祠檄 ································ 三〇六

三晋徵詩檄…………………………………………三〇七

奚囊剩艸卷六……………………………………三〇八

說……………………………………………………三〇八

棄履說……………………………………………三〇八

世系圖說…………………………………………三〇八

讀小史說…………………………………………三〇九

贈嗣紅說…………………………………………三〇九

戒佛慧和尚說……………………………………三一〇

奚囊剩艸卷七……………………………………三一一

辭……………………………………………………三一一

先忠烈招魂辭……………………………………三一一

茅止生哀辭………………………………………三一二

奚囊剩艸卷八……………………………………三一四

贊……………………………………………………三一四

廣寧伯劉擎石像贊………………………………三一四

畫雞贊……………………………………………三一四

呂司馬《風竹圖》贊………………………………三一四

竹蘭贊……………………………………………三一四

水仙贊……………………………………………三一四

張九峰像贊………………………………………三一五

東寧伯焦毅山像贊………………………………三一五

奚囊剩艸卷九……………………………………三一六

跋……………………………………………………三一六

懷素手迹跋 ······················ 三一六
　　《三世馬圖》跋 ···················· 三一六
　　張坦之《人日游雨花臺》跋 ············ 三一六

奚囊剩艸卷十 ························ 三一七

　疏 ·································· 三一七
　　募建大雲禪院疏 ··················· 三一七
　　妓李慧入道疏 ····················· 三一七

奚囊剩艸卷十一 ······················ 三一九

　札記 ································ 三一九
　　先忠烈生平異迹（原書闕頁無文，存目）··· 三一九
　　先忠烈殉難遺事（原書闕頁無文，存目）··· 三一九

八編　雪广筆役

序 ························ 王度沐　三二三

雪广筆役卷一 ······················ 三二五

　慶賀文 ····························· 三二五
　　餞董仁庵邑侯擢刺晉州序 ··········· 三二五
　　賀韓次卿戶部員外轉正郎序 ········· 三二六
　　寄謝張寧寧別駕序 ················· 三二七
　　送鄭夢生秀才南還序 ··············· 三二八
　　賀禮部儒士王仰峰序 ··············· 三二九
　　禮部儒士韓念端子謙之游泮序 ······· 三三〇
　　霍孝卿入泮序 ····················· 三三一
　　壽環山霍外祖序 ··················· 三三二

壽劉西松序……………………………………三三三
　　壽竇芳溪翁序…………………………………三三四
　　壽張節婦序……………………………………三三五
　　壽常母序………………………………………三三六

雪广筆役卷二……………………………………三三八

吊祭文……………………………………………三三八
　　祭潘麓泉同卿文………………………………三三八
　　祭尹舜鄰少司農太翁文………………………三三八
　　祭苗晉侯憲副太恭人文………………………三三九
　　大父宮保公革七同叔氏祭文 …………………三四〇
　　大父宮保公生日同叔氏祭文 …………………三四〇
　　祭亡妻文………………………………………三四一

雪广筆役卷三……………………………………三四二

傳……………………………………………………三四二
　　孝廉王公傳……………………………………三四二
　　竇將軍傳………………………………………三四三

雪广筆役卷四……………………………………三四五

墓碣…………………………………………………三四五
　　故友霍圖南墓碣………………………………三四五

雪广筆役卷五……………………………………三四七

墓表…………………………………………………三四七
　　文林郎秦安知縣溪環郭公墓表 ………………三四七
　　太學生劉乾甫墓表……………………………三四八

雪广筆役卷六 …………………………………… 三五〇

　墓誌銘 …………………………………………… 三五〇

　　禮部儒士環山霍公配賈氏合葬墓誌銘 ………… 三五〇
　　壽官虛齋寶公配常氏合葬墓誌銘 ……………… 三五一
　　祖姑丈楊元吉公墓誌銘 ………………………… 三五三
　　張一德公墓誌銘 ………………………………… 三五四

九編　不可不傳

題辭 ………………………………… 談　遷　三五九

不可不傳卷一 …………………………………… 三六一

　女俠曹大兒傳 …………………………………… 三六一

不可不傳卷二 …………………………………… 三六五

　陳既滋傳 ………………………………………… 三六五

不可不傳卷三 …………………………………… 三六八

　蔣文生小傳 ……………………………………… 三六八

十編　偵宣鎮記

題辭 ………………………………… 陸澄原　三七一
引 …………………………………………………… 三七三

十一編　兵燹瑣紀

叙《剿寇紀略》 …………………………… 沈　演　三七九
小引 ………………………………………………… 三八一

兵燹瑣紀 …………………………………… 三八三

十二編　城守規則

引 ……………………………………………… 三九七

寶莊城守規則 ……………………………………… 三九九

　　約 ……………………………………………… 三九九
　　專任 …………………………………………… 三九九
　　遠哨 …………………………………………… 三九九
　　使器 …………………………………………… 三九九
　　具備 …………………………………………… 四〇一
　　養銳 …………………………………………… 四〇二
　　清奸 …………………………………………… 四〇三
　　信賞 …………………………………………… 四〇三
　　用奇 …………………………………………… 四〇三
　　設伏 …………………………………………… 四〇四
　　急鄰 …………………………………………… 四〇四

點校説明

《張司隸初集》,明代張道濬著。

張道濬,字子玄,號深之,山西沁水竇莊人。祖父張五典,曾任大理寺卿,致仕時加兵部尚書。父張銓,曾任巡按御史等職。天啓元年,巡按遼東"殉節",贈大理寺卿,再進兵部尚書,謚"忠烈"。張道濬因"忠烈"之後,得以廕襲錦衣衛僉事。因失去科舉功名,實不欲以門廕顯。時人喬應甲稱張道濬:"有文武略,事業未可量云。"(見明張五典《大司馬海虹先生文集》卷十七喬應甲《明故太子太保兵部尚書海虹張公配夫人李氏竇氏淑人李氏合葬墓志銘》)日後,張道濬也確實想幹一番事業。只是遭遇坎坷,空懷一身"文武略",終身未能得志。

張道濬在朝廷以忠臣子見重,天啓三年,遷指揮使都督同知,錦衣衛僉書管事。崇禎元年夏五月,察哈爾入犯新平堡。張道濬休沐五日,微服單騎西行偵之。日行二百餘里,四日即還。探得其情由,乃雙方爭市,殺其使而致變。遂將耳聞目見,如山川之險夷、道里之迂直、敵情之勇怯、我兵之強弱,作成《偵宣鎮記》。崇禎四年,因與閹黨楊維垣等相善,爲公論所不予。《明史·張銓傳附張道濬》記:"尋以納賄事敗,戍雁門。"

崇禎五年四月,陝西農民軍渡河入晉,兵犯沁水、陽城、晉城,沁河流域慘遭塗炭。張道濬應山西巡撫宋統殷之召,返回沁水,貲募家勇健兒,在竇莊、九仙臺、三纏凹等地,挫敗陝西農民軍,保護了一方百姓,有功于朝廷,有功於沁河流域。而道濬"故得罪清議",朝廷仍以"離伍冒功","沁城既失,不可言功"爲藉口,更戍海寧衛。張道濬因父恩廕以來,多次上疏朝廷,願赴遼東前綫，抗擊後金，以雪國恨，以報父仇。朝廷非但沒有滿足張道濬的請纓，反而更戍其於海寧衛，使之距遼東越來越遠。

談遷在《都督同知張公傳》記張道濬："更戍海寧衛，遂放浪山水。所好稗說小令，興至濡筆，而請纓之志不少挫云。"崇禎十五年冬，張道濬始放還沁水。"甲申（崇禎十七年）驅於秦寇，授延安守。明年正月，殺於北兵。""明年"即清順治二年，張道濬戰死在延安抗清前綫，年僅五十一歲。曾任山西布政使司的澤州苗胙土《錦衣衛加都督同知深之張公墓誌銘》也記："甲申（崇禎十七年），以僞召，遷陝西，竟罹於難。"又記："乙酉（順治二年）正月，都督子玄張公殞于延安。四月，靈輀歸於故里，余往哭之慟。越歲丙戌（順治三年），諸公子持狀來屬余爲銘。余讀狀，竟不禁淚涔涔下。公，文士也，豪士也，胡爲至此極哉！"

崇禎十七年三月，陝西農民軍"闖王"李自成攻入北京，崇禎皇帝煤山自盡，明朝滅亡。張道濬是在明朝滅亡前夕受命延安太守的，到任不到一年，被清軍殺害，死于抗清大業。張道濬之父張銓，也是死於抗清（後金）大業。張道濬猶如乃父張銓，同樣是一位"死于忠烈"的抗清志士、愛國將領、民族英雄。張道濬理應受到後世敬仰，千古流芳。

張道濬祖張五典與父張銓，皆長於著述，而張道濬的著述最爲豐富。光緒《沁水縣志》著錄有《丹坪內外集》、《兵燹瑣記》、《奏草焚餘》等，《談遷詩文集》中有《張都督文集序》、《張都督奏議序》、《張都督賦序》等文。張道濬尚有《張深之先生正北西廂記秘本》與《從戎始末》傳世，另有佚作《續國史紀聞》及崇禎《沁水縣志》等。張道濬更戍海寧衛十年，曾彙集編輯了其父張銓的別集《張忠烈公存集》，同時還彙集編輯了自己的別集《張司隸初集》。別集名曰"初集"，一曰初步編撰。再者，《張司隸初集》是張道濬的自編集，編輯於崇禎晚期，時張道濬年不足五十，以爲自己還來日方長，還想編撰"二集"、"三集"云云。不想，張道濬剛過"知天命"之年，就血灑疆場，只能以"初集"爲終了。

《張司隸初集》爲明末刊本，藏首都圖書館，乃海內孤本。由十卷《澤畔行吟》、九卷《澤畔行吟續》、八卷《澤畔行吟再續》、一卷《奏草焚餘》、一卷《古測》、一卷《杞謀》、十一卷《奚囊剩艸》（缺第十一卷）、六卷《雪广筆役》、三卷《不可不傳》、一卷《偵宣鎮記》、一卷《兵燹瑣紀》、一卷《城守規則》等十二種著作組成，每種書前均各自有目錄。

此次整理，即以首都圖書館所藏《張司隸初集》爲底本。原書共十二種著作，爲編輯方便，今參照原書總目分爲"十二編"；原著各書均未標卷次，但有明顯的分卷痕迹，今依次標明卷次；原書目錄篇目有與正文篇目不對應者，今據正文悉予統一。可據其他文獻參伍校勘之處，均出校勘記說明。難以辨認的文字，暫用□代替，擬補文字均出校勘記說明。

《張司隸初集》叙

嘗讀古人書，因而論其人，論其世。其人之心迹甘苦，其世之風尚異同，可於微文殘墨以一辭而概也。何者？書以自達其中之誠。然風水相生，心手相應，即欲匿之弗能。至所紀載，必國家行政用人及其交游應求，則一世之治迹，端可仰鏡。豈讀今人之書，既獲交斯人，同斯世，而不能一論之？雖知罪作者不辭，而甘苦同心默喻，要歸大道之公而已。

山右張深之司隸，爲忠烈公冢嗣。忠烈公與先子同登甲辰（萬曆三十二年）榜，先持斧吾鄉。抱藝伏謁，即知深之，衛玠丰神，王勃淹麗。辛酉（天啓元年），忠烈公殉遼難，義聲震天地，恩恤有加。深之之才，何難立取卿相？顧念國典家忠，且亟欲一當匈奴，伸不共戴，勉就司隸，亟馳熱血莫灑關外，此可以知深之爲子。清班侍從，多所論列，會魏璫熾虐，深之削籍歸，禍幾不測，士夫此時不立異者多矣，此可以觀深之爲臣。天宇重闢，賜環特起，益以世道爲任。會議論未定，因慷慨上疏，有所激也。深之此時，又不苟同如斯，亡何請歸。

己巳（崇禎二年），逆奴闌入薄都。深之召募勤王，疾趨長安，與當年裹屍遼陽同一熱血，灑之君父。因糾一二規避者，亦有所激也。深之此時原非立異，當日不附璫，豈至此復有依違？然忌者集矣。會朝議糾長垣，并以風影及深之，去國之臣，不潔其名，苦心自知。

澤州寇警，又率家衆捍禦，多斬首虜，例當准功。忌者又格不行，再放長水。恣情著作，文備各體，援筆立就。浩乎若河海之無垠，爛然若日星之不晦。本於墳典，資於子史，穀核於稗官百家，而以游戲之餘，散爲辭曲，聲調俳傷，宋元人不能過也。身既隱矣，無意人世。然中懷所惻，君國世道時勃勃於筆端。酒後耳熱，則又不勝擊碎唾壺之致，惟借文章寄其憤鬱，有奇肆而無險戲，有芳澤而無矜棘，其融水火而歸和平，天地鬼神可以炤鑒，《司隸集》之不可不讀也。

司隸於親則孝，事大父宮保公甚順。忤璫勤王，事君不可謂不忠。與人以裏〔一〕，盍簪縞帶，同於古人，通於四海，尤稱甚信。或一二過激之事，致滋疑忌。然當世端人皆樂與之游，且極揚其保全調劑之功，自有道之者。語曰："文章千古，得失寸心。"人品亦千古，得失亦寸心。讀是集者，尚不知其人，知其世，又何論古人書乎？雖然，深之異材早貴，尊擬通侯，不及強仕，早爲五湖游，彼蒼假之以顯赫，又優游餘年，以大肆力於文章，而究其不朽盛事，兹《初集》者特其端爾，烏可量哉？

新建年社盟弟戴國士題

校勘記

〔一〕"裏"，疑當作"禮"。

《張司隸初集》序

　　余與深之先生邂逅邗上，見其慷慨卓犖，有烈丈夫氣概。予心識之，先生亦甚匿予若，以余爲可交也。已每相見，聽其談論亹亹，於古人成敗得失，及天下利害所在，如指諸掌。余固知其蓄之淵淵，軫之源源也。授予雜刻數十種，大約多模寫物態、染繪風流之言。

　　余讀之曰："文生於情，豈不然乎？陶靖節之沖淡，宋廣平之端毅，而《閒情》、《梅花》兩賦，辭旨婉麗，若非二君子所道。又空同子稱'董解元《崔張劇》，當直繼《離騷》'，誰謂酣嬉笑詈、感憤寄托而爲之，非文之至耶？"先生曰："不然。余平日強志盛氣，好大而見奇，於書無所不讀，會其得意，脩然自喜，不啻若鐘鼎錦繡之獲，顧他嗜好無足易此者。故營度揣摩，積有裘葛。凡著述若干卷，前此瑣瑣者，實非余意也。"

　　余盡索而觀之，披卷爛然，體無不備，益知先生所負者大，而其垂之不朽者，成就卓卓有如此也。昔人謂枚乘、司馬相如，瓌麗才士而不近風雅；曹植豐贍，王粲超逸，嵇康標舉，而或不能備體。夫文本同而末異，故能之者偏。若先生者，可免斯譏矣。雖然，皇甫謐序《三都》固足以重左太冲，而陳師錫序《五代史》不足以當歐陽永叔，則余又何能爲先生贊一辭哉？

　　梁溪社盟弟顧宸撰

一編　澤畔行吟

沁水張道濬子玄父　著
歸安韓敬求仲父　閱
嘉興王庭言遠父　訂

《澤畔行吟》序

嘗聞"詩三百篇，聖賢發憤之所爲作也"，至讀朱子《章句》而疑之，以爲貞邪雜陳，不無是非之謬。然考之卜子夏《詩序》，多有異同，則又嘗疑之。夫托物興懷，情深一往。《姣童》〔一〕、《静女》而寄君父之思，將十九首之倫，解者猶必爲之文，况于經以垂遠者哉？《詩》之後，爲《離騷》。《騷》，《詩》之變也，而深于《詩》。忠而被謗，信而見疑也。離則憂，憂則傷，畏譏讒而希誠，感悟其情，亦以哀矣。放廢行吟，君子尤取之，豈非後世忠義之林，而著作之準與？

深之張先生，以忠貞起家，始效偉勛，而復不容于時，遂遭貶謫。其憂傷之意，一見之于詩。詩以《澤畔》名篇，所況蓋可知也。夫忠不忘君，雖九死而未悔，懷思之隱，今古同情。屈平所居，宗國也，故去而無所之。先生仰承忠烈公，又先志也，故疏辱而多有自效。彼其于君親之義，一篇之中，往復致意，較之恒人，尤有加切者焉。夫《離騷》非《詩》，深于《詩》；先生之《詩》，非《騷》，深于《騷》。嗚呼！忠臣之心，孝子之行，吾今得之矣。

長水王庭題

校勘記

〔一〕"姣"，當作"狡"。

《澤畔行吟》序

　　詩之爲言持也，持世之善物也。本乎至性，發乎至情，非忠臣孝子，莫與言也，亦莫能作也。若僅以句雕字飾，自矜作者，則香籢玉臺廉纖閨閣之音，竹溪樵隱寂寞山林之調，律之詩人大旨，相去不啻萬里。

　　深之先生，今世忠孝人也。其先忠烈公，以直聲亮節爲神宗朝名御史，持斧巡方，殉難遼左。先生時未離諸生，請自爲一軍，討賊復讐，天下聞其言而壯之。後官大司隸，執戟禦非嘗，守正不阿，無忝先烈。立朝大節皜皜，如皦日麗空，群陰屏息。此其人即口不言詩，已知其中有磊落千萬言，冲激注射，洶洶欲出矣。

　　先生以介直不容於時，被放來浙，寓迹湖湄，題其近詩曰《澤畔行吟》，蓋亦江潭憔悴，忠不忘君之意，非如昔人窮愁著書，賦枯魚，悲窮鳥，贈行泣下者。觀其棄逐家居，值寇起晉原，盡傾貲產，爲築城捍禦，保障河山，此豈失分懷憂之所能爲？而論者反以爲先生罪案也。夫蛾眉別貌而見妒則同，芳草異時而受鋤則一。先生之與三閭大夫，不曠世而相感耶？昔太史公稱《離騷》有《國風》、《小雅》之遺，可與日月爭光；而孟堅即譏其太過，不知《離騷》非怨君也，而專病黨人。蘭芷爲茅，糞壤爲芳，令爲君者東西易面而不自知。靈均不悔九死，一篇之中，三致意焉，其愛君爲何如哉？先生不附黨人，即爲黨人所傾，以功爲罪，究於先生奚損？先生於先太史聞聲相思，非有紵衣縞帶之交。迨先太史歿，先生賫炙絮千里來唁，生未謀面而悲感乃若生平歡顧，何以得此於先生乎？比讀其《行吟草》，用意幽深，寄情微渺，纏綿悱惻，直欲起屈氏而上下之，豈屑屑與詩家論漢魏較初盛哉？夫子美夔梓後詩，子厚永州記，子瞻海外文，皆於生平著述外，別搆異觀。古今文人未有不獲江山之助者，而皆出於遷謫流寓坎坷侘傺之餘，迨所謂"窮而後工"者，非歟？方今胡馬外驅，流氛內集，如先生資兼文武，乃不使之高議雲臺，密籌幃幄，建不世出之功；僅從六橋、兩堤間，與春花秋月相爲酬答，亦甚可嘆也！亦甚可嘆也！余賦性樸遨，不足以言詩，感先生氣誼深至，不能去懷。謹盥筆陬詞，略爲序次如此。

　　時崇禎庚辰季夏西吳韓繹祖拜題

澤畔行吟卷一

賦

晚烟賦

時維暮秋，羲和夕淪。閒館闃如，遵彼水濱。野曠天低，微波揚鱗。沴袳梯空，蟠際無垠。氣流行而庵靄，狀槃縈以紛綸。乍舒乍卷，或散或屯。隱遙帆而若障，蔽遠浦而非塵。黃蘆苦荻，枯卉淅瀝，如戰士之蒙犯雪霜，參差戈鋮；湘筠吳楓，特呈而容，如文人之揮毫落紙，興豪體春；江蘺澤菊，縹緲詰曲，如美女之曳縠披綃，薄言新沐；凋芰敗荷，蕩乎風波，如里嫗之霜鬟霧鬢，悲時無多；蚊虻群起，罔所棲止，如行子之迷津望洋，皇皇失倚；濯濯閒鷺，掩映芙藻，如野叟之植杖披襟，其致瀟疏；維彼蓬牖，瞵遂及竇，如貧兒之挂衲貫繩，衣不掩陋。亦有樓臺，爰見其端，如朝臣之待漏遲明，峨峨若冠蓋。虛實失歸，俯仰更態。倏忽有無，前不後代。泊聽鳴榔而知漁，睹流火而識螢。非借有此聞見，將毋亂夫真形。嗟乎！寸雲可以膚雨，而烟與之齬；尺霧可以障天，而烟擅其權。明明在上，乘晦用壯。長夜漫漫，姑行爾妄。安得麗皎日於太空，驅烈風而迅掃其煬。

隱豹賦

南山之中，有隱君子。變謝時乘，形緣霧徙。謂鷗張則網羅可加，寧蝘息而鼎鑊莫以。爾乃窮巖絕谷，樵蘇廢役。斧斤聲閒，委蛇厭迹。大澤幽潭，毒龍所專。並育不害，夫何違焉？長林豐草，干雲蔽日。百畞千章，麋樾可伏。亦有鳥雀，巢林一枝。非吾徒也，任其來之。礪齒有石，洗耳有流。上天下地，一壑一丘。淫不狐綏，饑不狼貪。知止庶幾，陋彼眈眈。其卧徐徐，其覺于于。日月跳丸，樂也只且。萬夫莫前，烏在當關？有威可畏，慄不以寒。何必入直，義取諸伏。二十五日，復張其郁。朝爽兮婆娑，夕春兮逶迤。暄溽侵兮蔽藤蘿，栗冽乘兮負岑阿。挹湛瀼兮起虎吒，沾膏澍兮濯翠波。萬籟鳴兮嘯聲和，轉轟車兮恣奮摩。悠哉優哉，藏以避害。莫山子若兮，羌盤桓而或過。雖然，嘯虎生風，興龍從雲。利見利用，千秋以聞。嗟爾何遜，終焉褪氛。一斑之見，烏足云云。夫豈以死鞭，不緣螻蟻，而遂爲薰乎？

歸夢賦

嗟予美之去此，撫長年而心凛。苦白日之不照，夜如何其甘寢？抑愁却坐，幽吟撤飲。俯仰難容，褰帷就枕。庶疏闊於暑寒，得周旋乎俄頃。於是背銀缸，抽瑶簪；卸綺裳，壓繡衾。心惝怳而無那，神迷離而不任。爾乃薰猊體冷，啼鳥聲闌。忽化蝶而自栩，隨征鴻而高攀。縮大地兮，不借壺公之術；御天風兮，無煩列子之翰。金微有路，玉簟無寒。慰饑渴於既見，接笑言以成歡。怳房幃之綢繆，感盼睞而盤桓。爾乃樵漏未終，明星載啓。檐鈴碎風，游魂失倚。飄飄來歸，嗒焉驚起。亟追思其所歷，茫不辨夫道里。羌始願之終虚，曷惆悵而能已？

澤畔行吟卷二

詩 樂府

公無渡河

公無渡河，河深水黑，蛟龍所匿。長年善涉，而莫之敢即。奈何以身試不測？輕車逶迤，康莊則那。公胡渡河？

夜飲朝眠曲

金屏障風月未午，幕中花娘夜出舞。左旋右旋行復阻，恬緩如文疾如武，形翔袖活神靡所。四座歡深疲按拍，杏梁曈曈見初日。後堂羅帳香待人，少年醉擁金釵客。

當窗織

唧唧復唧唧，有女當窗織。幾回不勝情，低頭長太息。自憐生長閨閣間，不解等閒離別難。良人出門辭妾去，如今遠在雁門關。雁門迢迢千萬里，秋來聞說胡塵起。可憐生死不相知，幾度停梭淚暗垂。絲緒妾心爭歷亂，紗窗獨坐益凄其。

君馬黃

君馬黃，惟君乘之雅稱良。方瞳竹耳開行光，銀鞭錦障何輝煌。四蹄蹀躞塵不揚，千里一日隨所將。寧虞獨馳靡爾副，萬一逸銜蹶中路。

烏夜啼

棲烏夜夜夜半啼，空房夜織停夜機。金缸依稀照孤影，欲滅不滅揚餘輝。揚餘輝，炧將落，含悽抱衾怨蕭索。啼烏啞啞漸歇聲，隔窗又聽雞初鳴。

采蓮曲

船頭坐水如坐空，皓腕越女矜秋風，輕橈暗撥入花中。入花中，嬌不起。映蓮花，采蓮子。

久離別

嬌歌久絕寒青絲，十年妝匣埋燕支。金鈿零落暗華色，離情窈裊東風時。朱弦日夕理清曲，泛羽流宮斷還續。繡榻燒蘭曉夢長，玉窗花暖春烟香。春烟兮如波，曉夢兮仍過。落花寂寂空簾外，愁聽殘鶯奈妾何？

飲馬長城窟行

長城塢，多少征人埋此土。血沾青草盡作燐，骨散黄沙誰是主？憶昔家室初別離，從軍遠塞任所之。出門辛苦無憐憫，猶望生還鄉里時。塞上胡塵一夕起，人人轉戰爭功死。爭功未成先歿身，封侯不是戰死人。

春日長

春日長，情未央。東風吹柳柳半黃，千絲萬縷烟微茫。臨橫塘，君今遠在天一方。妾獨於此嗟斷腸，洞房金爐換夕香。機中錦字影獨傷，使妾青鏡蒙流黃。褰裳不可涉，素肌減啼妝。渺渺何所將，烟水勞湯湯，毋相忘。

楊白花

朝看楊白花，滿樹藏棲鴉。暮看楊白花，滿路飄泥沙。泥沙漫漫路杳杳，雪色搖人醉烟草。餘鶯酣怨不住啼，似惜楊花謝春早。楊花楊花勿浪飛，飛時一一沾妾衣。

折楊柳曲

陌頭楊柳烟絲絲，春來葉葉迎風垂。陌頭女兒送行客，手折長條頻嘆息。妾眼應憐柳葉青，君心恐逐楊花白。楊花柳葉本同枝，不意春風有別離。紅顏憔悴悲征路，腸斷青青送君處。明年此地還作陰，君歸不歸懸妾心。

烏棲曲

機中女將織，停梭淚如雨。少年夫壻離鄉土，從軍遠去征胡虜。胡沙千里何漫漫，北望關山行路難。傷心愁見苦寒月，夜夜獨織星將闌。飛烏飛來庭樹宿，啞啞啼飛飛相逐。可憐閨中止一身，誰能聞此不酸辛。

自君之出矣

自君之出矣，憔悴舊容姿。思君如風絮，飄搖無定時。

雀飛多

雀飛多，營營專嗜欲。貪得眛前算。危機還自觸。雀飛多，如羅何？

長相思

妾如水底芹，君若山頭柏。懸絕無見期，何繇侍君側？山頭旭日瞳瞳開，水底柏影初移來。不近君身近君影，與君暫得相徘徊。徘徊未幾日云逝，嗟君不留妾無計。何人謂妾陰有私，青天白日君當知。妾心生憎日西匿，期君還願月東出。

蓮舟買荷渡

驚鳧衝浪濕，游烟覆水虛。花密舟難進，香遲風未歸。早知荷葉重，悔不製秋衣。

鼓吹入朝曲

雕檀作軫金爲車，蠻獅玉刻羊脂花。劍光雜珮爛白日，天衢照耀森高牙，風吹香騎揚芳華。揚芳華，激皓齒。滿城絲竹清且閒，鼓聲淵淵正盈耳。朱旗絳節，一何葳蕤。騑騑四牡，燦然光輝。至尊虛席賜顏色，歸來晝繡榮錦衣。

相逢行

荆山冶餘鐵，鑄鏡名軒轅。遠歷數千禩，清光炯猶存。一朝流傳入南國，古錦裁囊重拂拭。美人妝影落鏡中，韶姿面面如花紅。深情顧笑無比別，相憐即許初相逢。

猛虎行

飄風不終朝，疾雷不逾時。物理猶可推，人心黯難知。忠信必有申，水火任所之。不見南山巔，猛虎宅于斯。憑威恣啖食，豈擇妍與媸。如何皮寢處，雄勇無復施。

牧牛詞

二月三月春雨晴，□田水暖蘆叢生。牧童驅牛出原隰，細草新青牛可食。夕陽短笛不見人，吹過村南又村北。牧童豢牛盡牛性，騂毛便便角周正。

射雉詞

春滋土脈微雨膏，青青短麥初成苗。朝烟一望散晴旭，菜花歷亂從風搖。五陵少年喜馳突，手握雕弓滿如月。野田雙雉側側飛，錦毛碎空摧捷機。

胡無人

邊風厲高秋，胡馬塞上肥。漢家出天兵，夜合單于圍。寒霜摧人破肌骨，斷角嗚嗚慘不發。將軍飛捷未央宮，胡奴掩淚陰山月。箭括初收大漠塵，長歌齊奏胡無人。銘功再勒燕然石，羞因五利從和親。

舞衣曲

蛛絲穿針縫舞衣，片烟裊裊紅薔薇。上旋下旋燕輕擲，左鋋右鋋鴻驚飛。飄鈿墮珥曲未半，神光零亂香吹散。虧雲翦月鬟始偏，芳容掩抑身遷延。暗迴長袖拂君面，願君知妾情所專。

玉堦怨

梧桐飄風夜知冷，響入空閨夢初醒。五更愁臥嫌薄衾，缺月殘燈暗無影。披衣起坐寒重幃，窗外星河吹虛耿。玉堦秋草咽寒蛩，幾葉霜紅怨金井。

橫江詞

長舟駕舵檣滿篷，篙師倚楫衝長風。橫江日高水烟醒，秋雲垂天壓江影。

蕩舟曲

野水春更綠，水春雲染衣。吳姬玉手弄輕楫，蛾眉入水春生輝。舟蕩漾，蕩漾歌且長。水光灩灩媚春日，落花流盡烟蒼蒼。

行路難〔一〕

駕車且行邁，主人厚爲辭。萬里一室中，出門安所之。深山龍蛇生，修途風雨時。君意不可回，將毋處者悲。汎瀾〔二〕濕前襟，纏綿良足思。嗟乎哉，別離殷勤致懇誠，何如居平不異情。嚶嚶黃鳥得所友，寧知驪歌腸斷聲。

校勘記

〔一〕此詩下另一頁有題作"其二"、"其三"詩二首，已見《澤畔行吟續》卷二《猛虎行三首》"其二"、"其三"，今刪去。

〔二〕"汎"，疑當作"汍"。

澤畔行吟卷三

詩 五言古

感遇十二首

其 一

白日忽晦暝，昏霧蔽市廛。豺狼東西馳，鴟鴞鳴樹顛。遠避非宜謀，端居安所憐。清明不可追，憂心徒悁悁。

其 二

大河從西來，滔天勢崩漫。賴此中流石，砥之遂安瀾。既鮮舟楫虞，亦無汨溺嘆。風波且坦夷，行路復何難。誰哉摧石頹，悲思傷心肝。

其 三

幽房窅難即，張帷復四垂。車馬雜沓來，高坐如不窺。我思古大隱，茲風可仰追。詎期群動息，心神有專馳。登墻延修頸，子夜未云疲。東鄰無美女，爲此欲挑誰。

其 四

青松高百尺，直凌霄漢間。因緣而上升，藤蘿獲所安。奈何乘其疏，纏綿遂多端。致茲容受身，忽焉反欒欒。旁觀應不平，斧斤誰辭難。

其 五

大山高無極，上有狼與豸。東南帶滄海，汪洋争喧豗。陟降既險阻，毋爲行路哀。理勢不終窮，舟車亦往回。人心匪山海，高深胡莫猜。搔首一長嘆，傷神重徘徊。

其 六

芳蘭生深谷，幽香阻一區。桃李受人憐，顧此豈合殊。忽焉春風謝，盛衰憐者渝。何如違時好，而免鋤當途。

其 七

西施非自美，見者難爲容。揚袖入吳庭，粉黛失纖濃。悠悠千載下，嘆惜不再逢。之子呈素質，驚鴻與游龍。金屋貯空名，雨露無偏鍾。流輩妬君恩，棄斥中讒鋒。深宮一以閉，訴言誰見從。

其 八

傲骨生不俯，乃與世周旋。所遇非等流，誰能委曲憐。指瘢護所醜，自虧思苟全。嗟哉跀蹻心，因而操戈鋋。

其 九

驅車出長安，行行涉遠道。艱辛冒暑潦，況乃兼泥淖。風波平地起，十步九踸踔。僕夫戒畏途，止余莫前蹈。金臺生荊杞，都亭橫虎豹。俛首懷康莊，稅駕愜所好。

其 十

陰深寒氣凝，陽和忽已徂。落葉辭故柯，繁霜集通衢。鳴蟬無餘聲，止屋惟號烏。弗弗驚涼飆，烈烈憯肌膚。白雲瞻太行，遠阻千里途。憂酸從中來，仰天欲長呼。

其十一

長日無所事，掩關理素琴。一調飲馬行，再調涉江吟。寄聲亦何愴，懷戚無知音。推琴起長嘯，泣下沾衣襟。回想俞伯牙，斷弦良深心。

其十二

雁鶩謀稻粱，矰繳伺其愚。燕雀處高棟，亦有竈烟虞。禍患生不測，安危轉須臾。黃鵠振羽翰，翱翔向天衢。嗤彼挾彈者，今也將焉圖。

出　塞

烽火照漁陽，漢軍出塞上。旌旗翻白日，殺氣恣摩盪。天怒黑雲屯，風逆鼓聲壯。蕭蕭寒馬嘶，士卒勇相尚。報君死志深，刀頭寧所望。

擬招隱

躡烟捫弱葛，俯仰乾坤間。哀音激清嘯，逸思盈秋山。

銅雀臺吊古

阿瞞僭天子，鄴都朝玉帛。漢祚已潛移，猶然著臣迹。人主如嬰兒，何者足顧惜。徒跣死妃后，公卿俱瓦擲。天道從好還，終豈容悖逆。何取漳水邊，搆臺高千尺。所事詎不雄，人生未嘗百。幸逃斧鉞誅，亦為桑榆迫。忽焉謝人事，一抔掩西陌。白楊鳴秋風，狐兔殘其魄。分香竟安在，遺臭難銷骨。試問地下魂，應否悔往昔。

雁　門

北登雁門關，小憩意殊欣。河山盡一覽，涉歷勝前聞。臨峽出危樓，戈戟雪紛紛。人稀鳥雀閒，艸繁狐兔群。遙顧蒼茫間，指點得宣雲。黃沙蔽城邑，千里見妖氛。明王勤拊髀，專閫無成勣。悠悠百世後，誰爲李將軍。

松蘿篇

青松鬱蒼蒼，女蘿縈高枝。弱質非附喬，焉能引其絲。根本昔未立，希彼雨露施。生意苟有縈，蒙蔽忘所資。松心秉孤直，初謂不我欺。束縛日益深，遂令身莫支。爲援適自罰，慚嘆誰相知。

柏林唐晋王墓

勝迹探柏林，驅車出近坰。林柏久樵蘇，所留乃其名。世遠昧伏臘，有無見精靈。藤蘿冒荒途，苔蘚蝕碑銘。巋存獨石虎，尚爾勢狰獰。遐憶昔中和，鉅野起妖星。屯劫數莫違，所到摧堅城。白日慘無色，千里流膏腥。天子走西川，事讐皆公卿。英雄憤沙漠，先聲役雷霆。指顧埽欃槍，廓然區宇清。功成合上賞，茅土錫汾并。終身奉正朔，臣節羞彭黥。蕭蕭土一坏，藩稱未或更。異代掩重泉，嗚呼問霓旌。

聽　雨

药房涼歸雲，虛檐集幽爽。飄風吹空林，廓落生影響。零雨凋梧桐，秋聲亂草莽。石牀冷如月，夢醒青苔長。

郊原遠

郊原遠逶迤，旭日照平麓。杪春謝花鳥，孟夏長草木。覓句倚鳩杖，抱拙任魚服。年來但苦思，詩骨瘦於竹。

偶　成

交鄰莫重新，重新交無鄰。家貧莫讀書，讀書家益貧。丈夫不得志，出沒同路人。仰視蒼天高，何以容我身。

題千里駒爲郭霋吾中丞賀

我愛千里駒，驍騰四踠促。猛氣食駑駘，奇姿矯圖籙。雖當汗血初，空群業可卜。橫行嘶天風，歷塊應輕熟。看踏長安花，寧爲櫪下伏。

聽李葵塢彈琴

蕭齋積虛白，竹石相照耀。聞君弦指上，歷歷淒苦調。泛兹静玄理，亡情即高妙。我有三尺桐，焦烈如悲風。裁爲綠綺琴，請君彈秋鴻。

游　仙

函關有仙史，越世超物情。朝飲木蘭露，夕餐秋菊英。巢居三千年，遠古忘其名。玄經對心寂，廓落無所營。吾將乘青牛，從之學無生。

夜集孫白谷吏部園亭

萬籟夜寂然，雲銷閱新月。庭柯入流影，綴景浮疏葉。眷懷不可忘，聊焉聚佳客。飛觴拓意氣，狂吟岸巾幘。擊節欣同賞，千古今一夕。茫茫宇宙間，知己良非易。願言葆中愫，終始貞膠漆。

感　寓

蒼穹幹〔一〕玄化，地軸經四維。人生六宇間，大道直且夷。出門各有往，投趾各有宜。曠覽周八荒，無爲守藩籬。繩尺苟不逾，羊腸亦康達。笑彼楊朱子，區區泣路岐。

再　謫

青松何挺然，百尺無旁枝。勁骨勢不俯，文理具多姿。綢繆依蔦蘿，惡聲絶梟鴟。寄迹遠朝市，丘壑足相怡。匠石顧盻間，棟梁遂稱宜。致身非不榮，所性已全違。誰言世好殊，見嫉反遭隳。泥塗國門外，棄捐等如遺。風雨時浸濡，任受烏能辭。故山失終托，速朽昧前期。胡爲尋斧柯，直欲同委榴。不柔寧即折，既方詎可規。睠焉一長謝，毋勞力自疲。

秋　泛

乘閒役輕舟，漾漾出前浦。滄浪意無限，遠近鶩柔櫓。中流夕陰起，歸漁罷網罟。秋薄水際雲，寒生樹邊雨。相忘是非外，行休以終古。

秋江篇

美人悵何許，乃在秋江西。盈盈一水間，艸色何萋迷。褰裳將從之，引領無前蹊。北風吹人心，飛過芙蓉堤。

西　浦

移舟秋冥上，落日秋烟裏。水下波始寒，魚游不知水。空潭澄人心，達生良有以。長嘯歸去來，微風動芳芷。

送吳來之大行

人生重意氣，惟苦無等流。揖讓惜襟裾，談笑避戈矛。所以古賢達，白首寡良儔。肝膽信可披，一日畢千秋。天地有終毀，精神自足周。區區合離間，寧事深爲謀。

雪

窮陰慘萬象，渺渺浮白光。繁雲鑿虛無，江天動微茫。散漫搖朔風，飄飄以回翔。登流肆流矚，精神爲飛揚。國風久不作，黃竹徒感傷。

馮 高

馮高眺遠天，天遠見落日。烟樹何微茫，頓使望中失。理心貴杳冥，兀坐虛一室。左手把道書，向晚注初畢。明朝多餘閒，更擬事刪述。

勵 志

一日復一日，流光如電疾。徒有夸父心，愧無魯陽力。盛年不常駐，寸陰誰可軼。往者已莫追，來者當加敕。莫謂道途遠，千里繇一息。巍巍萬仞崗，樵牧躋其極。所以賢達人，爲學求日得。切磨衛武咏，知非伯玉慽。古人如可師，時哉勿自失。

拾 夢

輕舟信微風，漾漾寒日傍。緣流幾曲折，漸入烟微茫。溪聲落高竇，石墮危無梁。捨舟始潛行，萬木飛陰霜。峰心積群翠，路仄傾崖光。空濛若晴雨，秀色搖衣裳。山鳥嚶其鳴，谷蘭生幽芳。懸蘿歷層巘，一氣浮穹蒼。仰挹明河流，俯觀衆星行。崆峒閱倒景，寥廓無陰陽。清曠隨所之，縱目唯荒唐。精理未銷滅，天地如空堂。

唁李青來秀才[二]程姬

抗遜機雲死，英靈鍾婦人。此言近滑稽，正聽多所嗔。抑知耳目前，千秋具奇因。巾幗足丈夫，鬚眉真後塵。名借文章寵，才將歲月新。區區持門户，方之何堪陳。獨嗟蕙蘭姿，容易謝先春。餘馨挹臨風，爲子重傷神。

艷　情

晚情厭深月，徘徊知春寒。風簾碎花影，露氣聞幽蘭。動息顧聲響，思君在長安。長安與日遠，佳會良獨難。願言假清夢，爲我留暫歡。

南湖漾舟

南湖積清深，茲游值秋孟。展閲屢不同，延覽夕未竟。忘機與鷗息，樂水達魚性。藻色生半陰，竹光斂餘映。中心浣蒙慮，物理齊一净。落葉聞有聲，閒雲感無競。昏見漁人歸，收綸入蘿逕。

出招慶南逢陸芝房司馬[三]泛舟作

繁烟霽殘影，薄暮出招提。偶然逢故人，言笑旋相携。輕雲壓湖舫，積水虛沙堤。野草平遠天，深秋正萋迷。高懷朗如月，嘯傲臨鳧鷖。酒酣豁心胸，坐覺群山低。吾儕汗漫游，落魄隨東西。楓林返孤泛，擊節歌前溪。

秋夜寄訊王介人山人[四]

林棲澹無寐，孤月當前軒。流寒弄清影，露葉風微翻。永懷屬佳人，抱疴卧荒園。知交有見貽，日或沾一飡。貪賤無弱心，沉吟多苦言。矧余失路人，念子百慮繁。秋天不可晨，凉蛩復淒喧。憂來賦離索，聊用存寒喧。

次兒德棻自家鄉來省

別汝三四年，汝來情更熱。風雪良苦寒，足璽塵未歇。灑淚問家事，一一爲我説。祖母近強健，耳目甚明潔。鳴梭理市素，軋軋無暫輟。母亦效苦辛，燈火共騷屑。餘光及幼弟，誦讀隨漏絶。舉族履清吉，鄉里並安貼。兹値連歲登，家給如禮節。糧糗虞旱荒，弓矢備衝斥。盗賊不敢窺，四郊斂蜂蠍。村犬熟高眠，無聲吠秋月。獨是倚閭心，引領日懸切。江南四千里，海徼念乖別。寒夢懷鄉遠，時時破幽咽。余一聞斯言，撫心痛難扶。兒實孤母恩，母指傷屢嚙。所悲非上意，文致遭兩刖。再謫罪逾深，天高聽誰褻。甘旨願未從，臣忠庶能竭。渺渺瞻白雲，肝腸坐成裂。

明月曲

明月秋千里，悠悠照遠思。邊風初起日，妾夢不離時。爲問玉關外，清光能及兹。

夢先宮保

於維我大父，九日三見夢。每夢如平生，詔我惟慎動。想知時好非，直道無所用。小子欲保身，明哲緊足重。旨哉誠嘉務，敢不寐興頌。十年慚貽謀，兹復啓怨恫。緬懷幽明情，恨恨發長慟。

夢先忠烈

意切境遂生，感至理不滅。骨肉懷天親，海徼夢先哲。恍惚若平常，近膝頗怡悅。定省久致疏，負罪五情熱。猛憶當日事，心首疾如裂。溫言慰痛哭，幽咽不得洩。殞越靡所從，飲血傷永決。遼水萬里深，天寒況多雪。靈風銜往路，精魂黯此別。聲響如在傍，惕寐尋未絕。

又夢先忠烈

寒夜修不揚，閒房肅陰陰。游魂久不歸，屢見傷孤心。矧余去家鄉，五載及于今。關山萬餘里，遠越青楓林。喻我以明義，廣我以憂襟。聖朝必昭著，忠慎豈銷沉。流離感嚴教，彷彿聞虛音。晨雞破幽夢，天闊空江深。

病起柬周太華

我生於西北，禀賦稱剛悍。況仕聖明朝，錯趾得夷坦。尊優習以成，形神久疏懶。詎攖是非場，為劉鮮左袒。遠謫東海濱，捫心惟自憤。去家三千里，寂寞寄孤館。骨肉既乖違，僮僕復流散。水鄉無菽麥，所飯止秔稷。炎鬱兩相搏，因而注中脘。清濁不分明，日夜苦煩懣。經旬艱櫛沐，攬鏡面皆皯。握蘭憐空香，驚蛇嗟沉癉。已矣移孝心，蠱也誰終幹。一朝還故吾，感君真和緩。

山 夜

微雲起天末，參差月光碎。石苔聞暗泉，獨步領幽邃。露澀松風遲，疏風動清吹。

校勘記

〔一〕"幹",疑當作"幹"。

〔二〕"秀才",原無,據目錄補。

〔三〕"司馬",原無,據目錄補。

〔四〕"山人",原無,據目錄補。

澤畔行吟卷四

詩 七言古

彈劍篇

生平好奇殊有癖，匣中雙龍尤秘惜。珊瑚嵌靶錦爲幂，寒鋒射斗光的的。幾回摩娑血欲瀝，圖形麒麟志願適。天啓之元東事劇，時維孟夏念五夕。明星爛爛月色白，牀頭有聲如霹靂。睡酣乍醒心膽摘，呼童燭火竟無覿。彷彿蜿蜒走虛壁，天明乃傳遼城圮。嚴君報國流丹赤，骨肉相對意狼籍。不共之讐將安策，絕裾辭家提三尺。男兒爲親何所惕，願把長纓繫醜逆。盡其皮肉膏斧鉞，此身即死死匪擲。不然兀兀筆硯役，頭童齒禿將何益。

從軍行

朔風吹沙沙色黃，寶刀在手意氣揚。秋深兔肥草枯死，塞外馬嘶胡塵起。鼓聲催軍渡遼水，旌旗捲雲暗營壘。功成獻捷還帝里，直入宮門見天子。

應孫愷陽相國教賦得洗兵魚海雲迎陣 時塔山閱武值雨也

遼破鼓聲咽不起，強半征夫殉遼死。摧戈折戟走狼烽，千里封疆餘棘枳。虎豹關前胡馬嘶，黃沙裏甲鐵生泥。鶴唳纔聞已奪氣，劍花一斷旋收霓。重來獨有孫夫子，挾策先謀圖國恥。欲洗妖氛先洗兵，不挽天河挽海水。海水蒼茫信有神，濤聲怒吼浪風腥。吹將萬里波澄練，捲起千堆霧展茵。波霧陰屯山嵐惹，錯雜噴雲瀰原野。微茫如黛卷如螺，輕薄飛烟疾奔馬。乘之狂飆四合來，殺氣相連黯不開。海水天河一時落，陡然壁壘驅塵埃。塵埃驅盡天猶拭，貔貅隱隱憑車軾。寧似摧戈折戟時，指顧旌旗梟醜賊。歸來天子勞成功，凌烟閣上無英雄。伯仲之間見伊吕，不須重數裴晋公。噫嘻乎，不須重數裴晋公。

感　遇

我有烏號弓，力強能使垂千鐘。牙弰鐵胎膠七紫，熟手開弦滿如月。大鏃羽箭没及輪，一發輒中人稱神。如今天子不事夷，雖有強弓焉用爲？

賦得閨人怨蕩子

東家有女多嬌澀，顰眉幾度吞聲泣。自憐薄命不逢時，夫嫁長安游俠兒。長安游俠東風早，結束春衫踏春草。平明挾彈城西頭，暮歸走馬章臺道。章臺娼婦善飾妝，盤龍屈膝黛鴉黃。學成妖冶眩人目，蕩子迷留樂未央。朝朝暮暮長如此，謂言同生且同死。只將閒情向他人，那知愁婦深閨裏。妝鏡臺前心暗摧，月明樓上獨徘徊。春風玉顏嗟蕭索，窗外紛紛花又落。

悲　歌

君不見，東風吹花花盡開，落花還是東風催。又不見，北邙艸枯骨如積，狐兔成群白日出。浮生倏忽悲隙駒，百年碌碌人爲愚。眼前但願一尊滿，身名石火誠須臾。西園映花花映席，花下開尊恒會客。昨日紅顏今白頭，誰能相保長如昔。一朝霜雪摧衰顏，過去流光那可還？試看平原珠履者，如今亦在蒿萊間。

縱歌

已矣乎，已矣乎，古有帝子愁蒼梧。思君泣盡繼以血，湘山萬竹爲之枯。熒熒淚斑不可滅，所恨蛾眉負長別。高臺妝鏡蒙流黃，一片清光暗於鐵。銷魂欲死心骨悲，懷斯情兮將馮誰？九嶷崛兀兮江潺湲，不見采旄桂旗來。其間青蘅白芷杳何許，使我臨流一望摧心顏。心顏摧，怨潦倒，坐看春風忽秋草。秋草颯已黃，春風感無時。人生能幾何？況乃離別之幽懷。對景耿不寐，秋來動我長相思。長相思，竟何益？邇無形，遠無迹。九嶷不語青依然，半落湘江合天碧。

送少司馬呂益軒老師歸田

嘗聞張季鷹，秋風動歸情。寄言思蓴鱸，所志豈在乎？肉食不如藿食得，與其朝廷寧江湖，千秋此意知者孤。碌碌惟聞口腹圖，抽簪脫累訪前模，可憐季鷹真吾徒。噫！聖明在上終喜起，未便投淵遂洗耳，爲霖旦晚望夫子。

羅令浮玉八歲罹回祿幾殆母氏力救得免已成名欲祿養而弗逮也時向人流涕其年友楊給諫含冲哀之余代爲賦此

入火不灼水不溺，嘗聞至人疑其説。去生之死在須臾，將無濡髮與爛額。茫茫世事正多奇，驚人耳目寧問誰？羅君浮玉異骨相，向余道其爲兒時。一夕天宮走霹靂，煽風張焰灰四壁。狼奔鼠竄空室家，烈燄繞身光不息。眼前亦有救焚人，相看徒勞驚咤聲。感天返燒賴阿母，入火携兒兒得生。兒既得生母願止，誰覷文章寵天子。一朝聲價動皇都，寧馨爭説阿家嫗。腰下垂組百里侯，男兒生事亦何求？獨憐欲養母不逮，重憶夙昔增煩憂。增煩憂，摧五衷，痛哭招魂魂不起。欷歔悲哉，夜臺忍見褒封紙。

壽恕軒隱者〔一〕

茫茫弱水數萬里，中有三山兀突起。瓊樓貝閣相連比，琪樹瑤花長不死。相傳異人久居止，元陽鼓鍊期午子。道成不用飡芝紫，鞭霆御虬輕于駛。天上人間何不爾，梁宋之分忽投趾。三山異人遂在此，綠髮風吹披兩耳。箕踞松根臨澗沚，手注丹書參奧旨。日月光清塵絶視，葳蕤桂葉紛蘭芷。笑看桑田變海水，回首三山未足侈。

往雁門辭家初日馬上口占

從來出門不作苦，今行所觸皆酸楚。白雲縹緲掩山隈，黃沙黯淡連汀浦。斷行征雁適相接，嗷嗷哀鳴悲失伍。慘色愁聲消別魂，委轡垂鞭氣無主。骨肉漸遠奴僕親，雖有衷言難爲語。吁嗟煎以膏蘭糞生天，賦成鸚鵡禰衡斧。此身尚在復何求？天王聖明終當補。

題孫白谷吏部映碧園

雁門南山山巀嶪，滹沱東來如帶綴。屏山紆水佳園闢，顧實而名名映碧。種木千章多麼樾，怪石嶙峋鬼斧擘。蜿蜒爲徑徑迂折，青破蒼苔留鳥迹。徑轉行窮橋可躡，小橋東畔虛亭設。翼亭樓榭隨意列，環以一澮水清澈。綠蒲江蓮相間發，香氣霏微殊酷冽。中央便旋具舟楫，以備遨游不時涉。別有石洞封雲白，復道可捫透天窟。霞舉無煩資六翮，主人瀟灑塵鞅擲。有時圖書供披閱，七步八义皆下節。長嘯一聲絲竹裂，恣視雄談飄玉屑。揮觴酣後耳根熱，浩歌驚起蛟龍蟄。浮雲停空月注席，千古之間爲一夕。金谷風流徒浪説，蘭亭祓禊亦烟滅。何如此中消歲月，豈知霖雨蒼生遲安石。

美人梳頭歌

押簾繡帶流蘇香，東風吹烟浮花光。洞房輕寒膩朝色，美人旖旎臨象牀。垂鬟解雲曉猶濕，纖羅裊裊春無力。鏡臺初起依空明，生憎半面分柔情。轉鏡低迴復潛翳，鴉膏飛墨光搖曳。蛾眉寫罷意若疑，妝成每自窺清池。池邊流步入花絮，沉檀半落銷魂處。歸逕遙遙桃李蹊，時有游蜂自來去。

定交篇贈汪讓之參謀〔二〕

交之一道絕於今，今人往往推古人。若云古今不相及，今也形骸古精神。抑知古人亦人爾，豈無卑卑不足齒。千萬人中得一人，傳來今日亦止此。今人不自露心肝，偶然利害易面顏。方以古人無所似，因而交情如等閒。鬚眉男子真可伍，管鮑之間即期許。歲寒然後知松柏，謾謂今人不如古。

短歌贈王介人山人〔三〕

白日一何短，浮生任疏懶。江水去復來，山月缺還滿。堯囚鯀殛九年水，倏忽翻成七年旱。前朝事業空談笑，異代豪華逐星散。我身既匪金石堅，焉能保此長少年。燕昭漢武既無驗，金臺桂館餘風烟。歸去來，元氣中，吹笙倒景凌空同。太行山頭飲石髓，期君他日游鴻蒙。

贈方雲生女郎

晴湖日落波含烟，月葩如素揚娟娟。樓船載酒傍鮫室，隔窗照見空明天。平波渺渺迷春目，白芷青薠氣流馥。小泊時看柳外雲，一片亭亭近華燭。座中少女揚清蛾，飛觴走令仍酣歌。淋漓達旦不辭倦，豪憤感激情何多。繞梁那數錢樹子，能令聽者銷魂死。側身倚月色可餐，轉袖從風香不已。夜何如其歡未央，纖喉急拍翻霓裳。一聲初歇露華白，乘鸞歸去瑤京涼。瑤京茫茫幾千里，練影沉星吹不起。曲終人遠獨懷愁，曉樹光搖半湖水。

游紫陽洞

吳山尾注城隅東，五盤七盤雲數重。月波潚宕皴石骨，丹泥竃冷芙蓉峰。峰峰緣絡勢不已，青天逗漏光玲瓏。委蛇深谷明碎日，水滴懸崖蘚花濕。青衣泉中烟霧生，尋真路口松蘿密。我來正值春風時，披襟風外雲俱馳。興酣索異忘險澀，飄然欲與塵寰辭。山房火餘石焦面，雜葉吹春雨初徧。坐深日薄還下山，疲策迴看意猶眷。

頌鄭鴻逵太守禱雨有應

祝融炎炎日方渴，長水萍枯淤盡裂。石羊不起勞空鞭，千壠良苗半黃脫。老農彷徨何所計？襏襫高懸桔槔廢。吞聲有淚不敢流，疾首西成痛無地。使君顧此厪深憂，孑遺軫念如我儕。乾乾日夕禱宣室，一飽寧爲口腹謀。以兹格天天輒應，銀河倒翻長秋醒。葉底新光珠競滴，枝頭晚潤雲方剩。江左嘉禾又一時，遶看原隰回華滋。豚蹄斗酒祀田祖，別爲使君呼雨師。逋臣踪迹□帝里，方朔雖饑雅賴此。吳越於今得歲星，大有年書聖代史。

秋夜歌

空牀獨夜欹枕眠，深窗寒雨秋聲懸。長風蕭條起西北，心知此時雲滿天。孤燈搖搖不能寐，燈光隔帳芙蓉翠。晴風吹雨入帳來，額上芙蓉幾枝淚。芙蓉正屬斷腸時，隱見烟紗泣艷姿。響碎空堦涼雨盡，亂蛩相語話秋思。

教　月

月明中天，萬國炳耀。彼愁人兮，若謂多此一照。人自愁，月何與？寧行遲，毋行遽。

挑　燈

挑燈移燈，燈情乃平，四無蔽虧光斯明。光斯明，妾翻驚，悔不留燼使花生。

故宋御教場

凝雲黯靄參烟黑，石骨稜稜冒荒棘。平坡天落向空低，衰草迷茫起寒色。想見當年南渡時，團營擊鼓催六師。顏行旭影射金甲，柳陰風急吹鷲旗。至尊臨御士氣肅，百尺層臺高矗矗。仗外傳呼未罷聲，列炮雷轟應空谷。須臾詔下軍形移，錦衣隊裏飛健兒。角弓入彀滿如月，雕翎爭葉楊枝垂。隨看騎將恃勇決，馬過烟生電光滅。碧蹄躞蹀陣初開，片片金刀落春雪。指揮奮迅捷若神，左旋右轉迴迴新。鍊兵借問將何用？豈因二帝蒙胡塵？苟存大計圖國恥，處心積慮應如此。誰知克復方可期，金牌忽召將軍死。嗟吁往事費閒評，帳殿依稀禾黍生。惟有南山高巘業，至今遺恨未能平。

田家東鄰

涼秋七月八月時，東家棗向西家垂。大兒六歲次四歲，相呼相看相致詞。偷折長禾置暗處，父母出門共撲之。禾柔力弱止盈掬，兄弟欣欣意已足。既畏父母兼畏人，藏藏反露東家目。不論事體不衷情，嘵嘵因來嫚罵聲。父母歸來問分曉，兩兒無語但淚零。殷勤往謝東家子，兒也無知乃如此。百金買房千金鄰，人情還望思終始。

寄朱倩生女郎〔四〕

我昔訪君西湖西，玉壺金椀殷勤携。期君共醉六橋月，武陵杳隔桃花溪。君繼訪我南湖南，想像飛帆興甚酣。我却遲君秦淮水，黯然言歸將何堪。君情我意有如日，我去君來反相失。祥鸞威鳳偏背飛，雲霧茫茫迹空密。邇來雲物當深秋，蕭騷對之應多愁。科頭一病五十日，帶圍誰問寬風流。勉强臨池申哀思，萬千不盡中柔膩。但教開緘得分明，墨痕淚漬皆餘事。江南江北渺無津，何處朱樓夢玉人。莫道相思無盡日，白門還待柳花春。

校勘記

〔一〕"壽恕軒隱者"，原作"壽劉恕軒"，據目録改。

〔二〕"參謀"，原無，據目録補。

〔三〕"山人"，原無，據目録補。

〔四〕"女郎"，原無，據目録補。

澤畔行吟卷五

詩 五言律

賀孫愷陽年伯拜相

國運日方中，何須慮小戎。天心纔啓聖，時天啓元年。人王遂推公。城社消狐鼠，關山絶燧烽。千秋真事業，鐘鼎看銘功。

出使寧遠哀痛先公用孫楚帷孝廉[一]韵寫懷

千古傷心事，誰人可共論。庸夫應骨爐，嚴父亦時屯。不爾扶臣節，幾於失漢尊。故疆今漸復，想已慰忠魂。

渡海往覺華島

夙夕乘槎志，今來渡覺華。中流思擊楫，東望怨鳴笳。雪浪千堆捲，風帆一片斜。天河不用借，挽此净胡沙。

賦得落絮

小苑柳依依，花殘亂雪飛。輕狂粘燕喙，飄泊點人衣。入水浮還没，驚風去復歸。獨憐搖落盡，春去覺心違。

幽 居

結屋雲林下，翛然生隱心。水清飛鶴近，人静落花深。獨往饒餘興，忘機得放吟。已耽蘿薜意，未許易朝簪。

偶　成

自嗟兼懶拙，有癖獨耽書。日午面未洗，春寒頭不梳。苦冷携短策，抱膝向空廬。亂草留雲宿，光風入逕初。

曉發太行次星軺驛〔二〕

曉向星軺道，風多雜馬蹄。荒城圍曙色，孤嶂閉寒溪。岐路東西問，深山遠近躋。家園回首處，惟有白雲迷。

野　望

日暮西山望，川原去漸微。雲橫低鳥度，風急帶沙飛。落葉千林靜，歸人一徑稀。悽然看不極，徙倚獨依依。

送余雲谷山人〔三〕之秦

澤國秋風起，悲君遠別時。兩行知己淚，一與故人辭。客路秦關杳，行舟晉水遲。所嗟從此後，何以慰相思。

閣　夜

凉雨依蕉盡，宵風入竹清。孤光深月影，群響雜秋聲。短髮愁將白，空牀夢不生。乾坤一羈旅，長見古人情。

秋日送尹舜鄰給諫

忽報前旌發，愁人氣轉孤。提携憐手引，去住嘆情殊。禁闥仍前席，秋風獨羨鱸。何時明主夢，蚤起佐訏謨。

七　夕

天上雙星渡，人間七夕過。可知機罷織，還見鵲填河。歡逐餘更盡，情催別路多。更憐明夜月，一水奈愁何。

中秋夜宴

獨有相宜夜，清秋對酒時。月明雲掃石，風度鳥驚枝。凉注蟾光滿，天移桂影遲。興酣仍作賦，百罰亦何辭。

雪中往沁水

驅馬來城市，寒風意正威。水深遲馬足，雪重冷征衣。祇爲浮名累，反於始願違。何如袁處士，高臥掩柴扉。

別　墅

幽居塵境外，癖懶性偏宜。新雨添疏溜，山花接短籬。徑荒人不到，林密鳥相知。爽氣朝來早，微吟得自怡。

聞　柝

寒風吹朔漠，擊柝不堪聞。遠近傳秋警，淒清動夜分。烏驚因帶月，雁斷爲兼雲。孤枕聽無寐，挑燈拂劍文。

郊　行

烟暖掛松梢，閒行出近郊。疏星漁火亂，微月寺鐘交。露重寒人袂，風危落鸛巢。蕭蕭沙渚上，何處寄衡茅。

晚出沁州

向晚鞀鞭道，前程事未賒。千山流水處，一徑老僧家。雨歇潮聲緩，雲將雁影斜。行行無限意，馬足印平沙。

代州早秋

邊地秋偏早，愁人正憶家。一聲南薈雁，幾拍北風笳。魏闕縈懷劇，鄉雲入望賒。憂煩無處着，玄鬢忽驚華。

別孫白谷吏部

日暮北風寒，蕭蕭雁影單。斷雲隨去馬，凍雪擁征鞍。客久懷歸切，交深嘆別難。去留情不異，揮淚一相看。

金山寺

石壁懸空閣，危攀思欲飛。江聲天外落，帆影望中微。傍竹僧歸寺，當窗鳥下磯。坐來塵世隔，何處更忘機。

宿甘露寺

爲究無生理，乘昏叩竹林。猿啼山月冷，僧定野雲深。清梵空中落，疏鐘夜半沉。一燈懸丈室，爲我照微心。

夜泊揚子江

舟行纔百里，帆落蓼花濱。夜色清堪挹，秋客澹自親。江空潮入夢，岸迥月窺人。更歷風波險，明朝白髮新。

丹陽道中懷故園知己

倦投村店宿，寥落嘆離群。客淚盈秋雨，鄉魂慘暮雲。啼螿迴枕夢，嘶馬近牀聞。明月猶行役，披襟候曉分。

卜　居

臥穩滄浪上，翛然隔世氛。蒲團宵坐月，石榻曉留雲。羅雀窺廷尉，籠鵝狎右軍。山中宜野服，新試女蘿裙。

雨霽

林杪雨初霽，病餘情自開。雲光將日落，樹色帶帆來。沙逕新移榻，庭花半是苔。閒門閉窮巷，行止在蒿萊。

聞鐘

遠寺鐘初動，疏聲天際流。隨風沉野壑，帶雨入江樓。樵子棲雲静，漁人逗浦幽。不堪孤客聽，腸斷枕邊秋。

秋日同陸芝房司馬王介人山人登烟雨樓

畫舫乘秋色，携雲上水樓。座中烟色潤，衣上雨花浮。對酒持雄論，題詩紀勝游。倚闌凝遠睇，縹緲盡神州。

阮圓海太常以詩見慰用韵寄謝 四首

其　一

一身投越徼，於世遠波濤。疑任三成虎，愁誰再賦騷。逢人因落落，顧我得囂囂。惟是羞將母，歸心折大刀。

其　二

尺五天何處，茫茫隔海雲。戀愚容此世，明聖敢忘君。道即抽蕉卷，心留破竹紋。願言齊得失，涇渭忍終分。

其　三

異同往未化，用舍尚衡天。在理應如此，於今殊不然。附權窺左足，攘袂據中堅。徒使憂時者，行吟繼下泉。

其 四

來書多鄭重,期我善謀身。夫豈窺山鬼,然猶伺逐臣。破愁姑肆酌,得暇且垂綸。不識茲生事,能如張翰尊。

塘 上

地盡荒烟積,人歸薄雪殘。孤舟依岸出,遠火隔林看。月氣傳雲白,星光下水寒。長歌羨漁父,瀟灑一綸竿。

同談仲木文學王言遠孝廉山寺晚望

薄暮閒凝眺,寒山遠色生。一溪流水白,幾處落霞明。鳥語依林近,松風入座清。蕭條人境外,隱隱出鐘聲。

送五叔

叔氏行將遠,歌驪古渡頭。離情愁對酒,去路恨逢秋。落葉慘行色,前程傷旅游。可憐分手處,望斷白雲浮。

送王委玉秀才〔四〕

長鋏君無恨,蕭然獨自歸。片帆隨雁沒,一水與雲飛。木落烟光闊,天寒雪色微。離亭惜分手,渺渺見斜暉。

九日病中寄王介人山人〔五〕

嗟予多病骨,別思苦相侵。委頓凋雙鬢,支離敝一衾。無因分寂寞,有恨但呻吟。更屬登高節,懷君在武林。

即 事

行到山窮處,平看別有天。沉雲埋短木,遠水透孤烟。牧笛聞清調，漁燈照穩眠。可知名利者，日月總無閒。

蘭

亦知幽意足，重感別經時。雜珮懷湘浦，孤根寄楚詞。芳馨凝寂寞，寒色起參差。惠愛今來歇，秋風不可思。

竹

參差青不歇，亦負歲寒情。滴露秋聲苦，含風夜引清。心虛知節在，粉飾必春生。誰令淇園上，漪漪獨擅名。

泊新橋二首

其 一

旅泊新橋夜，雲傳月氣偏。秋聲楓樹葉，江火釣魚船。夢接鮫人室，窗歸鶴渚烟。羈愁不可問，來往一相憐。

其 二

泊舟無旅飯，積思問如何？細雨群聲作，高秋雜響多。披風銜往路，彈劍節長歌。夙昔浮家想，悠然憶志和。

懷談仲木秀才〔六〕

濃雲催片雨，并作渡江陰。草亂階前色，人懷別後心。晚烟深雜樹，春怨起鳴禽。搖落成空感，聊爲楚澤吟。

冬夜懷歸

虛館夜無寐，起來橫斗牛。坐看千里月，聽唱五更籌。裘敝凝寒重，燈孤對客愁。相思烟水隔，何日計歸舟。

早發苕溪

候曉舟初發，衝寒鳥共飛。遠鐘雲外落，斜月樹頭微。岸碧搖苔色，波明隱曙輝。苕山如可望，明日試春衣。

新正懷陸芝房司馬寄訊

離別纔逾月，相思已再年。不知君意向，可似我情專。柳信傷顏色，梅風任管弦。西來還幾日，日日望樓船。

挽　内

遺掛依然在，銜思俗愴神。青燈空炤夕，黃土竟歸人。兒女三年淚，衣裳一篋塵。夜來魂入夢，猶得暫沾巾。

古　塚

青塚悲無主，荒涼不計年。斷碑銷古字，老樹立疏烟。艸蔓纏枯骨，牛羊滿牧田。窮泉今在目，懷感一凄然。

念　母

海外竄孤身，天邊嘆逐臣。眼勞清淚急，心與白雲親。南國蓴絲晚，北堂萱艸春。盈盈數千里，腸斷倚閭人。

秋夜聽雨

秋心容易碎，而況雨聲繁。檐響知風急，燈昏覺夜闌。落黃堦葉滿，生綠石苔寒。枕席微涼入，孤衾漸覺單。

西湖舟宿有感

渺渺平沙外，來尋第幾橋。風聞飛野鶴，烟語聽山樵。今夜舟仍泊，當年感未消。薄衣寒已待，客況正無聊。

聞舍妹病感夢作

間關寄東海，天末傷孤嫠。分明感別夢，言笑如常時。長路不可越，病軀焉在兹。游魂恐徂落，惻惻使心悲。

南塘晚步

初秋秋水净，水樹引繁烟。宛在中流見，虛無別有天。離披明野蓼，消息遞風蟬。不盡南塘路，依然落炤邊。

留別沈何山司寇

雲山成放棄，瀚海歷春秋。北雁孤鄉唳，南心薄旅游。慰勞先輩意，遷謫遠人愁。幾載天涯夢，翻從故國求。

燕子磯江閣

江閣倚江津，江南滯遠人。風湍聞静夜，烟柳暗餘春。天闊山疑浪，雲空水是鄰。依然襟帶隔，北望一沾巾。

初春候家信不至

三年成久別，千里寄離歌。梗泛依長水，魂歸越沁河。梅花天末遠，芳草夢中多。盜賊關山滿，鄉園近若何。

白下贈王月生女郎〔七〕

清潤玉流溫，丰姿入眼新。鸚聲洪度曲，檀屑小憐塵。柳暗雙眉暈，花明半笑春。私心渾不語，知是屬誰人。

雨後野步

郊原疏雨後，濃綠自陰陰。野氣初澄日，雲光半入林。行吟催短韵，擇木聽幽禽。暗惜春來草，無媒一徑深。

落　花

點砌悲餘色，沾衣想罷恩。泥香催夜葬，鵑冷喚春魂。別露飄殘淚，辭條委舊根。東風吹未盡，留得到黃昏。

同王介人屠用明秋泛

野色資新雨，餘暉隔樹明。維舟從束楚，遠岸接孤城。水鳥飛多白，寒潭積自清。故人能好我，相與濯塵纓。

秋夜即事

菊影泛輕黃，庭陰起半霜。水明池隱月，楓暗谷藏香。静念秋初盡，沉吟夜未央。更聞鄰杵急，一爲賦無裳。

同沈君庸王介人過東塔謁朱買臣墓

先賢餘古墓，衰草積寒烟。重以經時感，生茲往昔憐。逢人僧解款，傲客犬能眠。陳迹遺碑在，苔書散紫錢。

寄張天如太史

南國傷孤戍，當歌亦奈何？文星婁水近，韶月海門過。半面襟期合，千秋意氣多。頓忘身是客，喜遇碩人薖。

寓大雲寺

卜寓西山寺，悠然少俗情。身閒疏藥性，境寂罷棋枰。緣界看能淡，名韁脱自輕。應知從此後，差可識無生。

檇李移居

浮萍無所托，飄泊任風波。忽忽傷心處，悠悠客子何。十年瞻闕遠，一劍負恩多。獨有還家夢，秋來屢渡河。

游三竺

幽入西峰路，行行自逶迤。雲移杉影薄，風靜鳥聲遲。避地誰堪到，忘機我獨宜。幾回憑眺處，惝怳遂經時。

呂司馬老師示慰奉和 四首

其 一

病後維夫子，垂憐慰客顏。念貧周匕箸，開抱指湖山。世事窺飄瓦，天心許轉環。愧承無已望，仍慮阻生還。

其 二

澤畔行吟者，秋來悴歡顏。況當逢雨雪，兼復阻關山。力竭迎潘輿，恩虛報雀環。幾回圖度處，翻懼夢魂還。

其 三

湖上非行素，遨游亦厚顏。因之拘尺幅，尚爾失名山。慮我三投杼，嗟人一解環。車輪腸似轉，日夕數迴還。

其 四

傳說邊烽急，吾儕反汗顏。朝廷誰國士，鎖鑰棄燕山。旁午煩飛檄，周流任轍環。干城如有屬，豈令匹驥還。

玉泉寺

何年建化城，雲外啓雕甍。虛廠烟霞合，崢嶸日月橫。地將金屑布，水以玉泉名。徙倚諸天近，時聞花雨聲。

校勘記

〔一〕"孝廉"，原作"年兄"，據目録改。
〔二〕"星軺驛"，原無"驛"字，據目録補。
〔三〕"山人"，原無，據目録補。
〔四〕"秀才"，原無，據目録補。
〔五〕"山人"，原無，據目録補。
〔六〕"秀才"，原作"文學"，據目録改。
〔七〕"女郎"，原無，據目録改。

澤畔行吟卷六

詩 五言排律

送孫愷陽相公榆關視師

聖世匪窮兵，宗臣事遠征。胡沙方盪日，龍劍暫麾旌。慷慨辭丹陛，從容飭漢營。北門增鎖鑰，東海靖鯢鯨。不用前籌借，應知小醜平。燕然重勒石，麟閣首圖名。萬里金湯扃，三台鼎鼐榮。遄歸馳露布，明主待調羹。

過侯馬姜女廟

姜女，故秦人也。世傳夫役長城，姜女往授衣，抵侯馬，澮水泛漲，不能渡，哭水傍。一日夜，水退，餘無幾。遂得艱關至役所，而夫已死，骸骨不可得。哭長城下，城崩，死焉。後人哀之，立廟茲水傍云。

姜女何年代，猶存此處祠。荒臺團古木，豐草沒殘碑。鳥籍斜侵砌，蘋香冷匝池。風歸陰火滅，靈至暗雲移。澮水今仍活，長城舊已頹。寸心盟白首，孤骨委青支。遺像千秋在，芳名奕世知。吟餘重悵嘆，彷彿儼來斯。

寄別范質公司馬

聖主倚長城，名賢備重兵。忠猷懸素望，節鉞副蒼生。閣待麒麟畫，天當柱石擎。建牙張虎翼，佩劍拔龍精。雷合千乘壯，霜高九伐清。風旗開日月，露刃向鯢鯨。神策先無戰，妖氛底悉平。詞人分夜帳，辯士列晨營。文物江南盡，驊騮冀北傾。十年陪後輩，幾度謁前旌。意氣酬雞黍，嚶鳴仰鹿苹。海隅嗟放逐，白下辱趨迎。客眼青知暖，臣心赤未明。感懷無所似，慷慨賦離情。

觀海

地脈方輿外，天池瀚海中。潮聲傾貝闕，山勢立鰲宮。目極茫無象，心搖浸若空。垂雲搏鳥翼，浩氣塞鴻蒙。怒擁陽侯激，靈驅水族攻。群光紛欲碎，晨色澹猶籠。歲計魚鹽利，人思造化功。千檣鯨鬣動，萬國島門通。方丈瀛洲外，扶桑日本東。盈虛終混混，今古亦瀜瀜。八月秋濤壯，三年客路窮。有懷宗慤志，慷慨慕長風。

春日同談仲木李青來秀才王介人山人王言遠孝廉[一]嫣如霞如二女郎游鴛湖

畫鼓移橈急，仙舟出浪輕。鵊飛才子會，歌續麗人行。北岸千家遶，南湖一望平。孤烟高別雨，微日澹流晴。島嶼空中見，樓臺水上橫。女牆臨鏡遠，鳩婦隔花鳴。酒泛金罍重，香飄玉袖明。留連忘薄暮，遲月醉餘情。

贈熊汝望開府

鐵騎開潭府，星僚擁上公。纛牙心總憲，瑣闥舊司封。衡士崇文望，興邦荷武功。風高河左右，威示浙西東。柳細鈴樓匝，鷹揚狐穴空。六韜昭戰守，雙劍役雌雄。印鵲搖雲赤，弓䩸引月彤。地形看聚米，江色繞方艟。帷畫屏前箸，葵丹著匪躬。專征聯召虎，占夢叶姜熊。夙昔懷青眼，低徊寫素衷。式知金玉重，恩佩瑪琚同。門下慚痴叔，行間愧阿蒙。長歌山有木，不似越人窮。

祝周挹齋相公〔二〕

明主方垂拱，宗臣暫息肩。深居開綠野，小隱契平泉。林下存周召，杯中接聖賢。琴聲窗竹靜，星彩筆花懸。丹藥調元鼎，青芝種石田。玄風承許郭，史學陋談遷。廟算江河奠，膚功日月纏。金甌藏舊姓，玉燭待新烟。揆席仍虛左，分茅看拜前。椿齡延八百，桃實度三千。南極昌熙運，東山啓大年。無疆斯世共，海徼亦忻然。

岳鄂王廟

宋曆衰中葉，胡塵隱八埏。霜輬傷北狩，雪涕痛南遷。草草朝廷禮，炎炎宰執權。小心聞戰怯，大計主和先。天子勞存慯，將軍請事邊。丹墀承命出，黃鉞授兵專。柳葉纏雕矢，榴花繡甲錢。劍光迴赤電，馬迹盡朱仙。野哨傳星飯，荒屯藉草眠。令嚴培士勇，討逆戒師偏。列闉叢樓櫓，分疑設燧烟。兩河龍血染，千里鵲旗懸。戈指金人却，鋒摧鐵騎聯。火然逃魏操，鶴唳奪秦堅。方喜餘冰潰，俄驚内詔宣。敷天悲解體，繞地泣歸鞭。忠戮身非罪，功高帝不憐。陰持雖假法，國是豈終愆。廟貌湖山奠，英靈日月旋。波臣多感慨，懷古欲潸然。

校勘記

〔一〕"李青來秀才王介人山人王言遠孝廉"，原作"李青來王介人王言遠"，據目錄補。

〔二〕"相公"，原作"相國"，據目錄改。

澤畔行吟卷七

詩 七言律

白 燕

雪羽差池映日輝，乍驚掠水識依稀。過從明月纔知語，影入流雲不辨飛。夜雨梨花同縞夢，春風柳絮失烏衣。故人樓上香塵滿，應帶微霜別院歸。

初晴侍孫相公寧遠閱邊

遠從威儀望大荒，千山初霽色蒼蒼。甲光耀日魚鱗拆，旗影翻風燕翼長。樹合人烟疑是畫，苔侵鳥篆謾成章。重開疆土誰儔侶，韓范旋看伯仲行。

逆璫敗余起自田間過陘〔一〕陽驛閱壁上舊題感而漫成

可憐投筆當初事，回首無成已七年。壯志頻摧嗟始願，舊題重讀愧長篇。惟思骨鯁能違衆，此處家聲不負先。勉矣寐興還自念，遼陽化鶴未曾旋。

賀苗侍峰大尹六旬有二生子

君年過甲喜懸弧，汗血原難千里駒。試看庭中初集雀，便知夢裏始吞珠。謝家寶樹栽培異，王氏青箱嗣續殊。百不爲多一非少，華筵願繪落鯵圖。

送曹旭海侍御

尚方空請謾瞻烏，一出春明正氣孤。幸轉升沉纔聚首，何期去住又分途。邦關君向屏豺虎，京邸余留伴鼠狐。把袂不堪重悵望，指南何以示張蒲。

樊叔魯餉部見召示慰次韵

擊節狂歌興未闌，危樓重眺盡奇觀。樹稍篩月平懸畫，霧影籠山不露寒。河朔謾誇千日醉，鶺鴒且喜一枝安。多君知己非容易，把臂依依欲別難。

秋興次田御宿大參韵四首

其　一

秋老風高塞雁稀，黃沙獵獵捲蓬飛。白雲歸夢關河斷，紫極瞻天雨露微。木落鷹鸇偏任眼，山空薜荔未堪衣。幾回吟罷頻搔首，可惜蓴鱸正自肥。

其　二

爲憶田園賦去來，蘆花飛盡客心哀。休文多病憐長帶，安國何人嘆死灰。夢入書城還伏枕，酒虛錢囊且停杯。愁深莫問天南北，贏得蕭然白髮催。

其　三

畫角吹風霜漏殘，可憐長夜正漫漫。心驚物候悲燕市，氣盡英雄笑楚冠。射斗獨看孤劍冷，避賢相對一尊寒。黃金隨意交情別，咄咄空嗟行路難。

其 四

譴謫頻加豈我遺，戇愚自合棄明時。獨憐久戍形容老，况值深秋景色悲。患難願行尼父素，醉醒敢效楚臣畸。但祈瀝雪終消睍，甘主鷗盟理釣絲。

自 慰

世緣心事久相違，莫嘆於今始願非。鵩賦偶然誰作祟，缶歌徒爾自張機。縱愁把卷聊爲樂，有夢還家亦是歸。況復主恩終浩蕩，未應馬革易斑衣。

秋夜不寐次孫白谷吏部四韵

其 一

耿耿忠誠豈合休，天涯去住鬱沉憂。田嘗客舍論知己，孫楚居停謾枕流。鼓角五更魚鑰夢，烽烟千里雁門游。凌風幾欲乘槎去，渺渺星河不可求。

其 二

陽和不到嘆沉冥，蕭索何堪問戶庭。丹闕望遥前路黑，白雲飛斷故山青。静中世態誰曾諳，貧後交情我自惺。更惜愁來無計遣，凄凄鈴柝逼秋聽。

其 三

瀟灑閒居步履恬，漁山樵水亦無嫌。風霜夜永寒初逼，枕席秋多夢未甜。落葉空階聲不次，短檠餘燭影猶兼。荒雞啼盡窗前月，短韵思歸口漫占。

其　四

從教不寐百年偏，亦是宗門小乘禪。結社每淹陶令酒，買山何必道林錢。寧關一息爭成敗，虛却三生論後先。銀漢無聲星欲曙，可憐欹枕尚憂天。

再次前韻

其　一

擾擾風塵夜未休，好憑晏息謝閒憂。誰言歸夢疏更斷，偏對空庭片月流。搖落年華驚節序，飄零裘馬憶交游。何時還向南窗臥，一枕羲皇任所求。

其　二

霜寒鴻雁入高冥，獨對寥寥月一庭。心血未攄方寸赤，鬢絲早換昔年青。閱殘炎冷憑時態，歷盡風波只自惺。幽谷誰人吹衍律，好教愁客坐來聽。

其　三

有夢還家客思恬，今來客路夢猶嫌。背芒難負應除刺，脾病多眠合廢甜。蜀洛異同誰見別，惠夷仕隱可容兼。升沉不必關星象，何事皇皇竟夜占。

其　四

落落孤生負氣偏，兀然今日似逃禪。送窮輸却昌黎賦，貰酒難消司業錢。薄命文章憎早達，怯寒蒲柳任凋先。更嗟將母思終夜，千里徒傷兩地天。

再次前韵

其 一

天涯自分得沉休，何用勞勞枕上憂。楊子草玄嗟寂寞，馬卿擁傳想風流。隍問蕉鹿誰終覓，梁上烏衣已罷游。幾度欲尋天姥路，徒憐反側總難求。

其 二

漠漠涼烟近夜冥，孤燈愁冷照虛庭。在天空對三星白，射斗還看一劍青。鬢感二毛愁未遣，賦成九辯恨常惺。誰家羌笛吹殘月，又送離人枕上聽。

其 三

閒居謾說便成恬，入夜何堪尚自嫌。丘也甚衰遺我恨，莊乎大夢讓誰甜。無方事業羞時左，不到山林笑隱兼。筦簟虛存徒偃仰，熊羆可是旅人占。

其 四

兀坐中宵月影偏，非關于此悟真禪。十年仕宦嗟三已，八口饔餐負一錢。觭睡不能容卧側，壯心因折聽雞先。他鄉孰意多同調，方信余生有二天。

虜退感事用孫白谷吏部[二]韵

四起風烟白日冥，眈眈豺虎走門庭。借籌雅賴中郎賈，掃穴誰爲司馬青。負乘謾勞人嘖嘖，旁觀焉敢獨惺惺。惟憐荒壘三更月，哽咽新魂不可聽。

雁門留別田御宿大參

世路誰言投分難，何期聲氣辱金蘭。感君日月昭心事，愧我瘡痍借羽翰。渭北雲天瞻北極，江南烟水悵南冠。明朝回首關山遠，千里秋風雁影單。

幽　怨

秋聲蕭瑟到文園，獨夜微霜起凍猿。離夢有魂歸草逕，辭春無路入花源。琴中撫鶴徽音冷，箋上封情淚色溫。幾向玉階探行迹，滿庭落葉閉苔痕。

晚步水濱

大火西流白露天，江干四望意蕭然。霜風吹葉初疑雨，野水屯雲不讓烟。斷岸幾家漁火亂，荒山一帶鳥聲旋。半生苦被塵氛累，今日清吟若夢邊。

謫海上過金山登眺

砥柱中流儼畫圖，振衣絕頂得全吳。西來兩水拖雙練，南下孤帆泛隻鳧。渺渺一方誰在涘，滔滔皆是幾乘桴。更嗟蔽日烟雲甚，未許逋臣見帝都。

甘露寺

甘露孤撐勢莫攀，天開日馭自循環。上游吳楚江分陝，外埒東南海作關。瓜步斷霞隨鳥沒，廣陵晴月帶潮還。臨風縱酒舒長嘯，千里烟雲隔故山。

檇李中秋

　　余謫武原，寓檇李之鴛湖。中秋，闔郡士女游賞，彩艦喧填浦漵。兀坐小樓，旅懷益愴。閉戶塞耳，惟恐有聞，因得句如此。

簫鼓喧填隘畫舟，問人此日是中秋。豪門結客稱佳賞，寒士携家亦快游。借興湖光偏瀲灎，侑觴鳥語總綢繆。可憐惟我飄蓬者，明月無須照小樓。

登吳山

徑轉峰回得翠岑，憑虛萬里俯層陰。雲歸鷲嶺湖光暝，潮落錢塘海氣沉。飄緲鐘聲浮薄靄，高低帆影逗疏林。誰從越絕誇奇勝，望入鄉關思不禁。

同彭德符孝廉陸芝房司馬彭觀民太守鴛湖夜泛分韵得微字

爲愛湖光擁翠微，泝流擊楫興争飛。類因方聚寧人比，晦以時遭得我休。問月銜杯賢也聖，徵詩限韵是耶非。勝游一夕堪千載，厭飲從教湛露稀。

萍

垂楊垂柳接烟汀，一夜花飛盡作萍。吹到魚牀圓覆紫，浮來鷗褥碎移青。流中縐縠風勻畫，斷處生天晚帶星。孤客近知踪迹似，江湖滿地嘆飄零。

談仲木留別次答

此身尚在即皇恩，誰復張羅問翟門。入世自矜多傲骨，逢君遂爾快吟魂。山林寂寞書千卷，風雨淒其酒一尊。獨怪別離緣底事，片帆東去失孤村。

冰

一夜風吹水腹堅，江湖千里白茫然。封餘遠近渾無地，映入空明已失天。争渡不勞先馬足，膠杯且喜礙漁船。相看莫道嚴寒閉，應有陽和在日邊。

元　日

萬里投荒到海濱，冰霜入眼勵波臣。當年玉鑰曾聽夢，此日金微且竄身。椒實兩浮吳地酒，梅花七別帝京春。白雲親舍仍同遠，北望那堪淚滿巾。

客夜醉賦

地接潮聲瀚海連，雨中疏樹萬家烟。客情未擬登樓賦，壯志常懷説劍篇。天外白雲春漠漠，城頭芳草晚芊芊。十年寥落逢蓮勺，未許窮途泣杜鵑。

艷　體

草色青迴似曲塘，美人輕棹泛妍妝。風蘭帶曳雙鸞麗，霧縠衣分一水香。歸去不堪遵漢渚，夢來隨處即瀟湘。深窗夜繞羅浮月，細語梅花別恨長。

口　占

一牀夢破生清秋，落日照我之西樓。欲飛不飛遠雲映，出天没天寒江流。容容荒烟斷村塢，星星野菊斑籬頭。健腰不爲五斗折，肯與時事相追求。

秋柳

絲絲黃葉不勝秋,幾樹殘烟拂釣舟。灞岸鶯遷春夢歇,隋堤蟬去夕陽愁。霜寒短笛悲離曲,風落長眉委御溝。弱質近來消瘦盡,漫將舞影數驚鷗。

泛太湖

滄波寒映片帆孤,風駛雲奔壓具區。一棹魚龍橫出没,中流日月蕩虛無。浮家到處歌長鋏,落魄隨吟擊唾壺。鄉國何須頻北望,聖恩深許覓蓴鱸。

同王介人携嫣如霞如兩女郎〔三〕虎丘步月

晴烟吹盡湛清光,夜接詞人醉羽觴。玉袖凌風行欲並,銀河摇月去猶長。吳門搗練誰家急,晉國看山幾處蒼。燈火下方歸路近,暮鐘聲裏報微霜。

西湖冶體

空烟如翠隔凄迷,依舊湖光遠接堤。幾處歌中移水榭,誰家妝裏鬭金鎞。波漂荇帶沾雲濕,柳作春陰近日低。多少迴舟一時發,風香吹過六橋西。

飛來峰

片雲崩剥五丁開,峰勢高撑日角迴。仙境偶然留斧鑿,鬼工隨意幻爐錘。懸崖乳滴寒非雨,深谷泉驚響若雷。爲問巨靈緣底事,乘風一夜忽飛來。

寄懷王言遠孝廉

君家江南我江北，魂夢從游路亦難。誰謂朝端寬斧鉞，却令海徼結金蘭。詩書尚論聲相和，風雨聯床意共安。一別猶然稱異地，烟雲望斷恨漫漫。

泛西湖

雨霽光連曉望平，六橋風暖碎新鶯。馬嘶水外群花遠，舟泊烟中一葉輕。西子堪嗟湖竊字，高麗何幸寺留名。佳游爭與遲朝夕，欲盡東南景物情。

湖心亭

湖上孤亭俯荻洲，高甍宛爾在中流。鮫門月涌虛無夕，蜃宇雲生瀲灩秋。堤柳蕭蕭霜影盡，沙鷗歷歷水痕浮。飄零莫問行吟處，眇眇空懷北望愁。

孟冬偶成

風雨蕭蕭蘆荻寒，斷鴻聲裏客心單。恨長賦惜江淹短，帶減腰憐沈約寬。寥落音書空北望，蹉跎歲月尚南冠。故園歸夢雖知路，塊寢還嗟未許安。

孤山吊林逋墓

空山爽氣欲霏微，極目登臨正落暉。高士草縈泉下骨，孤臣淚滿客中衣。風將獨鶴終飛去，水逐閒雲竟不歸。剩有梅花三百樹，吟魂縹緲未相違。

御風送陳丹井戶部

天末長風起白苹，片帆開處一毛輕。微茫烟霧憑舒卷，浩蕩波濤失縱橫。擊楫毋容矜祖氏，乘槎直欲擬張卿。因嗟偃蹇泥沙者，何事勞勞負此生。

贈柳如是

章臺楊柳夢餘春，烟外風吹燕語新。墨染蘭痕矜白雪，酒澆桑落醉紅巾。晨妝影笑才知俠，夜蠟分花不炤顰。一別三年猶繫念，何堪今又結芳鄰。

無 題

暖逼鶯聲入畫樓，美人約恨起簾鉤。依違面面神全逗，宛轉心心態欲浮。將謂若耶溪畔住，還疑洛浦月中游。輸情擲眼初無着，莫遣風花作幻愁。

桃 花

園桃一夜領春風，膏粉融脂出嫩紅。醒宿酡顏嬌醋醋，舞闌薄力怯東東。武陵誰許漁舟再，鄴下應教飲興空。珍重深情與蜂蝶，殷勤雨露仗天工。

薛姬入道

綺陣香叢有夙緣，一朝解脫訝胡然。鶯聲宛轉羞呈巧，柳態翩躚厭用圓。色即是空原幻相，動何如靜自真筌。獨嗟棲影燈孤處，未免多情欲可憐。

校勘記

〔一〕"陘",原作"經",據目録改。

〔二〕"吏部",原無,據目録補。

〔三〕"兩女郎",原無,據目録補。

澤畔行吟卷八

詩 七言排律

和陸芝房職方〔一〕觀走馬燈檃括五行二十八宿十二直神詩

瓊室金燈向夕張，水天一碧映奎光。黏成牛鬼童心建，分破烟雲月觜芒。宛轉聯珠星錯落，參差列炬壁輝煌。騎箕角鬪誰驕亢，搖尾盤旋任彷徉。土木形骸除色相，晦明用舍定行藏。降婁乘旺平侵斗，少女酣春滿爇香。暈借柳絲翻燕翼，皎窺琴軫濯玄霜。曲房閉火開虛影，露井收風出倩妝。危坐衣冠傾玉屑，狂歌粉黛執瑤觴。知拚畢夜從啼昴，氐醉無須浣胃湯。

再次陸芝房觀走馬燈檃栝五行二十八宿十二直神原韵

虛壁張燈星貫珠，光搖奎斗燦金樞。蛇神幻相兼牛鬼，箕服妖裝佐㢸弧。吹角建牙寧亢執，捫參歷井豈危逋。千旗翼昴開黃道，連軫奔風氐大都。背水漢營成火德，聚房周室定姬圖。檀心閉女收腰柳，炙觜調笙破唾壺。醉畢謾誇除渴胃，跛婁未許笑傴巫。平津客滿羞貂尾，土木何勞折柬呼。

上元虞乾陽給諫招同曹愚公侍御陸芝房職方譚梁生屯田魏道安山人周秀生女郎夜飲次韵

梅凌半雪微銷冷，柳閱初風未破新。湖水入簾光欲注，蟬紗蒙蠟影低巡。生遷東海懷明主，席忝西園厠上賓。橘社引思遲落子，舞衣開袖拂迴潾。梁塵入曲輕飄屑，濠渚行魚不避綸。酒斝吸虹浮桂淺，筆牀眠兔散花匀。平泉雲月相宜夜，梓澤烟霞別是春。舟御通家寧問李，轄投驚座謾誇陳。兵屯若卸清時責，諫議空閒聖世身。何幸入荆分楚調，亦將屬和及巴人。

校勘記

〔一〕"職方"，原作"司馬"，據目錄改。

澤畔行吟卷九

詩 五言絕句

靜夜思

客館淒其夜，愁多夢不成。可憐窗外月，偏照別離人。

古意

出門望臨邛，山接臨邛路。臨邛非關情，故人臨邛去。

秋思

水國秋風寒，雁起蘆洲月。景色淒且清，幽人在林樾。

閨情二首

其一

春風感柔膩，易作東西吹。君情如春風，妾心當告誰。

其二

含顰呼侍妾，帶笑出妝臺。莫把珠簾下，看他燕子來。

絕句

野色超寒雨，依然夕照開。不知人獨自，孤雁復南來。

夜半聞笳

夜半胡笳聲，隨風到愁耳。愁人正愁絕，胡笳吹不已。

夷門監者

尫羸一老生，大隱夷門下。何事信陵君，而枉千金駕。

孫白谷吏部園亭雜咏七首〔一〕

長春洞

既無所爲暑，亦無所爲寒。藹然太和氣，四時在此間。

遠香嶼

風來香隨來，又復隨風去。風去欲尋香，不知香在處。

飛雲洞

雲根起石洞，洞空雲亦深。隨風自來往，落處即成陰。

十畝間

桑者之閒閒，閒以十畝也。十畝我自睞，閒豈獨桑者。

濯月池

涓涓水一瀹，爽氣宜秋冷。明月有時來，於中濯清影。

擬桃源

水面流落花，武陵宛然近。愧我非漁人，誰許逢真隱。

菊圃

陶潛隱東籬,君亦凌菊圃。寂寞秋花心,相知結千古。

任任之太學[二]杞圃

圃中何所樹?所樹者惟杞。可知憂國心,聊焉□□□。

閨思

辛苦聞歸雁,空閨淚滿巾。不知南壽日,曾否見良人。

湖歸

日落水雲起,頃失湖上峰。扁舟何所向,歸處但聞鐘。

古艷詞

妾年始十三,感郎深徘徊。意密心不羞,柔情爲君開。

觀舞

轉步工躞促,迴身變豈同。殷勤弄長袖,妝影落香中。

芙蓉堤

夾岸芙蓉花,灼灼好顏色。誰言在中央,欲采不可得。

咏豐城劍贈王介人

燁燁吐寒光,鋒鍔未曾試。不遇張茂先,誰能識其異。

中夜

三五天邊月,清光此夜多。憑欄無限意,不敢問嫦娥。

同內人聞桂

中庭木樨香，不知風所起。相視心莫逆，吾無隱乎爾。

有　感

愛以相憐至，情惟孤用深。孤情聯至愛，但問兩心心。

對　菊

袖漬三年淚，人當萬里游。傷心籬下菊，開遍異鄉秋。

蓮

粉墮池中水，香飄鶴外烟。風吹殘月曙，秋影亦生憐。

芙　蓉

水映光相語，風吹影自扶。烟姿秋欲潤，冷意近葭莩。

盆　魚

悠然盆中魚，生意何潑潑。雖無江海寬，羨有升斗活。

感　懷〔三〕

日夕春風來，花草各言媚。松柏懷故心，冷然感榮瘁。

即　事

挑燈不成寐，顧影獨嘆息。軋軋機聲遲，鄰家動寒織。

寄屠用明

空齋經日雨，芳草夜來生。想見幽居者，高眠無俗情。

別　情

斷腸惟春色，桃花零亂時。況當遠別離，何能寬所思。

龍井一片雲石〔四〕

宛爾猶卷石，誰言一片雲。豈因行雨後，零落不成群。

望湖心亭

天遠寒無色，山多晝亦陰。水雲開復聚，何處覓湖心。

問水亭

虛亭依古渡，水色帀亭空。試問南湖路，烟波幾處通。

校勘記

〔一〕"七首"，目録下原標"十六首"，正文僅有七首，今改。
〔二〕"太學"，原無，據目録補。
〔三〕"感懷"，原作"有感"，據目録改。
〔四〕"龍井一片雲石"，原作"一片雲"，據目録改補。

澤畔行吟卷十

詩 七言絕句

宮怨 九首

其 一

寂寞長門夜度年，夢中虛乞片時憐。千金縱買相如賦，不得君心亦枉然。

其 二

一入宮中又幾春，羅衣日見淚痕新。蛾眉縱死非深恨，可惜君恩在別人。

其 三

謾道宮眉寫月新，可憐虛度幾多春。少年不得君王意，枉有紅顏說勝人。

其 四

自惜紅顏玉不如，傷心淚眼未曾舒。好將憔悴教君見，又恐君恩見益疏。

其 五

零落楊花滿御溝，可憐春色付東流。昭陽殿裏如花女，誰解深宮別段愁。

其　六

每恨無緣近至尊，鶯時獨自掩長門。月明不分君恩斷，獨有清光照淚痕。

其　七

君恩已盡欲如何？空有殘香在袖羅。無數烟花宮樹滿，不知雨露是誰多。

其　八

風殘燭淚不知啼，淡月蒙花影亦低。愁裏似聞恩幸意，笑聲却在殿廊西。

其　九

玉樹啼烏夜悄然，孤燈照影自相憐。流蘇繡得渾無用，枉殺雙雙並蔕蓮。

古　意

雁門關上黃雲流，雁門關下胡風秋。征夫此日雁門去，何處閨人不解愁。

月夜張心冶文鐵庵朱滄起三〔一〕太史過飲

參差烟樹影堪圖，小苑飛觴借月呼。痛飲不須愁夜禁，主人原是執金吾。

閨情二首

其一

曉雲如夢怨湘娥，草色凝烟上綺羅。燕子不歸花落盡，暗知春事已無多。

其二

寂寞深閨歲幾更，含情惟許對孤檠。避人履迹堦痕斷，鸚鵡前軒怕喚名。

感遇

豺虎縱橫白日昏，孤臣回首戀都門。投荒縱向沙場死，猶感君王不殺恩。

孟良城

天井關頭日欲西，孟良城外草淒淒。英雄銷歇知何處，古戍無人鳥自啼。

過石嶺關

平原秋草接邊關，風物淒淒愴客顏。遙指故園天外是，白雲如帶束青山。

映碧園夜飲迴文二首

其一

絲絲綠柳垂烟細，灼灼紅蓮映水鮮。宜賞佳期尋我共，池園静夜月娟娟。

其 二

高樓接岸環深樹，怪石屏軒障遠山。消暑微香飄入席，橋前過水趁花閒。

旅 感

極目鄉關萬里餘，經春空自嘆離居。如何多少南來雁，不寄家人一紙書。

夜 坐

寥落孤棲萬里身，閒庭清夜暗傷神。相憐獨有天邊月，縱在他鄉亦照人。

到 家

一別鄉園已四年，重來景物自依然。獨憐籬外黃花色，憔悴西風不似前。

同于伯玉孝廉游白雲寺

飛葛攀援躡紫烟，空花吹雨落諸天。秋風滿袖旋歸去，回首白雲一惘然。

有 懷 二首

其 一

曾見新栽碧玉枝，如今風雨落胭脂。眼前春色能多少，莫道尋芳去更遲。

其 二

渭城唱罷意難留，斜抱箜篌淚暗流。今夜相思君莫問，海棠花下不勝愁。

漳水懷古

魏武銅臺漳水邊，臺傾空見水如天。誰知霸業銷沉盡，烟艸荒深不記年。

汴堤懷古

隋苑烟銷異代時，故宮何處不凄其。傷心最是長堤柳，猶到春來發舊枝。

怨 情

昨夜風多露井寒，柳絲無力小桃殘。秦箏玉柱斜飛雁，侍女移來不忍彈。

落 花

零落空園一夜風，青苔滿地散殷紅。殘鶯似怨春寒重，啼盡香魂細雨中。

憶舊游

想到登山興欲飛，風塵驅迫與心違。何時拄杖尋方外，十二峰頭一振衣。

睡 起

衰草寒雲日半斜，思鄉無語自咨嗟。可憐多少傷心淚，每恨風吹不向家。

聞砧

野館孤燈獨掩門，思鄉夢斷萬重雲。秋風不解愁人意，徹夜砧聲送客聞。

蘇堤二首

其一

柳外長烟雜細霞，春風旖旎照晴沙。紫騮嘶盡東風莫，滿樹繁烟過落花。

其二〔二〕

柳影參差水拍堤，酒家烟隔段橋西。坡仙去後流鶯在，不住春風盡日啼。

姑蘇柳枝

館娃宮外雨光消，勾引東風入舞腰。爲遣年華惜鶯燕，行人不忍過楓橋。

即事

露草寒沙起候蟲，釣絲影落石磯空。漁舟暗逐流螢去，無數秋明水月中。

乞巧戲題

年年機杼絳河傍，織錦空聞咏七襄。若使天孫真有巧，如何終日不成章。

戲贈王月生女郎〔三〕

亭亭玉質十三餘，雲雨誰教夢尚虛。欲結同心還借問，西陵松柏近何如。

戲贈李慧生女郎〔四〕

何是當初初不識，而今纔得得人憐。縱然秉燭尋歡事，已失春風十五年。

吳門即事

吳門花月可憐宵，宛轉朱欄映畫橋。怪得彩雲飛不散，玉人新度廣陵簫。

哭亡妾 二首

其 一

粉澤烟銷繐帳空，漫餘酸淚泣秋風。幾回欲問當時事，何處香魂入夢中。

其 二

挑盡殘燈益愴神，孤幃愁見舊香茵。不知明月緣何事，低故穿窗偏照人。

雨花臺

春草青青出淺沙，江城荒遠絕人家。雲光飛盡長干暮，不似當時初雨花。

越來溪

館娃花草望中迷,夜半宮烏未踏棲。錦帳日高春睡重,不知兵過越來溪。

二十四橋

隋宮灰冷嘆千秋,馬上曾聞清夜游。二十四橋春草遍,烟花空說古揚州。

晚春口號

野日晴開散曉鴉,空隨芳草到天涯。春風不怨無人至,芍藥猶能作晚花。

題　畫

野橋紅樹隔溪寒,幾處霜風落葉乾。極目亂山斜焰裏,一船秋色老江干。

贈柳如是女郎 二首

其　一

輕衫吹轉五銖塵,妝影翩躚倚袖新。應是昭陽飛燕子,春風重見掌中身。

其　二

窗夜彈棋隱碧紗,甲香新鍊鬱金芽。嬌來避客能輪笑,膩粉濃開半靨花。

塞下曲

十年烽火戍陰山，鐵甲生蟣尚未還。邊馬踏霜嘶月影，征人掩淚視刀環。

聞檐馬聲

疏風吹雨正闌珊，隨意清聲入夢間。聽徹五更猶未歇，秋心一夜不曾閒。

閨情四首

其　一

樓上疏簾卷翠微，殘寒猶自薄羅衣。柔心脉脉春如許，花落東風燕子飛。

其　二

偶看鸂鶒過池南，芳樹陰陰月已三。最是關心閒處立，空堦風日長宜男。

其　三

露濕晴花昨夜紅，暖香吹影入簾中。起來無語庭前立，長袖徘徊散麝風。

其　四

玉窗斜倚又黃昏，細雨疏花一閉門。自是離魂飛不去，空教芳草怨王孫。

赤　壁

山川相繆鬱蒼蒼，風景都非舊戰場。指點石頭嗟失守，令人猶自憶周郎。

采蓮女

一片風帆焰影開，花叢掩映錯招來。重看却是漁郎棹，忽地低頭不敢擡。

明妃小像

莫怨丹青悮此身，愁眉終日自含顰。當初不是毛延壽，那許留名到後人。

少年行

幽并年少氣翩翩，腰間寶劍血長鮮。平生不欲空恩怨，白日殺人大道邊。

偶　成

蕭風吹竹正黃昏，獨坐書齋未掩門。薄酒疏燈雙鬢影，不堪情處正消魂。

保叔塔

塔勢高凌日月爭，寒雲飛盡碧天橫。望夫不見空餘石，保叔何堪更作名。

段　橋

湖水中分一望遙，虹梁飛處影迢迢。宋家陵寢今何在，不忍重過段氏橋。

柳洲亭

柳洲亭前烟水闊,柳洲亭下芙蓉發。殘鴉歸樹寂無人,亭影深深閉秋月。

贈王大含孝廉

戊辰與大含游,十年餘矣。忽晤於周紫髯席所,各詢起居,口占若此。

屈指離群幾歲華,偶然遇合在天涯。明朝君若來相訪,但問湖頭第一家。

宮　怨

無情惱殺是東風,只解吹花滿地紅。何如吹妾憐花意,并入君王春夢中。

校勘記

〔一〕"三",原無,據目錄補。
〔二〕《蘇堤》其二,原在《哭亡妾二首》後,詩題亦作《蘇堤》,今據目錄移置於此。
〔三〕"女郎",原無,據目錄補。
〔四〕"女郎",原無,據目錄補。

二編　澤畔行吟續

沁水張道濬子玄父　著
吳橋范景文夢章父　閱
無錫顧宸修遠父　訂

澤畔行吟續卷一

賦

出塞賦有序

余家澤潞間,天下勍兵處也。自罹家艱,請纓遼左,身副戎車,用違其志。羽書狎至,乘障是急。封狼胥,禪姑衍,其事概未聞焉。鼎革之際,再起再歸。俄烽火及於甘泉,單騎入覲,逆胡自懾上之威德,躡耳竄伏。其後待罪雁門,虜間一入,罪廢之餘,惟畢命馬革是期,安望揚旌馮軾之事哉?今游於江潭,益歷年所。耳不聞鼙鼓之音,目不睹車徒之盛。念家世食祿,誓不俱生。每見邊吏奔命書,輒自嘆結髮與匈奴戰,未得一當單于。爰濡子墨,冀聞之當事,令河東父老得復漢官之威儀,在此舉矣。賦曰:

試橫目萬里,皇靈四訖。稽顙闕廷,維侯維尉。么麼東胡,戎索我乞。一朝顛越,抗擲綸綍。楛矢失貢,睥睨天物。煉蜜爲糧,蜂氣涌沸。塞草萎黃,胡雲黮黕。獸嘷鬼泣,邊垣詰曲。不聞人聲,寒燐髣髴。悼天誅之久稽,彼自袯之無因。射天之矢弗息,吠堯之犬轉猖。堅城屢墮,深塹多堙。杲日初出,積血若新。輕烟晚暮,暴骨暫泯。士感恩于未報,人抱憤於誰伸?上書請纓,天子逡巡。匪介鱗之足宥,念吏卒之苦辛。賈生表餌,婁敬和親。嗤大漢之屈辱,法成周之至仁。皇赫斯怒,郊廟告禋。於是下尺一之詔,進熊羆之臣;簡五屬之甲,推三尋之輪。吳楚之危纓長劍,甌粵之標弩勍矛。巴蜀翹捷,關隴俠游。六郡良家之赴難，三河年少之同仇。聞風慕義，如貔如貅。人報其怨，露皆橫眸。旌旗相望，千里不留。榆關東出，遼河北流。崇牙岳立，支旟林浮。廣寧據其堂奧，海島借其扞揪。列屯守險，惟敵是求。七校齊發，五軍協謀。雷轟電激，湍怒風飆。矢道同的，巨礮猝投。聲裂天地，孰知其繇？乘勢翼進，輪蹄踐踩。委骸斷體，陷胸斬頭。郊原一瞬，赤野丹丘。奔馬駭汗而爭嘶，羣胡痛哭於亡酋。

然後開原住壁，瀋陽來休。金復海蓋，指顧俱收。睹向日之頹堡，問昔時之故堠。高臺曲池，狐兔交稠。名藩雄鎮，杞棘叢幽。為洗碑而披迹，何煩憂之特滋。君父之大耻如此，臣子乎倖生多時。食無下咽，勝益能持。整軍窮討，輣車飆馳。西自豐灘，東自高麗。引銳夾轂，旦夕恐遲。殘虜奔北，勢不能支。烏合終潰，蟻聚善疑。渾河飛渡，王庭欲移。天兵迅掃，狡穴頓犁。組老上之頸，屠日逐之屍。奪右賢之旐，空蹛林之祠。愛子受牧，名王就縶。傾其畜產，厥為軍資。大珠斗量，健鷹天垂。擲之縱之，秋毫不私。蓋招攜懷遠，德禮命師。殲魁梟畔，神武永思。薄伐玁狁，徵在前詩。惟其罋重，根株艻夷。霜稜稽落，月滿金微。秋風歸玉門之馬，玄水解漢臣之衣。弭節遼左，勒石醫閭。雲臺麟閣，終古生輝。臣何人斯，欣慨倍茲。幸國仇之已雪，庶家憤之可揮。尋征夫以稅駕，遂子舍之長依。

亂曰：遼水血，何時清？遼山骨，何時平？徙漢南，報白登。擒頡利，迨渭盟。於千萬年，猗與盛明。

寶刀賦

有客大俠，名著幽燕。被服仁義，揮霍雲烟。吐氣九天之上，揚眉千古之前。盜嗤荊聶，奴視慶專。傷睢陽之屬鬼，痛臧洪之難全。雄辯未訖，解佩周旋。寶刀橫席，神光爎然。長虹縮耀，虛星流燀。蜀江爽烈，首山英堅。孟勞讓其犀利，龍鱗避其輕鐫。吳大帝之百鍊，魏太子之含章。彩似丹霞，鋒如崩霜。青蛇飛騰，赤鵠迴翔。太乙入水，魚鐵開芒。神異種種，此刀獨良。窮理盡妙，繁文波光。雌雄誰定，孤鳴自將。金精之靈，秋聲應商。胡草北萎，塞雁南昂。殺氣遙映，豪憤一方。在匣欲脫，在牀欲戕。隴日慘黯，朔雲微芒。幽魂怨魄，往往啼倀。夜不能昧，起舞空堂。飛飆急電，燁燿奔鏘。輕擊浮截，暗景吐鋥。嗟乎利器，乃錮傖荒。令螻蟻穴他年之腐肉，更糟糠供今日之糇糧。有身七尺，有刀千金。人生如此，何以爲心？大笑出門，山高水深。雪没馬目，冰枯榆林。拭刀四顧，萬里悲吟。血染日逐，冤伸屠耆。搴旗斬將，若薙生芻。戎王徙幕，胡姬入帷。飲酒一石，其醉如泥。枕刀酣卧，蹯林告祠。殘虜倔强，兩軍相持。驚起馳逐，枕刀如之。寤而嘆曰：是何祥也？噫嘻！非寶刀之神也耶？利器善警，今昔同珍。誓不妄試，佩之終身。國仇雖滅，私恨未伸。報冤殉難，瞑目厲斷。或赴韓市，或入吳闡。或馳洛陽之陌，或窺長安之鄰。懸頭洞胸，日暮驚塵。雉肩生割，兔胎濡唇。刀血斑斑，滴色猶新。莫問其故，家亦長貧。頗善名理，尤篤人倫。逡巡退讓，才偉性真。於是藏刀弗出，掩關杜門。公輔之器，待贈其人。少年浮薄，雖得不尊。欽哉百世，永荷國恩。

遥壽慈幃賦

猗君親之並重兮，念古誼之高揭。承嚴譴於海陬兮，聽胥濤之吐月。耿微衷之未諒兮，危悵悵於一髮。依逆旅以長吁兮，隔慈顔於晋越。情脈脈以自傷兮，景悠悠以倏忽。指白雲而在望兮，跂太行而終蹶。信臣罪之當誅兮，感親年於明發。維時遠道千里，海天萬重。閱日閱歲，北堂雍雍。含飴遶膝，舉家盡恭。

彈絲吹竹，列鼎擊鐘。娛桑榆於永日，似喬松之仙容。謂波臣之滯留兮，每一食而三嘆。介使相聞於道路兮，宗黨遞視於海畔。乞衣衣我，乞食食我。戒之戒之，莫或敢惰。凜家訓之昭垂兮，俄介壽之及辰。篤嘉覜之自天兮，喜懸悅之恒新。整雲翟以祗命兮，切珮聲之鄰鄰。叨華袞於穹階兮，屢皇綸之諄諄。予小子之不造兮，欲叩閽而無因。離伍則爲失職兮，終子舍之何人？馳寸私於關山兮，夢擾擾而未伸。於是青鸞寄其德音兮，黃鵠載而下詢。石碧詰曲以傾靡兮，若木扶疏以競春。下若進觴，嘉禾致粱。江鯉斫膾，越羅製裳。北向再拜，仰祝蒼蒼。天之高矣，何德可忘？母之壽矣，和樂且康。彼長沙之卑濕兮，與夜郎之遐荒。亦今昔之偶同兮，寧忍遠於故鄉。

餘秋讀書賦

維餘秋之索處，兼閒夜之方永。稍燈火之可狎，漸塵雜之初屏。蟲吟碎而起草，梧聲凋而墮井。延南軒之素賞，泛北庭之幽影。推予情之可寄，諒無加於斯景。於是壓素幌，羅陳編；發秘義，搜奇詮。既抽英而抉異，復鎪思而鈎玄。顧精靈之所會，若接膝以交言。稽前墳而正訛，即領要而删繁。辨妍媸於毫末，定去取於筆端。沃波瀾兮靈府，挹霞藻兮奇觀。椎燕石兮御楚璧，焚魚珠兮張木難。出入秦漢，縱橫子史。陋夸士之習，探風人之旨。采菁華於積帙，蕩浮靡於累紙。疏蘭氣而流吻，振金聲以聰耳。學必專而始博，理無隔而乃止。苟有功於斯文，羌何慚於沒齒？

西湖泛月賦有序

嘗薄游錢塘，輒鼓枻湖上。夕景銜山，波光淪閃。少焉，鎔金流珠，輕耀浮動。月入客懷，湖天同色矣。遂攷天下以"西湖"名者，在在而有。曰燕，曰潁，曰開，曰松江，曰鄢陵，曰許，曰睢，曰汝寧，曰崇慶，曰富順，曰福，曰漳，曰潮，曰瓊，曰桂林，曰雲南，悉數之凡十有七，而錢塘獨著，抑地以人勝耶？噫！其人往矣，月則猶是也。如此湖，如此月，如此人，始有同稱焉。賦曰：

宋社既屋，湖山清肅。萬春千秋，氣若新沐。桂棹兮蘭槳，鳴絲兮擊筑。樂事倍舉，客懷未卜。苦白日之改瞬，幸明月之見速。列峰匿影，長堤隱陸。暝色侵尋，遙空方矗。俄而雲際隙射，嶺畔露瀑。或璧或規，微波相逐。静不掩光，動不淪觸。平流千頃，金液融簇。旋渦縈紆，走珠可掬。烏翼斜分，鶴背輕伏。四顧傍皇，明月我獨。鄰舟競其歌舞，烟寺落其梵鐘。妖鬟冶黛，坐炤形容。洛浦初遘，漢濱乍逢。群籟俱寂，出没魚龍。月輪漸午，湖光欲重。浴翠未已，濯魄時濃。荇藻歷亂，沉沉遠峰。玉盤撓於柔櫓，瑶鏡破於短舳。然後慨疇囊之不復，嘆豪傑之失蹤。南宋駐蹕，胡元來衝。當時宮苑炤耀，臺殿參差。游人如蟻，畫艦如馳。邀歡長夜，樂不可支。曾望舒之促御，徒清輝之後貽。嗟乎！湖上之月，獨今之朔斯望斯，歌斯舞斯也乎哉？

亂曰：湖月如鈎牽我憂，湖月如鏡炤我愁。月兮月兮，謂我何求？

美人賦

有美一人，小字曰娟。燕趙多麗，娟擅其妍。往言風塵，不乏艷質。語秀足餐，擬韵猶失。鴻鶩蝶栩，態自翩翩。習俗所移，志趣終淹。謂能置身，雲鶴堪匹，羽毛皜潔，百不得一。絆愁銜恚，糞土埋英。操行塗敗，貞執與旌？萬一獲伸，操行勉堅。誰破坑塹，風揚霞去。念灰炎冷，憾釋新陳。智識弗開，等之沉淪。盡美又善，孰方娟也？庶幾名卉，差可擬者。荊玉讓潤，夜珠失瑩。容冶波俏，嬌媚橫生。西川之棠，鮮色淫淫。宛其弄姿，飄然佯醉。俯仰不勝，動靜得意。臨流芙蓉，差方茲致。賦情排艷，斂容就幽。挈態鬭芳，實增之羞。志越等倫，仿佛蘭儔。亭亭獨立，不受澱滓。愛莫加修，妬吳置毀。爲蓮爲人，若相與儷。香不襲衣，華不呈葩。可以曲房，可以水涯。爰像以梅，是耶非耶？彼姝者娟，奇狀非一。群擬芳之，真似猶失。娟不借卉而妍，卉反緣娟而苾。倘有以卉實褻娟，則余未爲娟功臣，先爲卉罪斥矣。千古具眼，請以質之白谷。

澤畔行吟續卷二

詩 樂府

東飛伯勞歌

伯勞東飛,不違其時。一羽之微,夫乃有知。君子于役,寒暑載離。寒暑載離,使我心悲。

櫂歌行

江南春水連三月,江南女兒弄輕楫,歌聲悠悠隔花葉。隔花葉,棹舟來。呼郎渡,一徘徊。

天　馬

雷憑憑,雨施施。天馬下,雲中馳。黃金鞍,白玉轡。電影滅,風力逝。朝扶桑,暮昆侖。嗟八駿,何足云。黃河清,圖再出。天行健,帝有德。

江南曲

江南烟暖多花草,江上家家覺春好。玉樓貪眠呼不醒,懊惱新鶯日初曉。斗帳沉沉掩碧紗,香魂何處訪天涯。可憐夢裏無消息,簾外東風楊柳斜。

走馬引

章臺日沒花生烟,長安俠[一]邪多少年。樓頭追歡破一笑,東風亂擲黃金錢。春城月高星滿天，吹笙伐鼓張綺筵。玉壺不竭酒如泉，新聲宛轉清入弦。此曲本是龜茲傳，爲君歌出情纏綿。情纏綿，兩無違。流連達曙不知節，明朝走馬花中歸。

雁門太守行

秋城高高入雲次，城上紅旗金織字。古堞燐飛戰血殷，短草芸黃老霜刺。角聲咿唔慘無極，悲風北來動蕭瑟，寒光參差響刀戟。胡兒抱鞍起長嘆，漠漠烟沙落荒雁。

車遙遙篇

車遙遙，聲啞啞，車前鈎衡駕雙馬。草深沒輪車行好，馬驕嘶風戀春草。

園　桃

春花爛熳開，春鳥間關啼。一朝坐見物華改，鳥聲啼盡花成泥。園中桃須老，園中樹莫遣。隨風到處飛，飛出園中去。

俠客行

蒼天亦何高，蒼天亦何高。浮雲蔽白日，北風正怒號。四顧絕人聲，猛虎因嗥嗥。當道恣搏噬，殺人如蓬蒿。非無扶風士，平生失所遭。安得與周旋，假彼鞘中刀。異類早驅除，不使流腥膏。

東　海

地缺東維，以處大海。一氣盤礡，稽天渤澥。日月空行，瀾搖其彩。茫茫靈長，神功是宰。曰維忠信，險蹈不駭。幸甚至哉，歌以咏志。

前 溪

羅衣着春風，歌舞春風裏。衣色亦如人，解愛前溪水。

將進酒

朱堂擊鼓聲淵淵，銀紗兩行紅燭燃。烹羊宰牛一張筵，妖姬起舞當君前。當君前，試垂手，風剪輕衣動春柳。輝光搖搖影爲偶，入眼驚看未曾有。迴身斂態始嫣然，玉手殷勤進卮酒。

雙 燕

雙燕復雙燕，飛入昭陽殿。穿簾簾影重，拂柳柳絲冒。梁間巢既深，宮外人誰見？夜夜宿香中，長近春風面。

隴頭流水歌

車遙遙，君入秦，妾獨西望行車塵。天長路遠勞目力，別離那不懷憂辛。君行過隴頭，應聞隴頭水。隴頭之水嗚咽流，賤妾哀啼正相似。但願君心知妾悲，朱顏未故〔二〕君早歸。

綠 竹

綠竹生池邊，靡此池中花。花開美顏色，灼灼明秋霞。池清深見底，形影許相守。那知花有根，私心屬嘉藕。

莫 愁

移家石頭城，出亦看莫愁，入亦看莫愁。莫愁如不解，日日但梳頭。

估客樂

江南估客，江北來歸。日日風波，愁心并吹估客歌。估客有時樂，不見長江邊，夜夜張燈動春酌。

捕蝗

六月七月傷亢陽，野苗渴死田禾荒。江南江北千里赤，三歲小兒皆捕蝗。蝗飛薨薨天亦蔽，日光高懸不焰地。黎民疾首告苦饑，相向啼乾兩行淚。城中斗米盈千錢，生拚皮肉資烏鳶。鳶烏得飽自飛去，人骨纍纍葬無處。

泛水曲

搖輕瀾，鳴短枻，波平滑兮舟不滯，望美人兮湖之際。湖森森，花悠悠，美人不來兮，遲遲我舟。

映水曲

二月三月桃花開，春雲染水蕩舟來。空潭澄澄瀉清冷，游女窺妝落新影。妝影新，那不惜，等色相看畏相失。

白雪

妾歌白雪詞，君唱幽蘭曲。兩心既相知，貞素同空谷。空谷寂寂，幽蘭離離。不辭冬日寒，寧受春風吹。風吹雪消化爲水，水滋蘭根妾心喜。

太行路

太行路，高極天。絕來雁，深浮烟。路可盡，天可到。嗟人心，不可道。

携手曲

妾有沉水香,薰之使衣覆。歡來携手時,香亦歸歡袖。

苦寒行

青女凌風曉猶泣,淚影縱橫練千尺。朝來黯黮不生光,湖冰皴裂魚鱗坼。饑烏呼凍群飛飛,空邊斷續時一啼。蓬茅捲盡往來迹,柴扉深掩吹烟[三]微。沉陰抑鬱天地塞,萬里迷茫野雲積。寂寥四望絶人聲,衰草寒山嘆行役。

釣竿篇

茫茫晋壤,黄河其波。人之不歸,疢心寔多。手有釣竿,不如斧柯。渡河何爲?使我思歌。漁兮漁兮,汝漁則那。

日出入行

日出入兮,江之南。花色衰兮,使我心慚。

戰城南

城南荆棘秋滿霜,黄沙撲風嘶白楊。雄狐跳梁兔潛立,積骨纏草成崇岡。當時武安壓趙壁,一夜催鋒向降卒。又聞項羽坑秦軍,千秋鬼哭愁荒雲。只今虜騎正南牧,戍士操戈事馳逐。昨夜城南報合圍,全師覆没同魚肉。胡兒憑陵肆凶逆,慘殺生靈野原赤。干羽應知格有苗,自古懷柔慎文德。

三峽流泉

竹林晦深晝,仰見秋旻星。哀琴發泉注幽壑,但覺指下寒泠泠。初如春林飄花語鶗鴂,復若空山獨夜疏鐘落葉啼猩猩。離鴻不能飛，危猿爲之驚。微絲忽絕非無聲，悽弦吹緊風俱鳴。彷彿兮嗚咽，激潺湲之餘清。流泉兮流泉，使三峽之可至兮，吾將寄險阻於浮生。

今何在

莫種玄都桃，桃花易衰敗。爛熳開園中，倏忽飄墻外。辛苦種桃人，借問今何在？

白頭吟 五解

戚戚復戚戚，人心不可必。入門即相親，出門即相失。一解。
雨落不上天，歡心豈能回？自君之出矣，不復視妝臺。二解。
裂歡定情篇，還儂合歡扇。恨歡連喚歡，嫁娶何須怨。三解。
恨歡歡不知，怨歡歡應識。知道阿儂心，祇是爲歡泣。四解。
死灰亦有燃，枯草亦有心。不信歡別來，果忘白頭吟。五解。

白楊行

西風吹白楊，楊葉何瀟灑。荒涼古墓邊，昔日行車馬。

蒲坂行

火雲炎炎天若烘，羲和挾日鞭赤龍。流金爍石山亦熱，木葉無聲乾欲脫。長途茫茫苦牽挽，馬汗車塵愁日晚。惆悵臨岐獨送行，眼望前旌下蒲坂。

夜宴曲

蘭膏輝煌夜如年，撞鐘伐鼓聲駢闐。朱堂座客盈珠履，金刀砍膾張華筵。張華筵，陳黛娥。啓長袖，發浩歌。浩歌繞梁塵飛落，長袖迴風香紛錯。歡情靡定足留連，厭厭莫負當場酌。

蕭史曲

秦臺千餘仞，上接浮雲端。月出珠簾開，華妝映欄杆。簫聲何裊裊，香氣清猗蘭。仙人兩如玉，呼鳳游高寒。

猛虎行三首

其　一

胡爲乎猛虎游於郊，恣其爪牙，殺人如蒿。人苦無訴，讐彼道路。荆棘叢生，維猛虎故。

其　二

猛虎負隅，謂莫予制。謂莫予制，負隅之勢。抑何去其所而肆暴戾？

其　三

猛虎猛虎胡眈眈，造物謂何豈汝堪？

寓　言

種蓮得蓮子，蓮盡復求藕。問取藕中絲，妾在絲中否。

行路難

弱木垂一枝，鷦鷯遂托身。溪流不没踝，亦可游纖鱗。所願苟弗違，便感化育均。鴻鵠翔廣漠，蛟龍起青旻。卑棲豈爲謀，升斗烏足珍。所以泥塗中，今古嘆沉淪。

自君之出矣

自君之出矣，不復理衣裳。珍重歸笥篋，聊存舊日香。

臨高臺

高臺不可臨，一臨一傷心。浮雲慘無際，悲風四面侵。極目期所望，所望杳難尋。傷神重躊躇，慷慨發長吟。

相逢行

飄風不終日，疾雷不終朝。意氣多中餒，金石難久要。寄謝彼君子，許身何鳴毛〔四〕。白水信可盟，炎炎詎足高。四海正自寬，蠛蠓在吾曹。願言保末路，相逢顧寶刀。

校勘記

〔一〕"俠"，疑當作"狹"。

〔二〕"故"，疑當作"改"。

〔三〕"吹烟"，似當作"炊烟"。

〔四〕"鳴毛"，疑當作"鴻毛"。

澤畔行吟續卷三

詩 五言古

昭烈廟

有漢雖末紀，天下統一尊。奸回覆神器，割據曹與孫。一葉起沉冥，經營歷艱屯。當時戮力者，雁行而虎賁。亦有草茅人，盡瘁勞心魂。再造終偏安，版圖阻荊門。於理寧當然，數詘非所論。斯民心不死，千秋貌廟存。

苦寒

遠水失天色，孤鴻愴旅情。對此發長嘯，許時心不平。丈夫志四方，胡然有所縈。悠悠悵前路，慎勿事宵征。

九日同諸子集陳氏山園分得子字

開林息繁陰，雲閒薄如水。清秋暢高懷，宴樂宜君子。山椒集冠蓋，巖肩散綦履。黃花被尊綠，菊蕊含籬紫。良辰發佳吟，月露連翩起。抽毫委珠玉，璀璨紛莫擬。慚愧巴人詞，濫巾名園裏。

鷗

溪鷗群無次，汩汩弄秋水。演漾搖空明，痕依縠文起。毛羽碧在眼，沙石清鑒底。迴玩無常態，飲啄從屢徙。鳴情或相向，多雨亦云喜。紛吾觸物感，躊躇不能已。願言買漁舟，結盟溪光裏。

廣陵贈魯繡林_{近遷}大行魯冰長_鑑學憲昆仲

世人皆君子，惟余莫比數。有生四十年，碌碌無與伍。通顯迨沉淪，恒爲遭逢苦。何期一日中，伯仲得二魯。文采兼風流，機雲推獨步。健翩排青雲，翱翔圖書府。使節歷州九，作人敷教五。斯文統未喪，至治光干羽。蟬聯據清要，有材羨維楚。握手聊贈言，千秋存藝圃。

酬馬巽倩_{權奇}水部兼柬陳章侯_{洪綬}秀才〔一〕

昔余在京華，耳常熟君名。所嘆遭艱虞，未能叙生平。縱橫十年中，飄泊浮雲輕。偶然涉湖山，傾蓋結深盟。談笑愜襟期，慷慨推丹誠。論文喜同調，憤世非塵情。痛飲真吾師，酒瀝無留觥。長歌赤壁詞，意氣筵前生。追隨方匝月，江舟促歸程。相送無一言，分手出層城。忽見雙鯉魚，貽詩感投瓊。丁丁手掌間，猶作金石聲。南游三千里，屈指慚交朋。文章重當時，一馬越中鳴。翊也雖後來，玄著超群英。章侯亦藉甚，淹迹傷窮經。造化頗有權，天地應無精。栖栖同一隅，進退羞餘評。虛盈終可待，口舌難爲爭。勖哉各努力，願言保嘉貞。

簡書擬陶體

今日無所事，試簡篋中書。析理明句讀，披文辨魯魚。以意逆古人，所志良非虛。賢哉思董子，居恒惜三餘。

經呂梁洪

黃河至呂梁，東注勢若奔。喧豗厲轟雷，齒齒激石根。舟行上下間，檣楫無所援。但憑風往來，憚險懾心魂。我來適春暮，初雨正瀰淪。逆流爭所趣，片帆疾飛騫。彭城越俄頃，隱感河伯恩。

雲龍山

山勢出雲表，空外走風雷。黃河赴東海，於此獨縈洄。宛然如帶礪，形勝雄天開。處士昔爲亭，放鶴時往來。亭因放鶴名，千秋想曠懷。至今四百年，人去鶴不迴。嘆息往事非，搔首重徘徊。

觀韓次卿昭宣餉部閱武

日出明林表，暄風散餘寒。驅馬臨南陂，飛蓋麾高原。蟬聯兩翼齊，立候當前山。一鼓群氣作，闗弓接行班。羽激指力強，正鵠矢如攢。鳴鑣向馳道，列御飛輕鞍。縱橫驚絕塵，勇決如奔瀾。清尊泛絲竹，張帷草野間。酒酣夕烟起，高懷猶未闌。行歌奏新曲，軍中有一韓。

來烟亭

落日蒼烟生，州渚一時失。山頭揭小亭，乘虛四面入。我來覓奇觀，咫尺如霧塞。丈夫曠眼界，胡爲受鬱抑。直欲借天風，加之兩羽翼。上排閶闔門，手推羲輪出。大地耀光明，浩然快獨立。

寄黎博庵學憲元寬

平生重文章，交知盡豪英。多存四海志，以勖千秋情。蹉跎十年來，落落猶晨星。如君寔天匠，傾耳埋令名。中心久竊向，未得窺門庭。何期廣陵游，氣應感同聲。縱橫詩酒間，累月醉復醒。嗟余類孤蓬，飄忽之金陵。秋風送行迹，草木含凄清。回首念所歡，杳然絶嚶鳴。悲時已惻惻，況復別離并。天寒在旅舍，出入空屛營。

武林夜發之吳門同王介人聯句

歲暮遠行役，張。北風正蕭條。蓬茅净沙渚，王。村舍罨溪橋。窮陰萬象閉，張。肌骨嚴霜洞。四野絶人烟，王。古樹鳴寒梟。孤舟指前途，張。日夕催雙橈。羇心慘無際，王。相顧空搖搖。憂來發清嘯，張。慷慨呼濁醪。王。

寄懷韓次卿餉部〔二〕昭宣

搖落天地閉，陰風振高秋。萬里隨一身，慨然懷舊游。實惟我次卿，豁達多奇謀。任俠當少年，孤立而寡儔。列綬爲王臣，嘗銜天子憂。投袂思一奮，請纓效仇讐。爰舉大將旗，鑿凶定戈矛。北登單于臺，西飲月氏頭。高材不得展，欲語羞咽喉。余今處東海，於世成贅旒。釣竿拂珊瑚，詩卷寄蜉蝣。行吟以終日，泛泛結深愁。交情感疇昔，夢寐時相求。

寄懷王元昭溯元秀才因柬王介人翃

元昭今奇士，學古爲文章。汪洋發浩波，筆勢排班楊。談詩識本原，手自開全唐。雄邁絶等倫，獨擅翰墨場。結交委深情，慷慨詎能忘。志屈尚子袷，揣摩向青緗。秋鷹養健翮，風便隨飛揚。落落如吾人，投分君其臧。吳越有逸民，長嘯類顛狂。讀書不爲名，嘔心於錦囊。君才悉與敵，南北稱二王。他時倘相值，四座生輝光。

贈陳雪灘宮詹盟

別離十年餘，形迹各西東。出處不相謀，音問阻郵筒。白下昔人來，知君亦固窮。星言發嘉禾，爰圖披夙衷。入門一握手，有辭不能通。相看俱老大，此日愧遭逢。皇路正清夷，胡爲失所容。感嘆衷謝情，雌守寧知雄。跼蹐天地間，何以置微躬。

贈西洋國畢今梁方濟

吾儒著格物，嘗竊疑其繁。耳目阻見聞，烏乎剖大藩。君來自殊域，穎悟獨能言。數象雖紛頤，均得理所存。方圓明體用，枝流析本源。六合內外間，安在不議論。余也愧迷謬，何幸交賢昆。願安以承教，庶幾開吾惛。

哭二弟濟

仲冬月初盡，纔接二弟書。書中寄平安，得此心差舒。曾未及匝旬，忽爾傳長徂。還思書來日，陰陽途已殊。隔絕萬里情，痛哭傷離居。念我違時好，遠謫東海隅。六載別高堂，甘旨弟所儲。區區爲子情，賴以寬倚閭。詎意搆多難，弟亦去故廬。朝夕望歸旋，骨肉同歡娛。韡韡棠棣花，誰令一枝枯。悠悠者蒼天，疾聲不可呼。

飲黃氏故宅有感

帝里誰家子，豁達起樓臺。棟梁侈梓楠，雕鏤無全材。洒掃幾何時，奄忽蒙塵埃。鵲巢鳩則居，主人安在哉。乃知天地間，巧者拙之媒。

贈戴初士孝廉國士

我友戴初士，寸心納四海。投袂皆豪英，牛耳居中壘。日月昭所懷，雲霞散其彩。意氣足千秋，橫發慷且慨。利見遲前期，風塵羅物采。余也漫遨游，追隨幾半載。生平有熱腸，況遇士之隗。斗酒獨與論，素絲終莫改。頸血倘可濺，一朝爲君洒。

嘉興簿徐石麟五十

南州徐孺子，重名在空谷。德以嗇遇豐，千載齒猶馥。生面不再開，芳規且疑獨。世宙正自寬，烏乎鮮後淑。祖武而孫繩，海虞羨貽穀。家聲寵八旬，文章吐二陸。時格尚拘攣，神龍亦泥縮。烏乎繼范縝，於時遂令僕。蹉跎五十年，逸足仍踢踢。知命述仲尼，知非訟伯玉。因之準古人，尺寸未逾幅。彼哉高達夫，學詩徒堪惡。

校勘記

〔一〕"秀才"，原作"茂才"，據目錄改。

〔二〕"餉部"，原作"戶部"，據目錄改。

澤畔行吟續卷四

詩 七言古

望湖亭

堤虹遠飲中迴阻,何人雄建追前古。夾渡層城倚作屏,孤山餘石仍歸礎。虛亭弘廠埒雲樞,威鳳接翼雕甍扶。鱗鱗碧瓦露華曉,丹霞燦射明于珠。長烟濯濯冰壺冷,神光出没魚龍影。崗巒負勢爭滄浪,晴嵐倒落無時醒。呀然萬頃沉坤軸,冲融一片摇空緑。水底樓臺不在天,波心舟楫誰非屋。須臾日暮聞初鐘,寂寥四顧無人踪。微茫得望不可極,漁燈幾處沙邊紅。我從南遷亦不惡,斗酒狂吟且行樂。月出還停東岸橈,臨流夜聽西家鶴。

廣陵嘉宴詩 有引

辛巳秋仲,薄游廣陵,謀月於二十四橋之次。維時四方縉紳至者輳接,迭主迭賓,用慰佳夕。西吳則戴初士國士孝廉、黎博庵元寬學憲、龔孟男震英太守;楚則魯繡林近暹大行、魯冰長鑄學憲、劉宜綏延禛進士、胡雄餘爲臣大尹、王爾建日極茂才;越則查伊璜繼佐、姚仲熙宇昌兩孝廉,朱子莊茂曔大尹;魯則趙韞退進美、姜如須垓兩進士;東吳則楊克孝光先布衣、鄭超宗元勳、姜開先承宗、梁飲光于涘諸孝廉,蔣午候陽茂才、周穎侯世臣進士;余以晋人厠其中。十七夜,宴穎侯所,謬以地序,遂先齒列,咸謂天涯聚首,良會稽難,穎侯因屬余倡之,以紀厥勝。嗚呼!郎官湖頭,滕王閣上,其流風遺韵,千古儼然,視昔在今,寧無後感?披情抽思,各具體裁。

天涯冠蓋如雲集,萍水歡逢廣陵客。不知今夕是何時,掩映華裾桂香陌。吳天入夜星寥寥,燭花燃蠟舒烟霄。談風瀟灑清興發,金尊乳滴紅葡萄。須臾高城散秋月,水鏡橫空貯冰雪。誰令倒海索明珠,雲枝蝕兔唇微缺。我從遷謫離神京,獨居江滸難為情。十年對影空嘆息,何期得與諸公并。涼輝婉轉能相炤,四顧超然感同調,露氣吹寒且進衣,呼酒南樓坐長嘯。

范質公景文司馬池生並蒂蓮遂有蘭夢雙徵因美之

池紋壓日繁波動,芙蓉嫋嫋烟姿重。輕風搖露香氤氳,艷奪奇葩結鴛夢。流雲欲渡羅襪春,潘妃行處無纖塵。浮萍綠斷硏光軟,掩映金塘嬌麗人。冰壺朗炤連枝語,接葉低陰散餘暑。湘靈嘯侶初不言,霞袂仙仙並秋舉。桂聞有子蘭有孫,此花一出何足云。鵁鶄交綰同心縷,宛轉中通碧玉根。嫣然相向空明裏,影落紅衣兩層綺。太液遲飄五夜霜,綠房雙報新蓮子。

壽韓聚之郡二守奎

聚之年伯自登司理,擢涼二守,道出彭城,正值五旬初度。東來紫氣,西望瑤池。昔人若先咏之,因賡以為壽。

東之渤澥西昆侖,蓬萊瑤池通天門。偶然仙謫承至尊,口銜泥書出重閽。高張羽蓋建朱旛,大千遍歷省元元。乘風餐霞不憚煩,還於素藉無或諼。時焉來往停飛軒,憫茲塵劫多沉冤。金丹一匕手垂援,陽和所及誰幽屯。草木生沾雨露恩,功行巍峨莫與論。猶願千年始騰攄,一日仍虛未許言。只今五十如初曉,天地不毀此身存,海山紫氣恒絪縕。

贈劉明輔總戎良佐

君不見，太行之山高巀嶪，石貌撐天天亦裂。巒峰一一俱不同，勢入浮雲迥奇絕。千秋間氣開人英，將軍傑出鍾其靈。身經百戰狼烟息，手提一劍秋風鳴。我從南來日已久，未識君顏意先有。當時勇略更何人，麟閣功名在君手。只今幕府臨青徐，坐分虎竹宣兵威。匈奴知名不敢入，柳花空向旗門飛。雅歌投壺對披寫，百斛胸襟自蕭洒。吾其眼見黃河清，他日為歌洗兵馬。

湖上別陸芝房司馬澄原

江南二三月，花草新成叢。流光及佳節，葉葉矜春風。春風吹入怨岐路，晚色依微日將暮。都君意氣生激昂，憐我星星鬢非故。開尊一破萬古愁，燭光啓夜湖烟收。方舟壓水碧天闊，舉杯招月空中樓。余從浮家至南國，屈指已歷七春秋。白雲漫漫不可望，聊以慷慨忘其憂。西湖之西千里道，我欲辭君理歸棹。感君惜別更苦留，還坐催觴重歡笑。晨星欲沒曉漏稀，城烏啞啞城頭飛。明朝酒醒念分手，淚痕留驗今宵衣。

同王介人月夜訪徐弱雲女郎

脂痕浣笑腮蘭濕，鬟影低蟬掠輕翼。裊裊纖腰一束多，飛入行雲夢無力。澹花寒膩嬌吳音，條脫腕溜雙南金。殘妝懶解紅酥手，暗擘瑤釵倚鏡深。別有流蘇垂斗帳，爐氣氤氳枕相向。醉中呼起渾不知，珍珠半落檀牀上。星彩沉沉夜欲闌，煤枝剪蠟袖初寒。朱樓酒散留春坐，長許詞人月下看。

題戲馬臺豪飲圖

彭城在昔稱名勝，何代無人銜一命。唐有張侯宋有蘇，碌碌其餘烏足問。或爲保障或繭絲,薄書軍旅事參差。風流文采雖庶幾,潁水星占尚未知。河東我友韓仲子,當世所願執鞭弭。一朝簡命渡黃河,戲馬臺前瞻氣紫。慷慨豪華邁等倫,青眼不許見俗人。退公之暇集佳士,日夕徵對氣橫陳。堂中有酒百餘斛,負者罰數逾金谷。興來勿惜四座驚,醉裏何妨汝頭禿。七賢之後有八仙,西園還復繪龍眠。欲將昔日較今日,肯使今人少讓焉。燕樓黃樓徒故趾,往事誰傷失良史。羨君紀者有元昭,千秋風雅當獨爾。

澤畔行吟續卷五

詩 五言律

石 屋

何年鑿巨靈，終古一岩肩。重疊雲爲障，幽深石作屏。隔天非永夜，懸壁是虛庭。獨嘆莓苔色，無人亦自青。

同陳章侯_{洪綬}茂才王介人_翃布衣蔣聞笙女郎〔一〕游烟霞

峰心尋古寺，一徑入烟霞。深淺分霜葉，高低散午鴉。飄梅空外色，小雨日邊花。紅袖携來好，僧寮漫睹茶。

雨中望棲霞

積雨凝空翠，微茫江上山。鳥聲霄漢外，樵徑有無間。斷樹同皴墨，歸雲若綴鬟。探奇吾有癖，行矣願躋攀。

金山寺妙高臺

空秋宜曠目，因上妙高臺。一水聲孤注，千山勢盡開。座中雲忽起，天外鳥時來。擊楫今誰是，臨風感壯懷。

逆風發吳江

前路正無極，來風復石尤。潺湲迴水勢，堂答聽船頭。御冷〔二〕空言列，回春漫許鄒。行行嗟所適，沙渚羨眠鷗。

曉泊宿遷

地闊星無次，山空雲亂生。落帆風意盡，命酌客愁輕。野色凝烟淡，長波入望平。孤舟成晚泊，前路尚盈盈。

彭城大佛寺眺望

鳥去一雲還，中流日氣偏。松枝低梵閣，柳影帶漁船。水外閒花落，沙頭白鷺眠。茫茫看不見，極目盡浮烟。

哭韓長卿歷城尹_{承宣}

忠孝尋常事，生平見若難。非君明大義，於彼笑南冠。日月綱常獨，山河帶礪看。千秋臣子誼，青史焰餘丹。

贈賈月生女郎

窈窕誰家子，盈盈十五餘。情憨憐堉倚，香軟借風梳。翩若鴻猶失，胡然天未如。上宮有館客，擬賦豈應虛。

冬夜陳章侯王介人泛月用介人韻

醉餘閒趁月，霜重不知寒。過雁依星落，飄風聽木乾。扣舷臨渚曲，燒燭待更闌。虞唱情方淡，誰言行路難。

山　居

村墟千嶂抱，門徑對溪斜。書滿楊雄宅，蓬深仲蔚家。數竿交戶竹，幾樹避秦花。明月稱知己，閒來伴種瓜。

懷友人在茗

青苔烟水白，輕舟浩無邊。秋風一帆滿，夕照群山偏。中夜夢不隔，及晨心猶懸。相思屬之子，行當復來旋。

晚　步

郊原開晚炤，游目亦無心。野雨生新草，幽禽自擇林。病軀兼日暇，衰鬢逐年侵。所嘆春華歇，沉吟獨至今。

同韓青城王介人雨集陸芝房司馬鬱林別業

偶逐寒風至，能留過北軒。圖書收石几，琴酒接清言。剪燭初更啓，譚詩細雨繁。遲明應別去，翻憶醉文園。

雨中柬吳今生太學_右

疏烟生雨色，風細入林輕。芳樹當檐暗，黃鸝隔葉鳴。草寒浮濕遠，天迥帶雲平。爲想幽人意，琴書一室清。

偶　見

生小不知愁，依依獨倚樓。畫眉欺燕掠，低語學鶯偷。一半時呈面，雙回偶見眸。以茲嬌慣性，何必與心謀。

投謝韓次卿户部昭宣

南國嗟淪落，所如牛馬風。芝蘭誰味合，孔李許家通。慷慨韓夫子，從容張長公。乃知聲氣外，不與世情同。

柬周紫髯總戎文郁

昨承君往顧，報謝擬朝佁。詎謂風波惡，猶虛主客歡。區區全未達，憒憒復多端。搦管裁蕪句，中心許暫寬。

贈孫稚君秀才 竹

江左推才士，宣城有二孫。向來知玉季，今也識金昆。狎世琴三尺，論文酒一尊。顧余猶放棄，意氣愧空存。

用韵酬周紫髯總戎

四方靡所騁，海徼詎爲安。陟屺嗟行役，在原痛急難。羞陳柏葉酒，獨對五辛盤。深荷友生慰，有懷仍未寬。

懷徐太玉太史 時泰

遙看雲起處，因憶美人居。免俗能栽竹，臨流不羨魚。非關書卷癖，全與世情疏。出處慚余拙，求鄰恐未如。

吴今生右太學招同孫九一龍王介人翃兩布衣蔣聞笙李内郎兩女郎泛湖得十二文

十里湖光迥，回舟日正曛。荷香侵岸薄，水影入窗分。遠樹晚多麗，嬌歌風小聞。拈題一相笑，得句問同群。

昨　夢

昨夜三更夢，分明到故鄉。酸辛陳往事，色笑慰高堂。不記身爲客，寧知蝶是莊。覺來思去路，無處得津梁。

寄陸芝房職方〔三〕澄原

淪落無憐者，惟君憶故侯。自從辭醉李，遂爾滯瓜洲。明月長天滿，蒹葭一水幽。別懷殊未已，書此寄同游。

期王言遠孝廉不至庭

前日君辭去，相期信宿來。如何臨夜月，消息竟寒灰。短壁孤琴冷，遙天一雁哀。愁顏恐無賴，暫許酒杯開。

夜抵江口

咄嗟行役苦，入夜滯江濱。問渡迷舟子，投棲失主人。月明空皎皎，魚滕漫鱗鱗。擊楫平生志，於時惜未申。

醉後別陳章侯秀才洪綬

聚散尋常事，於茲悵別難。一天風色黯，三尺劍光寒。慷慨情誰浹，低徊興未闌。倚舷無可語，呼酒自頻乾。

贈袁蕙如女郎

玉質媚韶年，明妝學小憐。鍊香勞飲甲，弄墨喜盈箋。月淺分眉薄，風多畏鬢偏。更知傾國意，流盻欲生妍。

江 行

柔櫓春江外，江春望不分。萍開水底日，柳拂渡頭雲。野闊遙山盡，風微小浪聞。羨他飄泊裏，鷗鳥亦成群。

病中同澤法兩弟發清江寄懷王元昭韓次卿

愁極不成寐，況當多病時。君恩丹闕遠，親舍白雲遲。伏枕春千里，懷人日三思。蓬窗念搖落，且賦鶺鴒詩。

寄賀王渭橋廷璽明經令子秋第

放棄成千里，暌違共百年。夢來懸白社，書去問青氈。一鶚雲霄便，三槐雨澤偏。長鳴思老驥，寧後祖生鞭。

寄賀門人王式金度秋捷

凤望空群驥，今欣擅一經。風占鵬翮健，夢接筆花靈。秋月酥方惹，春雷角再聽。遥看參觜下，千里見文星。

寄賀門人張山庭光秋捷

英才能簡拔，猶恚屈常倫。既作隨群者，誰當第一人。客慚青鬢雪，門喜絳紗春。帝里花期近，看君始絶塵。

客舍

客舍日愁寂，雨中春草多。浮雲感飄忽，游子意如何。花暖風無賴，衾秋夢不過。并州歸未得，南淚托遥波。

同王介人自維揚至荊溪別後將復游江北

同是天涯客，誰堪復送君。不將歸棹雨，還作渡江雲。落落山初隔，悠悠水自分。徒傷今夜夢，兩地憶離尋。

同王介人游制平寺

爲有登山癖，相携到制平。雲寒僧入定，風急鳥收聲。遠眺空朝景，幽尋淡世情。蕭然天地外，於此證無生。

送李毓白開先通侯因柬韓次卿昭宣戶部

前路十餘日，當逢韓次卿。此君多意氣，如爾定班荊。一劍無勞贈，千秋可綈盟。嚶鳴知有賦，還寄待余賡。

答王介人寄慰

久矣違王子,緘書忽見遺。低徊人異地,惆悵別經時。字帶丹楓淚,愁深白鷺思。我懷正若此,三復感來詩。

蔣魚從福昌太學〔四〕歸自武昌柬戲之

辛苦西風裏,聞君一棹回。期年誰北道,此日始東來。薦福碑何似,魚從以薦書游楚。悲秋賦可裁。武昌魚莫食,帝里有金臺。

送張華東總憲延登二首

其 一

遽有三秋別,愁爲萬里吟。萍漂誰暖眼,淚飲獨寒心。迢遞金陵遠,氤氳紫極深。九重方聽履,宮燭待華簪。

其 二

單車歸北闕,忠簡帝心知。前席將資政,爲霖且救時。熙朝三重寄,元老百寮師。更識揚言日,推賢不內私。

贈劉佑生進士延禠

天禄分藜後,文心世不慚。楚材君藉甚,晉問我何堪。杯酒成傾蓋,交情定立談。廣陵今夜月,千載見朋簪。

贈趙韞退進士進美

平生懷世好,濟美獨君家。玉葉遺天水,人龍産渥洼。秋明淮浦月,夜醉廣陵花。相顧聊相贈,臨風賦木瓜。

爲胡雉餘大尹爲臣寵姬韵如作

幽姿寧自好，鑒水亦生妍。寫黛新眉月，飄梅別鏡鈿。寒窗吟絮落，春雨筆花懸。何用嬌夫婿，含情定可憐。

維揚別龔孟男太守震英

世路誰知己，惟君可與偕。獨憐纔几席，何以復天涯。他日雖相見，此時難置懷。離魂無所寄，空闊掩蕭齋。

同王介人石頭城晚眺

秋色净如拭，長空一望平。紅於楓葉重，白以荻花輕。過雁雲爭駛，歸風樹共鳴。逌然靡不適，對此欲忘情。

贈張舒容女郎

生小自邯鄲，妝成只獨看。弄弦初若易，寫黛不知難。覆局棋猶暖，飄風袖欲寒。回眸多巧笑，能使客心寬。小字寬心，故末句及之。

徐州道中

北地烟花晚，猶驚老眼新。鶯聲催過客，馬尾附行塵。野霧迷迷夕，平沙漠漠春。飄零今日事，來往一悲辛。

侍　宴

萬國衣冠集，千門日月新。旌旗迴羽獵，車馬蔽行塵。龍漏聲遲晝，禽羹味得春。長揚[五]王氣滿，御酒應時巡。

校勘記

〔一〕"蔣聞笙女郎"，原作"挾妓"，據目録改。

〔二〕"泠"，此用列禦寇事，當作"泠"。

〔三〕"職方"，原作"司馬"，據目録改。

〔四〕"太學"，原作"茂才"，據目録改。

〔五〕"揚"，按長楊漢宮名，當作"楊"。

澤畔行吟續卷六

詩 七言律

塞下 二首

其一

天開落日焰危旌，胡騎蒙茸獵火明。鐵嶺風塵埋戰骨，橫河鼓角動邊城。霜凝兔魄花生劍，烟濕龍旗柳拂營。安得中山劉刺史，登樓清嘯塞垣平。

其二

陣餘落日報回軍，鼓角風多處處聞。鹿塞春星高太白，龍庭戰血濺黃雲。驚沙亂颭旌旗色，大海遙明組練文。莫問歌中橫吹曲，十年烽火尚紛紛。

同馬巽倩 權奇 水部陳章侯 洪綬 茂才王介人 翃 布衣蔣聞笙 文較 書段橋醉月分得三江

風力吹寒醉力降，月華浮練入船窗。平沙燈火遲歸渡，隔岸人家遠吠厖。鶯嘴鬭青催蟹眼，雀鬟拈紫擘螺江。迴橈漫惜留行處，淺印香塵碧繐雙。

己卯冬仲送丁君鄰 千秋 戶侯還朝

長安別後嘆交游，誰識東鄰有故侯。官閥忽投千里刺，客居已感十年流。驪駒北去冰霜晚，雨露南遲草木秋。寄語中朝端笏者，逐臣憔悴復何求。

孤山看梅

石林殘路凍無塵，一帶依然近水濱。鶴外餘香飄薄暮，山中疏影逗初春。風知花笑頻吹袖，雪壓枝橫不避人。薊北那堪回首望，天涯重負歲華新。

新　柳

湖頭楊柳映平津，樹樹猶憐拂水頻。遲日未教殘雪盡，韶年初改舊烟新。寒餘眼色纔窺臘，暖逼鶯聲乍語春。消得東風二三月，舞腰當遣一時伸。

客　夜

涼蟾如曙薄初明，孤感空園客夜清。密竹倩風翻浪影，群松響月瀉濤聲。烏驚未定棲林意，苔冷恒多眷壁情。殘漏不聞知欲斷，星星何處遠鐘鳴。

上元前一日立春大雪

六出飛花四望迷，千街燈火一時低。寧緣缺月先賒色，想厭傳柑更借題。剪絲誰人皆素練，踏歌幾處是銀泥。遨游已失通宵興，晴冀明朝數問雞。

北固登眺

登臨何處覓奇蹤，北固山頭一杖笻。落日大江明組練，長風萬艇走蛇龍。川原繚繞紆分野，島嶼微茫綴外封。西望陪京纔咫尺，千秋於此辨朝宗。

贈袁臨侯少參繼咸

千載論交一日新，相逢天末感無津。聊將詩酒三秋夢，暫慰蓴鱸萬里身。自惜登龍誰是客，當時倚馬更何人。多君意氣勞青眼，慷慨猶能及隱淪。

送黃跨千鳴俊大參入覲

秋風湖上擁文旌，千里輝光驛路生。班馬北嘶應不顧，故人南望獨含情。星河夜轉千門啓，帝闕花深萬樹明。想見晨趨丹陛日，無須覽表得君名。

庚辰正月大雪泊平望

江南雪重嘆春遲，搖落關河夜泊時。客淚兩行風外雁，鄉心千里鬢邊絲。星瞻北極身猶遠，月暗西湖夢不知。翹首天涯何處是，白雲渺渺繫離思。

吳　門

水國遙連一望春，天邊花柳怨征人。心依日月蒼龍闕，身在江湖白鷺巾。茂苑曉陰烟際重，姑蘇草色雨中新。悠悠客路誰相識，漫向風塵泣隱淪。

舟次滸墅有懷

烟清雪盡水澄澄，長路迢遙念夙興。短棹夜來過震澤，輕帆宿許到毗陵。書傳洛下人千里，春入江干樹幾層。身惜飄流殊未已，何時同醉酒如澠。

毗陵聞笛

毗陵北去首重回，庾信江南正賦哀。作客漸驚雙鬢改，離家已近十年來。鴻歸壠雪春應見，舟觸湖冰凍未開。羌笛無心自嗚咽，不知人淚感殘梅。

贈張赤涵少宰捷

論交謾許古人同，今昔吾宗獨始終。意氣十年推冀北，文章一代擅江東。星占斗象丹陽近，槎到天潢赤岸通。相見無勞重慰問，聖明虛席待山公。

京　口

形勢曾誇鐵甕城，依然鎖鑰扃陪京。漫言天險分南北，自是人和得重輕。霸氣潮來空有恨，詩才山在尚餘名。登臨不用興亡感，四海於今正太平。

寄王峨雲司馬業浩

念別名園半及秋，故人無日不悠悠。空江潮落滄波闊，遠樹霜多赤葉流。雪滿山陰初入夢，書迴剡水定緘愁。遙知聽履虛前席，司馬寧容著屐游。

發京口遲陸芝房司馬澄原

扁舟何事獨逡巡，路次雲陽失問津。高岸折流疑水斷，橫林轉背見烟新。燈明古塔通春遠，犬護荒村吠月頻。入夜北來帆已盡，知君猶自滯江濱。

寄楊沁湄掌科時化

屈指離群近十年，故園長望欲潸然。張衡作賦傷歸計，楊子懷經守太玄。裘馬帝京何日到，風塵客眼幾人憐。相思漫寄南歸雁，歲暮題詩瀚海邊。

有 懷

重湖霜落夜初分，蠟淚銷風酒未醺。香影漫驚烟外盡，笙聲隱向月中聞。湘江秋去蘭爲佩，洛浦人歸水作裙。徙倚不堪清漏永，夢餘猶自憶行雲。

再次孫白谷傳庭吏部秋夜不寐韵四首〔一〕

其 一

倦來一枕可安休，無奈蛩聲翻百憂。幻相無端憐水泡，虛明還爾羨螢流。離愁不減張平子，落魄爭誇馬少游。好夢未成殘漏斷，茫茫歸路不堪求。

其 二

不問居諸曉與冥，淒其景色積門庭。家鄉何處飛雲白，禮法誰人見眼青。失路少宜寧瞶瞶，瞻天如夢敢惺惺。城頭鼓角連砧杵，總是愁聲可奈聽。

其 三

風塵無計覓安恬，況復蹉跎人易嫌。世閱窮通偏得拙，性成薑桂豈隨甜。明良未許君臣合，忠孝難容父子兼。回首故交零落盡，五星奎壁枉勞占。

其　四

戒寢嘗嗤佛氏偏，如何今日墮枯禪。消愁爭得三年酒，賣賦誰予十萬錢。只合曲肱尼父獨，未應寱宿碩人先。夜深北極遥瞻處，惟有明河挂遠天。

寄徐澹寧太傅本高

憶自分携已十年，多君慷慨尚周旋。綈袍幸不忘孤客，暖眼尤慚庇二天。江淼春波迷遠樹，樓橫朝雨帶新烟。南湖未賦思歸引，北望長吟寶劍篇。

吊王耕玄侍御肇坤

白日無光氣不蘇，孤臣持節死邊隅。魂依華表空歸鶴，星殞霜臺竟失烏。力盡睢陽期作厲，兵環晝邑感同符。至今聞説昌平裏，風滿靈旗晝夜呼。

贈田康宇戚畹弘遇

帝里春光別有鄉，暫移榮戟過錢塘。方舟魚滕三江水，載道風疏百和香。絲絡御厨仍玉饌，衣裁宮錦自椒房。清朝應許君行樂，慚愧波臣鬢獨蒼。

贈譚梁生水部貞默

天涯千里別交游，汗漫頻驚歲月流。客裏只今存舊雨，帳中當日借前籌。蓴鱸且作江南夢，風鶴曾聞冀北秋。聲業如君猶偃蹇，九重側席更何求。

徐州酬別張天放山人〔二〕縱

空谷從來羨足音，風塵那許便言心。何期一日遭逢偶，遂爾千秋意氣深。結髮殿庭非敢負，締盟雞黍可重尋。多君慷慨投佳句，遷客攜將澤畔吟。

贈張修其懋爵淮揚代巡兼攝學政鹽務

千秋風紀舊埋輪，柱下今誰第一人。萬里吟鞭驄路雪，九天化雨北臺春。前籌先試鹽梅寄，蒞泮初看藻□□。□□□□□□，□□□□□□□。

贈張二酉二守爾葆

野麥青青化日舒，使君春雨逐行車。兩京賦筆新垂露，二酉山房舊貯書。草滿訟庭時育雉，蓮開幕府獨懸魚。相逢詎意天涯近，悔向江潭擬卜居。

瓜洲大觀樓

空江幾折遶孤城，練影微茫一片明。沙鳥北來知羽健，風帆東渡覺潮輕。懷才獨擅千秋意，去國時懸萬里情。日暮憑欄回首處，徒憐慷慨是平生。

贈藺坦生給事剛中

飄零誰問客中身，忽接芝眉意倍真。趨陛君依青瑣闥，謫居我戴白綸巾。愁深平子空題賦，壁羨相如恰比鄰。朝夕篇章喜酬對，天涯得此不爲貧。

壽鄭母徐孺人

星彩高騰嫠女光，雲香深護一萱芳。琴絲曲斷懷徐淑，書帶青多屬鄭康。十月開霙春正小，五花成甲日猶長。願將西域葡桃汁，群玉山頭漫舉觴。

別王介人（缺頁無詩）

輓呂益軒司馬二首（缺頁無詩）

謝景金濤莒州守（缺頁無詩）

賣妾四首

慨自市虎成三，臺瓜摘再。雲封北闕，更無夢遶鵷班；日暮西山，徒有魂依萊舍。每看〔三〕春蕪，發浩嘆於王孫；載對江楓，慘離居於楚客。河清難俟，方興淪胥之悲。我生不辰，孰覯婉孌之好？乃承同志，爰惠雙鬟。月質懷明，烟姿飭量。側三春之舌，嬌失其鶯；御五銖之衣，輕忘於燕。抑且紅牙按拍，韵叶宮商；銀甲調絲，響偕金石。半迴翠袖，翩躚裾倩人持；三弄梅花，縹緲香依風落。使邂逅溢浦，將始覺遷謫者，毋用沾襟；若追隨湖山，即不合時宜者，亦堪捧腹矣。顧余作客十年，一身多病；家徒〔四〕四壁，雙口嫌貧。無計以遏腸雷，色餐奚補？聊樂止堪衣縞，屐棄庶幾。因而破城開情，填海窒欲。簫闌鳳曲，人別陽臺。玉鏡晨虛，落粉起行雲之夢；花期夜歇，寒幃鎖經月之香。悲團扇之不秋，誰云怨斥？念空閨之屢日，實負人佳。從教薄倖，一任紅綃。縱使多情，漫勞碧玉。去也終須去，所嗟早見去時；山上又安山，那可再逢山下？不能無感，遂以成詩。

其　一

誰倩明珠十斛收，烟波渺渺剩離憂。桂炊玉粒愁將日，花落金瓶夢入秋。朱鳥窗前慚薄倖，白雲鄉裏憶溫柔。天涯到處窮途嘆，淪落東陵有故侯。

其　二

旅舍春深半隱蒿，鳴蛙亦似泣錢刀。徒傷換馬人誰問？暗想驚鴛首自搔。錦帶漫拋金翡翠，青衣私惜鄭櫻桃。長歌欲擬香山賦，客淚新沾舊縕袍。

其　三

江海飄零旅食貧，又啼紅粉怨羅巾。一春湖上看金雀，幾夜香中擁玉人。卧處暖餘猶是麝，梁間曲盡已無塵。朝來柳色含清露，應爲相思帶淺顰。

其　四

絳臂紗封恰賦勾，宵征肅肅侍衾裯。一錢忽報空囊澀，尺璧寧容待價留。湖影虛搖西子鏡，笛聲新斷綠珠樓。不知別抱琵琶夜，尚向橫塘念舊游。

王藎軒故金裔世藩北關爲奴酋所覆六歲子身來歸累官大將軍榆關相從十五年矣再晤白門因贈之

遼水烽烟一望賒，西風吹淚入京華。龍庭血掩胡塵碧，鳳詔恩宣漢闕麻。萬里來歸今有主，百年羇旅已無家。仇讐未報心猶痛，憤結寒霜蝕劍花。

贈王素文女郎

紺痕新襞藕絲衣，小語吹蘭落唾威。妝影壓鬟雲自薄，眉烟分鏡月初肥。波迴半眼知情密，舞散餘花拂面飛。欲問巫山多少路，春魂應向雨邊歸。

校勘記

〔一〕"韵四首"，原作"四韵"，據目錄改。

〔二〕"山人"，原無，據目錄補。

〔三〕"慨自市虎成"至"每看"三十二字，因缺頁無文，據《奚囊剩艸》卷二《賣妾詩引》補。

〔四〕"家徒"，原作"徒家"，據《奚囊剩艸》卷二《賣妾詩引》改。

澤畔行吟續卷七

詩 五言排律

早朝

丹闕鳴珂入，彤庭映月開。烏聲將散去，雉影欲飛來。燭亂春宮火，鞭鳴曉殿雷。風邊飄密柳，仗外落疏梅。禮樂崇熙統，衣冠濟美才。天威臨百辟，御座繞三台。星淡招搖轉，雲清旭日迴。小臣叨簡在，拜舞後趨陪。

謁陵

緹騎出天中，盤迴接半空。重崖屯虎豹，飛瀑注蜺虹。灌木攢幽殿，叢篁閟梓宮。祥光紛杏蔼，佳氣鬱蘢蔥。經始追前畫，營初樂庶攻。不難空若叩，畢日勢成崇。石立威儀肅，神游想像通。鯢膏寒作焰，犀樹夜吟風。典祀隆周禮，甄陶陋漢封。鼎湖龍骨冷，千載泣遺弓。

候張華東總憲 延登

軒冕推前輩，勛名屬大賢。紀綱新執法，喉舌舊司天。駿以燕臺發，經于魯壁傳。夜垣懸水鏡，曉履歷星躔。望重絲綸數，風清獬豸專。道心仁是用，儒術政爲先。往者陪驂日，曾沾世誼虔。青嘗勞眼借，丹鳳許衷鐫。忽嘆豺當路，翻驚鶴避烟。孤忠方卓爾，群小乃乘焉。主聖多餘澤，臣愚示薄愆。停雲傷北思，負羽遂南遷。海外波濤惡，天涯氣候偏。人情宜不厚，王道亦無平。馬懶懷應切,尊香夢屢牽。萊衣純拭淚,檠賦欲連篇。杖几瞻千里,睽離感十年。書紳存教誨,累葉荷陶甄。在涒呼加疾,居高見必憐。張華稱博物,應自識龍泉。

候張藐姑少司空慎言

不遣長沙地,南來到海隅。逢人多晉問,觀樂盡吳歈。水國游輕楫,魚腥接具區。文章矜意氣,盜賊足憂虞。風俗澆漓等,川原旱潦殊。屢經薪若桂,復見粒如珠。放迹仍浮梗,投荒效守株。飄零同草木,甘旨缺桑榆。夢後思千里,天涯老一軀。妻孥成闊絕,親友念勤劬。父執慚猶子,家山阻藐姑。題詩聊寄候,爲報在窮途。

贈朱未孩大典漕撫以上方督師

國事日縱橫,安危仗老成。丹書初錫命,彤矢得專征。舊績銘鐘鼎,新猷仰旂旌。魏公應諭撫,裴相且論兵。天討將無戰,王師自有名。武威嚴宿將,文伐重書生。單騎移時出,群羊不日平。烽烟消幕府,鐃吹息邊聲。夜雪干戈定,秋風草木鳴。波臣榮有予,拭目頌河清。

哭孫愷陽相國承宗

相國入相出將,前後十年,功在宗社,名成身詘,識者悲之。戊寅奴禍,竟以家殉。嗚呼!天下事更忍言耶?昔余以父譬請纓,幕隨者逾歲,後櫻璫焰,一時罷去,回念往事,不知涕何從也。因哭之以詩。

夙夕依元老,登壇共總戎。懸茅行塞下,陪乘略遼東。借箸分張畫,平淮贊李功。雁行驅虎豹,馬上割蠵螉。士卒方加額,朝廷正倚公。大勳猶未集,小語忽交訌。業謝歸來賦,簪投遯世翁。草堂延野綠，藥院長新紅。迹隱私仍懾，時違事不終。群工圖苟且，列閫習彌縫。再警嗟何及，孤城勢已窮。區區勞拮据，歷歷起疲癃。近漠笳聲滿，臨關殺氣充。腥流羊犬入，沙暗鼓鼙通。天地援兵絕，山河戰血蒙。鵲傷弓斷鐵，虹捲劍摧銅。北闕呼明主，南陽瘁鞠躬。一朝攖白刃，舉族洒丹衷。鼎盛藩籬缺，時艱將相空。聖心昭節苦，國典示恩崇。始悮悲餘簣，重危殞厥忠。死生今日異，憂患往年同。義重君臣際，光憐竹帛中。遥將遷客淚，海外哭秋風。

賦得水中芙蓉影

池寒初漾綠，花冷不流紅。宛見烟枝重，虛含露葉叢。依然明縹緲，翩若動微風。倒影疑天近，分嬌倚鏡同。才矜姿並媚，復訝色俱空。消息知何處，非非現想中。

贈宋先之憲副_{繼登}

藻鑑衡千古，參華映一時。越中分憲節，魯國人重師。勛望開泰甸，文章述楚辭。宦成臣績著，忠簡帝心知。世業眉山並，高風潁水期。鄭莊能好客，王粲正懷思。鼓枻尋鴛渚，投荒任海湄。二天欣有托，三匦豈無枝。在宇蠻初切，瞻旌鵠未移。故鄉雖久別，寧暇嘆歸遲。

贈別荊二鉉明府_{廷鈺}

相逢憐逆旅，意氣識荊卿。重借千金諾，聊舒萬里情。登樓商短賦，刻燭聽疏更。捧袂留雞黍，吹笙咏鹿苹。懷深雙劍合，居近一牛鳴。盤錯同斯礪，飄零共此生。悠悠天壤闊，渺渺水雲平。見雁思歸計，看山欲遠行。虎林移紫氣，鴛渚結丹誠。早晚春風動，還遲過旆旌。

澤畔行吟續卷八

詩 五言絕句

澤　畔

不知身是寄，若或世爲樊。澤畔行吟處，千秋想屈原。

得五弟澄平安信

此日正悲秋，家書寄隴頭。持函猶未啓，喜極淚雙流。

淮安至自嘉興

去日一千里，歸時路亦同。程期無定限，但信往來風。

縱　鷹

蕩蕩平原空，烟霜變草莽。高鷹別羈絛，盤秋氣森爽。

命奚奴磨刀

解帶脫寶刀，兜象立可剖。汝曹警利器，慎淬毋傷手。

月　夜

月明炤空堦，夜久清于水。獨處悄無言，蕭蕭竹風起。

瓜洲城頭

昨日來城頭，今日來城頭。城頭看江水，日日但東流。

紙鳶

每見扶搖上，天知有路通。不因人藉手，漫說仗春風。

大雲寺凭欄

天外凭欄處，山河指顧收。乃知開眼界，不必在層樓。

夜夢

每夜夢還家，說盡相思事。不信此中情，獨有流人自。

雨中花

離披花色衰，風兼重無力。墻角漫垂垂，如聞美人泣。

秋陰

江城積秋陰，烟色空中聚。莽莽林樹間，鳩聲喚寒雨。

蟋蟀

虛房臥秋燈，蕭蕭涼氣入。蟋蟀不爲愁，如何怨通夕。

鴛鴦

爲嘆鴛鴦鳥，雙雙戲淺沙。偶因驚打鴨，飛過白蘋花。

梳頭

秋蓬驚客心，春華那不惜。今朝青鏡中，忽見數莖白。

喜王介人南來

遠火明烟夕，空江落雁哀。瓜洲今夜月，一棹子猶來。

金山浮圖

江奔觸迴湍，金山特雄最。塔勢凌晴空，影落魚龍外。

鸚　鵡

羽毛含慧性，珍養得人情。似覺聰明入，能呼侍女名。

索小婦宛玉彈琴

愛爾有新音，請彈緑綺琴。泠泠十指上，一一得微心。

答

非是重新音，不爲君一彈。新音多苦思，恐失向來歡。

雨中望金山

高雲澹雨重，山色暗秋陰。極目空江上，蕭條是客心。

內人畫眉

浮烟摩淺黛，却月潤輕黃。借問今朝曲，何如昨日長。

懷　鄉

歸計苦未得，登高聊慰愁。如何望鄉處，西北是并州。

聞　雁

寥廓雲天外，飛來一雁聲。愁人正無賴，不忍聽孤鳴。

相思鳥

云何一小鳥，乃亦解相思。況是多情者，能無繫別離。

内苑白兔

種自暹羅國，來爲内苑珍。物離鄉則貴，不是政荒禽。

硯

既須形質堅，仍欲膚理澤。試取雀臺磚，何似鼉磯石。

傷春

鶯啼垂楊枝，燕剪垂楊葉。同在春風中，飄然不相接。

裁衣

欲作寒衣寄，持刀意轉多。不知從別後，腰帶近如何。

瓶花

偶愛一枝好，和香摘曉林。瞻瓶聊注水，幾日感同心。

贈韓青城秀才紹忠

相逢問起居，踪迹混樵漁。漫道悠悠者，青囊有秘書。

吳今生右上舍西爽堂

西山寧朝來，歲時有餘爽。支頤者誰人，於兹得玄賞。

夜坐

相思正長夜，惆悵問銀缸。何故堂前燕，明明炤他雙。

即事

月出半溪新，花開一樹春。孤舟閒泊處，漁火映烟津。

小婦[一]烟鬟彈琴

手影最分明,低徊自有情。可憐弦指外,半是落花聲。

桃葉渡

桃葉舊知名,盈盈一渡橫。空臨今日水,非復昔時情。

曉發瓜洲柬張二酉二守爾葆

江畔纔分手,移時已半程。不知離恨重,祇覺去帆輕。

秋 嘆

楓樹生秋江,秋來落楓葉。不嘆飄泊多,所悲本根別。

校勘記

〔一〕"小婦",原無,據目録補。

澤畔行吟續卷九

詩 七言絕句

塞上曲 五首

其 一

膂力能開八石弓，疆場百戰獨稱雄。漢家麟閣應猶在，今日誰當第一功。

其 二

駿馬行嘶歷九邊，朔雲千里沒胡天。夜來更合城南戰，一嘯秋風滅左賢。

其 三

冰合交河水不流，邊城此日正防秋。營門夜望單于月，幾處笳聲起戍樓。

其 四

寒沙漠漠磧雲空，陷陣身經入虜中。多少夷歌聽不盡，龍城西畔起秋風。

其 五

將軍意氣舊橫戈，手勒燕然迹未磨。塞草接天邊色遠，只今胡馬已無多。

有所思

巫山何處覓津梁,爲雨爲雲事渺茫。莫漫相期魂夢裏,恐應無路向高唐。

春雪即事

野雪無邊積野田,誰云三尺兆豐年。憑欄聞得西鄰哭,正爲連朝絕爨烟。

新正病中

入春十日九科頭,伏枕經時感未休。獨悵湖天風雪夜,誰教歌管度重樓。

湖頭送客

客裏那堪還送客,一杯酒盡便東西。傷心莫問分攜者,試聽枝頭鳥亦啼。

元日用五弟澄韵

家園一別六經春,每到春時倍愴神。今日相逢雖有弟,那堪亦是異鄉人。

次維揚

搖落南來嘆式微,他鄉夢許十年歸。春風二月維揚路,幾處鶯聲淚客衣。

泊高郵

放浪何年更到家，一生多半在天涯。孤舟更泊秦郵夜，雨響春山問落花。

黃　河

風挾黃河九折流，長安回首見高秋。白雲蕩蕩空中影，吹去人間一片愁。

戲馬臺

巀嶪南山一障開，奔湍西遶大河來。當時霸氣今何在，千古空傳戲馬臺。

別韓次卿戶部昭宣

平生未識古人情，何幸論交有次卿。今日談心明日別，可堪回首望彭城。

別王晉侯秀才溯元

此身何事在徐州，又向徐州別晉侯。最是殘鶯啼不住，似憐今日放扁舟。

偶　題

買得紅絲與綠絲，織將雜錦寄相思。誰言費盡深閨力，花樣成來不合時。

泊新豐有感

朝辭采石暮新豐，三日程歸一日中。因信順流偏得意，不須破浪駕長風。

二十四橋

野水兼天夜氣清，廣陵秋色滿孤城。玉人已去簫聲斷，橋畔空餘舊月明。

楓橋夜泊

寒山山下泊孤舟，月色霜華結暗愁。今夜客心爭萬里，天涯何處望夫樓。

即　事

庭影初昏月未多，鄉心千里望星河。風香忽墮珠樓曲，爭似簾前寵姐歌。

別李稽箭進士沖

天涯重識李王孫，慷慨多君意氣存。豈謂相逢又相失，語兒亭畔欲消魂。

東陵夢劇

裊裊亭亭一尺腰，孤舟虛度可憐宵。蘇家堤上鶯聲好，不盡春風第五橋。

寄朱倩生女郎

江水初生綠漲時，木蘭舟楫嘆來遲。無端想入銀箏曲，寄與游魂百尺絲。

清江浦阻賊寄王元昭_{溯元}茂才韓次卿_{昭宣}戶部

盜賊傳來正縱橫，那堪咫尺阻彭城。天涯萬里傷流落，客路相看有弟兄。

漂母祠

臨淮古迹尚巋然，漂母爭傳一飯賢。獨怪王孫初未遇，不知何事受人憐。

聞杜鵑

誰謂辭家已七年，爭教觸景不淒然。鄉心久碎風前雁，更莫枝頭叫杜鵑。

飲顧修遠孝廉_宸

俠骨繇來七尺知，風塵今日見男兒。人生何必曾相識，斗酒論交正此時。

宮詞二首

其一

朱鳥窗深錦作窩，日高初起擘青螺。從教東苑春光好，不及西宮夜月多。

其二

紫禁烟花作燕塵，東風又碎一年春。可憐媚寢懸明月，昨夜香中有玉人。

經友人故居

爲問邢三事已非，荒堦草色映斜暉。別來幾許人何在，賸有傷心淚謾揮。

贈陸芝房澄原司馬歌姬五首

其　一

錦卧兜羅夢未迴，纓纏寶絡趁身裁。亭亭自倚春風力，笑拂空香欲下來。佛英。

其　二

春樓幾日鬭新妝，手剪鬢鴉遶鏡牀。想到夜闌吹燭後，芙蓉深處亦籠香。流蘇。

其　三

膩粉初含葉葉春，好花如面柳如顰。試將黛色憐青鏡，月影朝光半額新。翠羽。

其　四

輕衣剪剪疊蟬紗，十二樓臺燕子家。長袖每驚飛欲去，秋江無月夢蘆花。驚鴻。

其　五

香語霏微薄霧開，龍娃初逐雨工迴。春衣暗有靈犀佩，帶影風移水色來。犀株。

聽李嫣如彈琵琶

一曲琵琶意未平，青衫處處淚縱橫。逐臣十載同鄉思，豈是無端兒女情。

次胡雉餘竹枝詞韵十首〔一〕

胡雉餘携如花美人，一葉扁舟，探奇選勝。迹之所到，韵語聯翩。《竹枝》十首，其一班也。第向平五嶽，范蠡五湖，在功名成退之後，雉餘方在嚮用，詎作是緣？昔張敞爲京兆而畫婦眉，猶云："夫婦之私，有甚於此。"雉餘鍾情或亦若是乎？余從晋來越，經目頗多。然自西施去後，南國久空。雉餘美人，才色雙艷，名儷苕華。維楚有材，余不得不心醉矣。因次元韵。

其 一

來往秦淮只一船，風流不在酒旗邊。篷窗携得如花女，惟愛鴛鴦被底眠。

其 二

玲瓏條脱玉琅玕，嬌倚春風曲曲欄。宛轉呈身生不慣，呼郎幾度出聲難。

其 三

夢回怯怯倚妝時，花色輕盈映一枝。自是情慵無力氣，不關楊柳妒腰肢。

其　四

江水蒼蒼江露清，江干吹笛半秋聲。西風誰唱迎郎曲，落葉荒烟慘夜情。

其　五

氣若吹蘭語轉簧，嚶嚶入耳逗歡腸。簫中莫道無雙鳳，琴裏應知有一凰。

其　六

斜倚薰籠問玉郎，幾時隨雁到瀟湘。低回剔燭嫌煤暗，簾隙風殘淚數行。

其　七

新歌一曲大堤行，不是尋常絲竹聲。碧海深深誰得似，飛瓊今日再吹笙。

其　八

文采風流屬大家，不同兒女競塗鴉。朝來偶見芙蓉好，便漬臙脂點作花。

其　九

莫嘆楊花委渡頭，爲萍猶得襯郎舟。飄零亦有相憐意，豈是無情逐浪流。

其　十

秋雲如水遠無天，一滯秦淮又隔年。自是薄游人不識，誰言長在五湖船。

有懷四首

其一

烟霏吹夜水風微，柳暗橫塘夢不飛。憶得伊人當此際，月涼初入藕絲衣。

其二

露冷塵幽草色遙，泥痕未許月痕銷。明朝試覓伊人處，春在西泠第一橋。

其三

天邊何處夢飛瓊，彷彿花香水外生。今夜月明人不見，碧雲飄落醉聞笙。

其四

夾岸沙明夜泊舟，伊人端是罷箜篌。寄言湖上三更月，一炤城南十二樓。

飲王元明茂才鼎祚四首

其一

天涯飄泊遠無鄰，此日論交意倍親。薄酒莫辭清夜醉，知君亦是異鄉人。

其 二

雙鬢星霜感歲華，江南風物勝長沙。寧知賈誼功名薄，文帝恩深到處家。

其 三

襟期初向客中開，潦倒相看一舉杯。自是北人歸未得，那堪君復渡江來。

其 四

魯國才人舊有名，風雲終不負諸生。他年倘憶相逢處，今日毋忘檇李城。

黃天蕩弔古

往事空傳宋社灰，至今枹鼓尚餘哀。潺湲江水無窮恨，日暮乘風萬里來。

同王介人發儀真余舟阻宣華港望燕子磯咫尺不至因賦

風力先催一棹輕，同行因失半時程。蒹葭滿目人何處，江北江南共此情。

景陽宮

禾黍離離故苑空，不知何處景陽宮。一從蔓草荒南國，誰聽鐘聲立曉風。

臨春閣

翠華影盡草成茵，往事還傳愛一鬘。明月漫勞清夜炤，臨春閣上已無人。

烏衣巷

消沉往事總堪嗟，王謝風流夢已賒。燕子自來人自去，謾言今日屬誰家。

邀笛步

笛聲三弄感相知，橫據胡牀意足奇。遺韵漫隨淮水去，風流爭不羨桓伊。

桃葉渡

秋烟流盡縠紋生，蕩漾明霞弄晚晴。千載多情餘古渡，至今猶喚美人名。

勞勞亭

邇來別恨不堪論，又掛孤帆過白門。遥望并州傷遠思，勞勞亭畔一消魂。

莫愁湖

霜入蒹葭一望秋，寒烟漠漠水悠悠。湖光不惹行雲夢，千古誰教字莫愁。

孫楚酒樓

孫楚當年舊酒樓，可憐人去只名留。西風落日牛羊下，醉骨誰加土一抔。

穆陵關

山外長江江外山，山邊江際穆陵關。關形不改當年險，可惜江山視等閒。

燕子磯

幾載辭家到海濱，今朝歸夢渡江津。獨憐燕子磯頭水，解識春來送逐臣。

從柳奕蕃祚昌安遠侯[二]索菊

積雪封霜性不移，只堪冷落寄東籬。君侯素重陶元亮，寧靳清姿與故知。

偶　訪

自謫塵寰類轉蓬，何期重到蕊珠宮。胡麻一飯仙緣在，誰羨桃源有路通。

有覓砂授者戲賦

翠華春盡不曾過，空憶昭陽雨露多。一閉深宮憔悴甚，枉教到處覓砂授。

午夜詞爲陳間子女郎[三]賦四首

其　一

回波初見色橫陳，媚倚韶姿鑒月新。一曲風邊欹束素，漢宮誰是掌中人。

其 二

蕙性蘭心別自芳，温柔并在白雲鄉。尋常花草看妝面，縱似芙蓉讓國香。

其 三

酒影雙蛾緑漫侵，紅潮微暈入杯深。蠟花落盡爐温歇，解識更闌暗裏心。

其 四

簾影朧朧月上遲，風香吹墮鬱金枝。蝶衣粉濕驚新裾，驗取明朝對鏡時。

途次徐州

七年東海敝貂裘，邊地鶯花感別愁。鞍馬尚多鄉國夢，不知歸路入徐州。

再渡黄河

白雲千里赴黄河，歸棹重尋九曲波。日暮江南回首處，鄉心反在望中多。

早 朝

清禁疏鐘月未斜，熒熒庭火炤宮花。遥瞻御座圍丹扆，簾底風香出内家。

宫 宴

猩淚珠盛玉唾壺，朱衣警蹕净椒塗。口含雞舌傳天語，嵩字無勞帶月呼。

校勘記

〔一〕"次胡雉餘竹枝詞韵十首",原作"竹枝詞有引",據目録改。

〔二〕"侯",原無,據目録補。

〔三〕"女郎",原無,據目録補。

三編　澤畔行吟再續

沁水張道濬子玄父　著
陽城楊時化季雨父　閱
富平周來鳳瑞文父　訂

三編　第五會行印

澤畔行吟再續卷一

賦

世忠堂賦

遡予系之遠紹兮，玄冑肇於孝友。值遺徽之未墜兮，歷盛世之簪紱。導河源於昆侖兮，積嵩岱於培塿。暨神廟之綦隆兮，遞起家於前後。緬宮保之介慎兮，時處錞而拙守。河南北暨山西東兮，未陰雨而綢户牖。民社賴以乂安兮，奠國祚於悠久。迨忠烈之侃侃兮，亦避炎以遠莠。方朝議之沸蜩兮，別黑白而獨剖。致時賢之移目兮，敢君親之我負。烽火通於甘泉兮，胡馬牧於千畝。驅華騘以東指兮，痛封疆之開誘。羌虜起於肘腋兮，胡越伏于戎右。洒熱血以無地兮，恨睢陽之不朽。生氣凜於嚴霜兮，義問仰於北斗。於是信家學之淵源兮，錫予堂以嘉名。嗟肯搆之孔艱兮，悁顒顒而未寧。枉迕則有愧於先人兮，直己則取忤於時英。緘默則抱愧於寒蟬兮，抗論則裂眥於華纓。念進退之維谷兮，將何途以適迎。召巫咸而假筮兮，鮮詹尹之屈平。入金門而逃世兮，儕優笑之失經。予逡巡以深維兮，有前修之式程。詎瞀惑以敗簡兮，致蒙面於畢生。昔□□之砥節兮，猶自慚其非清。維貞觀之磅礴兮，杞惙惙而憂傾。雖鄙人之小諒兮，將繼質於九京。繚純朴之修欄兮，抗仁義之高甍。閱茲堂之卜世兮，永昭鑒於典型。

遠望可以當歸賦

試延睇天末，極目廣輿。雲橫萬里，風襲四隅。覺覆載之寥廓，何皇路之清夷。辨吳門之立馬，指泰岱之金泥。蟻旋磨轉，鳥飛獸馳。莫不形容得于毫影，規制現於斯須。有山若垤，有水若池。人不辨貌，樹不識枝。茫茫眇眇，傾洞亡私。少焉斜陽搖廞，暮色凄其。雖長安之杳隔，庶故鄉之依稀。不覺望風引領，泫然沾襟曰：嗟乎！此非太行山北，吾親在其下乎哉？自我不見，於今數年。日月云邁，屢徂屢遷。莫云路阻，猶此山川。莫云歲惡，猶此原田。種豆南山，宛如尺咫。植苗東皋，儼若目前。是耶非耶，孰知其然？念行役之良久，愴征途之難平。跼天蹐地，徒傷生全。俛仰今昔，疇瑕疇堅。或斗室以自保，或竄逐以高搴。或歡適而中折，或侘傺而誰憐。人生其間，七尺眇焉。今舉目之旁及，恍梓里之我旋。楊柳依依，向所折矣。禾黍離離，等可飽矣。征雁嗷嗷，音耗聞矣。室廬鼎鼎，炊汲便矣。歸歟歸歟，忘其作客。方萬象之備供，遂五內之舒厄。雖纏綿于遠道，若徘徊之有得。

中流擊楫賦

大江鏡如，輕舟疾渡。矢不及馳，霆不及怒。俄風生蘋末，濤橫瓜步。饞蛟出沒，土龍突拚。舉舟失色，駭汗四顧。予方巘肩飫酒，羽觴縱歌。舟人以告，中流若何？遂慨然閔中原之多故，矢寸志之亡他。感憤踔厲，擊楫而聲之曰：此往者祖豫州之已事也，今豈其時哉？橐筆之臣，頌淮清矣。墨卿之子，賦海晏矣。屈原不豢肉於汨羅，蘇子不投荒於儋耳。凡揚帆南北，鼓枻東西者，俱峨舸大艑，揚揚明得意，津要有大力人也。胡不北歸虜，內靖寇，紓天子之隱憂，釋斯民之狂鬭？噫！若輩碌碌，非其人也。馳辯如波濤，任事如疹疢。縻祿避難，至於莫救。今試盟大江而誓之，諛臣贛吏，毋輕我涉。逋將敗兵，毋辱我艦。恢我王略，心乃帝室。神斯祐之，安流迪吉。否則鯨齒萬數，蚪宫千尺。盡傾其盜齋，并葬於蜃蛭。擊楫方已，狂颶頓息。嘆聖朝之清明，故江神之受職。

樂饑園賦

《詩》："泌之洋洋，可以樂饑。"有蒙師者，訓泌以沁。若生於沁，蓋不知有泌爾。余有園濱沁，退而休焉。憶彼蒙言，不覺輾然曰："是真所謂沁之洋洋，可以樂饑矣。"因顔而賦之。賦曰：

碩人考槃，欣欣自寬。餐藜茹藿，不羨肥甘。予亦何有，鍵户鑿垣。斥地數畝，編棘爲藩。雜蒔佳卉，薄言采蘩。抱甕灌汲，時蔬駢蕃。春韭秋菘，擷葵樹萱。坐廡竟日，雅笑忘言。鶴書斷壟，燕臺反轅。間有懿密，爰叩我門。造膝道舊，浩嘆稱冤。子大夫常登玉陛，列紫幕，賜禁臠，沾帝澤。今退伏於丘壑，寄飽於橡栗。嗟嗟疇曩，萬事堪惜。潯陽之斗酒，少陵之牛炙。麟士之織簾，志和之泛宅。此皆不遇於明時，固隱約而不移。子大夫豈其伍與？何志之廣而迹之拘，才之宏而用之儉也？予俛首欲對，饑未能起。將采杞菊以爲糧，嗅芝术以爲餌。衡門泌水，樂得其里。

檀山三松賦

繄太行之支巘兮，曰檀山之靜莫。通呼吸于帝座兮，鬱幽靈而上愬。云天關之虎豹兮，磔鴻濛於今昔。挺危嶺之高標兮，美厥松而安宅。拂太階之三台兮，干重霄而仰格。伊手植之何人兮，將前休之已隔。沐沆瀣於千秋兮，吐雲霞而奪魄。風稷稷以徐引兮，聲搖曳而欲積。想靈禀之特鍾兮，當傳馨於簡册。奈僻阻之罕迹兮，遂獨壽於窮堉。嗟徂徠之人咏兮，經宣尼之弋獲。雖岱宗之攸封兮，污祖龍之未釋。惟法物之見珍兮，貴神理之自適。苟蹇值之非時兮，亦何異于零夕。今上有千尺之兔絲兮，下閔芝芩於伏液。抱古德以甘晦兮，避群囂之彈射。庶予懷之幸同兮，曾傲吏之遷謫。凌玉清而遡紫虛兮，非下里之所惜。問歷年之孔邈兮，尚姬嬴之遺澤。閔斯世之促御兮，幸我松之良隻。短不可以絜長兮，隘何能以謀碩。羌至人之極旹兮，歷九州而同頤。表故里之異植兮，托貞心以共白。

澤畔行吟再續卷二

詩 樂府

久別離

人心本不隔,地遠乖前期。別來何處天之涯,日復一日離愁離。古人有云,春非我春,夏非我夏,秋非我秋,冬非我冬,四時成歲傷推移。思青鬢不可以復得,對明鏡而不自知其爲誰。既日月之遲暮,恐相見而彼此不免懷驚疑。久別離,中情悲。

青樓曲

種花青樓下,桃李各雙雙。春風一夕吹,花開正當窗。

對　酒

今日大樂,控弦高歌。招春不來,春將如何？筵開朱堂日初謝,華燭青烟燦良夜。千金破産誰惜貧,優游但取娛其身。東家美人爲擊缶,西家美人爲酌酒。天涯一寄牢騷情,笑眼仍呼爾何有。

長門怨

夜深見明月,獨影炤長門。長門怨,妾抱清瑟,玉指聲繁初斷魂。羅帷寒生不爲下,掩抑孤輝弄長夜。離情未半忽無音,不知暗結愁人心。微風吹轉若相喚,夢裏君恩妬妝面。明朝宮樹泣殘鶯,苔冷飄花滿宮殿。

相逢行

夾道朱樓雜柳花，少年白馬踏春沙。銀鞭笑換當壚酒，日暮逢人醉狹邪。

登高丘而望遠海

登高丘，大海在其南。引領以望之，蜃氣結爲十二樓。白雲出樓巔，仙人騎飛一來游。日色如曝，晶光蕩浮，渺不到天，我將何求？

采蓮曲

相約采蓮舟，共入荷花裏。及早惜紅衣，莫待秋風起。

野田黃雀行

嗟爾雀，爾雀何其愚？貿貿謀食，投此網罝。雖果爾腹，乃殺爾軀。胡爲乎不置〔一〕身霄漢，以免鼎俎，是將於人乎何誅。

日出入行

日出入，終不息。

鴛鴦

中池有鳥，容儀斐斐。其翼如比，其音如妮。亦既敬止，抑又閑止。翔集于水，心則爾喜。

隴頭流水歌

隴頭流水何潺湲，隴頭戰士何艱難。十年征戍身不還，風沙日日凋朱顏。歲聿云暮無安閒，天寒道遠阻關山。憂從中來不能彈，長歌嗚咽淚闌干。

青溪小姑曲

水落青溪，月色將低。深夜無人，棲烏自啼。歌青溪，溪流下黃葉。愁殺夢中人，箜篌音未歇。

朝雲曲

天欲曙，雨初稀。雲輕不入夢，自繞空中飛。楊花睡暖□風帳，相約同於枕上歸。

櫂歌行

新斲木蘭棹，撥水春柔柔。郎能知妾意，未忍即迴舟。

遠如期

蕩子一爲客，征帆行不返。可憐閨中人，春草容易晚。雙鬟掩鏡心欲結，囊積流塵暗明月。朝看楊柳才作花，薄暮看花已成雪。今年秋盡仍未歸，胡不學雁遠如期。

女兒子

短髮初束不成鬟，花羞欲澀朱微顏，背人手弄雙金鬟。

蛺蝶行

花葉復花葉，上有雙蛺蝶。小扇撲教飛，飛來飛去不相離。輕衣零亂春園裏，日暮香魂何處歸？

江　南

江南柳樹依依綠，江上行人去程速。征帆千里控烟波，一路春風鷓鴣曲。山連野水春悠悠，鷓鴣啼處令人愁。相思夜夜樓中獨，當念歸期及早秋。

讀曲歌二首

其　一

明明臺前燭，燦燦生輝光。慎勿教吹滅，妾未解衣裳。

其　二

昨日來花裏，今日來花裏。春風一夜吹，花落空成子。

桃葉歌

人傳桃葉名，因來桃葉渡。桃葉何蕭蕭，風吹下枯樹。

黃鵠曲

黃鵠鳥，何翩翩？傷君西飛不可還，邊風吹老如花顏。芙蓉憔悴烟沙間，漢塵漸失悲關山。彼鵠有翼不能攀，人兮人兮淚潺湲。

寄衣曲

君本江南人，乃爲塞北客。南北異寒暑，天以限胡越。江南雨露，塞北霜雪。江南少寒，塞北無熱。毳裘氊裳，伏臘不易。昔君往矣，身猶單裌。秋以爲期，詎遲歲月？君胡安之，不苦風冽。思君不思君之饑，思君獨思君之衣。衣成欲寄還重省，猶恐既暖益忘歸。

王明君

我酌一尊酒，君唱琵琶行。請君勿彈出塞聲，胡人豈獨非人情。氊圍芳草踏春平，一旋風舞桃花輕。請君勿彈入塞聲，嗚嗚黃鵠愁還生。明君插弦不敢怨，此身於漢爲長城。

捕魚歌

爲農莫種田，稻荒無力輸官錢。爲農莫種桑，蠶荒終歲無衣裳。不如學捕魚，年年網罟舟中居。得魚換酒且一醉，日晚高眠常晏如。

歸　鴻 二首

其　一

鴻雁影，當斜暉。暮春北向秋南飛，飄飄萬里情相依。繒繳滿目多殺機，請君勿貪稻粱肥。彼欲可縱，汝心莫違。式微式微，胡不歸？

其　二

我有古瑟詞，淒清名歸鴻。弦外多苦音，響落飄雲中。來時尚記當秋節，衝破衡陽幾峰雪。江南天暖聊堪依，夜宿蘆牀夢沙月。即今花草初芳菲，搖漾湖中刷羽衣。一行嘹嚦向空起，相約春風何處歸？

關山月

關山月，夜來流影入空閨。孤燈吹黑鼠嘖嘖，清輝婉轉窺人啼。離魂欲絕飛不去，夢裏金微在何處？淚痕落盡寒更長，窗隙沉沉幾時曙？

擣　衣

　　秋欲半，涼微生，鄰家少婦夢初驚。幽離自嘆感行役，腸斷誰聞第一聲。擣衣不擣砧上月，月焰閨人心若雪。擣衣不擣砧上霜，霜寒流影入遼陽。寧知今夜多愁絶，響逐西風伴淚長。

校勘記

　　〔一〕"置"，底本原作"罝"，據文意酌改。

澤畔行吟再續卷三

詩 五言古

讀青山記有感

太白謫仙人，懷才縱高潔。游戲世場中，聊與斯人接。一朝返元始，烏乎問生滅。何取耳食徒，騎鯨傳一瞥。青山土半丘，將復爲誰蛻？真僞總難憑，要無關唇舌。但使存令名，千秋日月揭。

北新關對月

扁舟來何處？乃宿此關下。明月如有期，流影入簾罅。披襟一開對，水際涼初瀉。嗟我昧前途，光輝勞相借。呼童速具觴，與君話長夜。

秋夜遣懷

餘秋駕言邁，木葉向枯槁。冥鴻漸于陸，坐嘆物華老。霜風薄夜半，淒其苦寒早。空林照深月，蟲聲滿衰草。惆悵情不舒，悲歌慘懷抱。

辛巳冬杪送王介人返長水

首夏游廣陵，君歸我遂止。避迹大江湄，抑鬱情何已。遙憶美人居，天末看檇李。遠道不可從，夙夕徒徙倚。相思感一心，扁舟來剡水。秋風吹入門，不覺成倒屣。他鄉再相對，喜極忘坐起。浹句指白下，盤桓擬惟始。登臨盡大觀，披覽抉微旨。肆志期淹留，君意亦復爾。誰言饑盜憂，四方皆若此。少婦處深閨，胡能謀箸匕。言念足愁予，促裝返故里。余方在窮途，一身正多累。說項漫逢人，譽之有同毀。歲暮還送君，慚愧五衷死。

壬午

去國十年餘，落落棲海澨。以衣不問暖，以食無求飽。頻為霜雪侵，遂爾成衰老。踽踽天地間，有如宇宙小。一旦開休明，萬里風行草。君子乘清時，濟濟足師保。衆長若雲集，餘緒亦可了。夷寇雖交訌，指顧櫾槍掃。蒼生歌太平，升沉俱安好。天子壽萬年，吾儕樂終稿。

春杪訪栩園

共道桑麻長，隨春涉晚林。路花蜂尚食，山樹雨微侵。水曲知源遠，池清映峽深。以幽聊展步，乘暇欲投簪。園果方輪氣，鳴禽忽變音。笋開新竹粉，苔上古墻陰。景物凝青眼，郊原愜素心。韶華感搖落，搔首一長吟。

感懷

我為別離情，不在別離間。譬彼形與影，相從不相關。胡為必分手，方悲行路難。酸辛忽中來，惟以發永嘆。

何大瀛太常園中桐樹_{應瑞}

君家西園樹，長日何森森。繁陰洗新露，色貯空齋深。風翻奏幽吹，雨滴聞涼音。我來驚早秋，一葉颯已侵。蕭然委堦砌，幽答窗中琴。客情感搖落，聊賦孤桐吟。

寄鄒臣虎水部之麟

夫人何所見，而獨成一是。不逐水也波，不隨風也靡。嶽嶽持其身，以爲世之砥。邪正途殊歸，仲尼叔孫毀。呰嗟三十年，遭讒猶如始。天心未悔禍，時情那不爾。我亦遷謫人，顛危頗相似。倔强老何用，忠貞固能矢。諒茲松柏懷，歲寒念同耳。

范質公司馬移居景文

余自播遷來，居處嗟非一。長水既臨湫，西湖復曠軼。瓜步尋白沙，倏忽如飄颻。八年而九遷，來去同郵驛。一枝鮮鷦棲，黔突未嘗墨。烏乎席暇暖，審安足容膝。堂搆有輝光，綢繆稱膠膝。渠渠獨羨公，柱右新斯日。

哭陸芝房職方澄原

嚴冬十二月，凝陰黯無陽。千里驚訃音，慘劈波臣腸。昔我入都門，立志維乾綱。孤忠遡先哲，所履皆冰霜。宵人不能容，削籍歸故鄉。謳歌啓聖明，日月昭倫常。君時官繕部，首疏摧逆瑺。烈烈古丈夫，直聲振岩廊。天心正虛佇，足以資匡襄。我亦蒙賜環，重復列班行。相見即傾蓋，結交多慨慷。披肝秉一德，臣道焉敢忘。鞠躬期不負，任重同趨蹌。群奸恣陰謀，荆棘生中堂。斧鑽將我膏，口脗方鴟張。皇恩初薄竄，再徙來南方。君時已抽簪，嘆息存杯觴。楓林感放逐，晤對俱惻傷。昨歲君北游，迴舟鴛水傍。過我于逆旅，雨雪寒其滂。顧君實憔悴，顏色怪衰黃。中春來別君，時病猶在牀。殷情兩彌眷，執手一端相。我今住白門，就食避饑荒。睽離未逾年，一旦感滄桑。慟哭抱深痛，沾襟淚悢悢。嗚呼彼蒼天，殲此國之良。君年始五旬，我齒相頡頏。自謂雖廢斥，前途尚修長。孰意忽見奪，短運中悲涼。無兒魂渺渺，有恨天茫茫。蓋棺事則已，未了將何望。

坐陳襄範給諫曠閣爾翼

閣以曠爲名，名者云何義？卑卑止一椽，風雨猶非計。雖居水之涯，仍嫌樹所翳。以是曠名之，毋乃失規制。我來偶登臨，乃知不附麗。四山勢崢嶸，若爲閣也礙。日色挾湖光，千頃洞搖曳。虛窗寫烟雲，朝夕惹衣袂。天外一鴻飛，於斯盡其際。

武林訪吳今生太學右

別君下瓜步，微心隔烟水。金陵再卜居，益復成轉徙。瞻雲但遠天，無繇問居起。蒹葭感霜露，遡流來千里。遥知爾我情，相見失驚喜。

贈曹介皇孝廉元方

子建八斗才，在昔稱獨步。妍詞麗日月，妙筆吐烟霧。寥寥宇宙間，絶迹希景慕。廣陵始相識，論交豁平素。奔流舌懸河，胸壑如水赴。顧瞻千載下，惟君有其具。文章氣所鍾，天亦不妄付。苟非遺風存，庶姓焉得遇。健翮矜孤騫，當秋雄一怒。拭目多故人，勖哉邁前路。

贈朱近修孝廉一是

前賢既投合，擊節得佳士。我昔初見君，其情有如此。長水傾蓋間，便爾知所止。健翮橫霜空，拭目搏風起。今來果當秋，一息九萬里。前途正修長，言邁從兹始。以視古人情，於我心獨喜。

送劉蓼生中丞漢儒

昔我往丹陽，君尚問所臻。今我丹陽還，君去已及旬。言念夙相從，始疏終見親。出處雖不同，有如雷與陳。一朝晤南國，握手重酸辛。慷慨話疇昔，天涯真北〔一〕鄰。所嗟泥塗中，骨肉感受均。倏忽兩分散，黯然欲傷神。朝廷方多事，旦晚念舊臣。宣室前席虛，霖雨借經綸。從此阻追隨，何以慰沉淪。

感　懷

潛也窮途人，世好鮮所投。況於值當路，烏乎與之儔。俯仰各爲態，言笑不中謀。因感公超市，兼懷仲宣樓。氣色齊槐柳，慘淡盈沙洲。蟻場祇自羶，雀羅安足羞。丘壑有真適，如何事交游。

夜　步

落日平原高，長天遠凝碧。露氣未薄秋，圓暉照星白。前村釣人歸，夜火移草澤。歌聲過空翠，曠望雲水夕。

青樓夜

華燭焰良夜，佳人宴青樓。依依簾前月，側掛珊瑚鉤。風香散長袖，篆火靄輕裯。千金買一笑，漏盡聞清謳。安知百年內，瞬息歸山丘。

唁賈澤寰參軍

我友袁臨侯〔二〕，自臥百尺樓。卑視天下人，無一可爲儔。獨有賈參軍，相逢針芥投。余也昔少年，聲氣亦曾求。以質臨侯情，若或相與謀。昨歲晤廣陵，斗酒論交游。屈指上下間，絳灌真堪羞。共擬謝世網，相將謀鷺鷗。何期一日間，析山紫氣收。回首念生平，精神隔重幽。痛哭寫哀些，封淚寄江州。

十贈詩十首

香奩《十索詩》，寫婦人女子纏綿嬌致，千古之下想見其情。或以有其索之，無所以應，衡物於情，懼乖而好，强余代解，因爲十贈。鄙物匪珍，深情可鑒。天長海闊，相好庶幾，不必有其事，不必無其人。後之攬者，亦將有感於斯文。

其 一

如雲髮絲絲，鬌鬠盤三六。蟬翼輕垂烏，蠶尾小卷緑。何以依光容，願言贈膏沐。

其 二

卓女畫遠山，效顰滿時代。京兆亦云云，鍾情在我輩。何以揚修蛾，願言贈螺黛。

其 三

灼灼好容顏，尋常誰堪競。相憐目許成，佯羞如見屏。可以窺深情，願言贈明鏡。

其 四

偶然承罄欬，啓吻如蘭吹。靦面笑庚情，逆風香轉隨。何以發朱唇，願言贈口脂。

其 五

人情不耐長，欣厭分新舊。終始致拳拳，閒情在防竇。何以護芳心，願言贈衣釦。

其　六

亭亭一尺軀，生小嬌無賴。楊柳擬小蠻，等閒笑狼狽。何以着細腰，願言贈裙帶。

其　七

簾纖月一鈎，香氣乘風滑。體輕聲小聞，步軟塵微没。何以隨周旋，願言贈羅韈。

其　八

幽懷無所將，聊托弦上音。泠泠十指間，一一出微心。何以呈纖手，願言贈素琴。

其　九

千里慰懷思，神魂通夢寢。不化蝴蝶飛，負却鴛鴦錦。何以惹行雲，願言贈珊枕。

其　十

間闊意重重，無繇知冷暖。鱗鴻偶可逢，一幅鸞箋短。何以寄相思，願言贈斑管。

校勘記

〔一〕"北"，疑當作"比"。

〔二〕"袁臨侯"，原作"表臨侯"。按袁繼咸，號臨侯，《明史》有傳，因改。

澤畔行吟再續卷四

詩 七言古

鍾山石獅子歌

鍾山積氣凝昏曉，剩有狻猊對秋草。狰獰伏暴如有神，欹側無聲在烟表。何年匠石初琢成，毛稜欲豎寒威生。巍然久奪百獸魄，火眼相射移空精。自從伏臘荒蕪後，雨打風披骨應朽。霜皮崩剝土花銷，苔蘚蒙茸綠其首。紅肢凍裂誰復顧，巨口高張勢猶怒。前朝陵寢渺難求，野樹茫茫隱生霧。

聞 笛

西泠橋畔生秋月，楓樹離離下黃葉。迴舟何處笛聲飄，怨入空山暗泉咽。楊柳堤邊弄晚風，烏烏一闋水雲中。蕭條物候有如此，湖南長望烟無窮。

湖上胡彥遠介同江道暗浩兩文學過訪賦贈

昔從南游作遷客，老眼塵中漫相識。飄然浪賦無家吟，獨與河山數晨夕。偶來湖上一見君，英姿粲粲蓋有神。腹中萬卷常隨身，幾年風雅曾相親。鹽車服駿嗟未發，長鳴待馭今何人。高材捷〔一〕足終難抑，寄語霜鷹養雲翮。別有西溪千樹花，乘春夢落江郎筆。掩映瓊林雙玉枝，披襟晤對秋風時。逢人自顧舌猶在，到處吾將說項斯。

渡錢塘江

孤舟破輕浪，潮落寒江平。微茫日色轉晴午，空中影泝天俱明。烱光碎掬繁烟幂，魚龍倒卧滄波腥。吴山一息過黃葉，越黛千疊連青冥。縱觀兩岸目未厭，掛席但覺秋風生。興來搖首還擊楫，森森錢塘我初涉。重嗟汗漫不可期，亦與流人炤華髮。時既暮，歌嗚嗚。祖生慷慨今何在？搖落空憐泣唾壺。

燕子磯同王介人聯句

壬午仲春望後三日，余同王子翀白下放舟，將游廣陵，阻風燕子磯。時夙雨新霽，江烟濯光，山影半出，顧而樂之。取酒命酌，因聯句記事。

悠悠野水連江漵，舟卧平沙午風阻。張。磯勢浮空燕翼斜，半屐春泥踏新雨。磴道層開萬里天，王。帆檣遠帶千尋浦。欹松倔强老不仆，張。崩石谽谺觸斯怒。王。孤亭特出飛鳥邊，張。榱桷崢嶸莫之伍。霞色晴看落鶩低，王。月明夜炤潛蛟舞。練影寒披澤國深，張。秀入汒濛鬭春嫵。夾岸山屏拱作憐，王。朝夕烟嵐互吞吐。登臨何用泣波臣，張。慷慨逢君稱地主。罏頭取酒傾客囊，王。蕭颯鬟眉醉堪數。不是高吟擊唾壺，張。六朝草樹誰今古。王。

再見方雲生女郎

江雲漠漠浮空白，江葉鱗鱗掩霜赤。湖頭重訪美人家，一棹西風北來客。北來客昔於此游，幾回呼月湖邊樓。紅絲倚袖拂烟鬢，香光半靄芙蓉秋。驚魂搖搖未能已，斂態低人嬌不起。別後誰爲遣四愁，清歌再聽張平子。歌欲竟，情彌多，棲烏側側飛殘夜，醉擘釵金奈爾何？

重訪蔣聞笙女郎

我昔倦游將北旋，與君話別湖之邊。獨悲後會渺無定，執手俱看魂黯然。乘流每嘆坎還止，秋風作客長千里。思君時復一夢君，遙遙武林隔烟水。倏忽三年遂有餘，鱗鴻久絕往來書。纏綿遺恨與誰共？因訪枇杷花下居。開門既接芙蓉面，驚喜難言情各半。始信相思徒爾爲，何如此日重相見？梧桐枝上月初明，依依炤人殊有情。當年張緒風流在，消得箜篌西夜聲。

楊妃梅

庭梅作花花作叢，幽魂照雪飄微穢。玉妃醉後粉痕薄，至今猶帶胭脂紅。疏枝依依冷瑤室，檀心改綻含桃質。孤標入夢矜早春，何是東風破消息。

贈王享斯奕士 來享

十年作客頗遠游，萍踪汗漫隨波流。江南風物消羈愁，蝶色期夢迷莊周。興來因買西湖舟，偶逢王子憐清修。楸枰開處飛戈矛，朱堂座客談鋒收。春星歷亂勞前籌，縱橫玉局多遲留。凝神歛思心爲抽，悠然腕下施權謀。技絕先賢有奕秋，百戰不負當場羞，吁嗟千古君其儔。

秋　征

荒鷄呷喔啼行色，銅壺滴罷更初急。喧驚童僕催曉□，野店無眠嘆孤客。出門殘月猶在天，郊原四塞生□烟。輕衣寒薄風淅瀝，入骨如刺心悽然。長途終歲傷游子，落葉聲中暗蟲死。羈魂欲斷徒勞勞，鬚白慚余未能止。

丹坪行贈周瑞文來鳳司理

丈夫意氣自千秋，獨憐所遇無或儔。時違事陳誰適謀，歸去來兮老一丘。丹坪之山得深幽，草木蒙芽虎豹稠。風生雲從在其湫，卑視太行如培塿，石梁桃源阻且修。斯人之徒等牛馬，何知有晉爾公侯。一朝城市挹風流，前無唐鄰與漢留。千秋意氣針芥投，痛飲百斗談鋒抽，相視莫逆雙豁眸。烏乎四海難好逑，他日功成赤松游，我先遲於丹山頭。

校勘記

〔一〕"捷"，疑當作"健"。

澤畔行吟再續卷五

詩 五言律

幽居

以幽成小築，因與世情疏。擁褐時捫虱，垂綸偶釣魚。常其一頃荳，任蠹半牀書。門外多風雨，閒愁幸免余。

過俞[一]光祿山園彥

言尋荒僻處，白日照無人。竹暗泉聲咽，山幽鳥語勻。石屏空翠晚，樵路野花春。不識桃源裏，停車一問津。

送霍耀予舅氏還里

離魂驚鶴去，千里客途難。南國夢中遠，北風江上寒。羇棲殘歲盡，酸楚故情闌。蠟炬如嗔別，相看淚不乾。

白下客夜

中夜不能寐，且還披我衣。開軒燭影滅，獨立人聲稀。明月自來炤，暗螢相續飛。高懷寄清賞，鄉夢暫遲歸。

寓王峨雲司馬剩園

一徑開山郭，幽尋遂偶然。風歸花氣遠，人靜鳥聲綿。夫豈從吾好，當因以境偏。於茲便可隱，毋用羨平泉。

對雪二首

其 一

江城連積雪，幾日客居寒。空際隨風白，階前落絮乾。林光迷遠望，山色改初觀。莫唱陽春曲，於今歲未闌。

其 二

風定輕猶下，垂垂積漸深。烹茶催掃徑，呼酒發微吟。旅邸驚新臘，天涯負冷心。高懷信孤潔，相對此庭陰。

白下看春

春色來何許，相逢説看春。在人稱樂事，到我欲傷神。草木經年異，風雲幾度新。羞同游冶子，一踏帝京塵。

贈蘭雨和尚

斂性棲方丈，能持不染心。燈傳衣鉢古，臘與竹松深。水月清禪影，天花落梵音。自多行役累，緇錫謝招尋。

雁

避寒辭塞北，乘雪下江南。秋至仍隨九，春歸必度三。稻粱叨旅食，矰繳屬機貪。所願從生死，孤飛意豈堪。

贈顧山臣布衣朴

薜蘿依逕入，一水接幽源。想見君棲處，雲深獨閉門。庭虛羅鳥雀，歲暮罷田園。曳杖琴書暇，苔花過雨痕。

經湖頭故居

一水當門闊,樓臺此舊居。竹枯游處句,苔隱壁間書。草徑臨秋合,紗窗入夢虛。不知經手種,花萼近何如。

沿蘇堤入西泠望兩山楓樹

游趣緩舟楫,逶迤忘所歸。日斜仍掩映,春遠亦芳菲。兩水碧雙泝,亂山紅四圍。可憐霜葉好,索索向人飛。

尋白沙泉

伐木空山響,山空不見樵。秋臨黃葉老,泉取白沙遙。歲月行吟盡,烟波入望消。盤迴殊未已,落日下林椒。

湖上晚步

山高孤塔迥,水影斷橋深。白髮生何日,秋風嘆此心。烟光初歷亂,物候正蕭森。惆悵歸來晚,昏鴉欲滿林。

金陵遇王舍宇廷瓉大行送賀相國歸楚

八月星河迥,君乘使者槎。宗臣榮晝錦,官路擁皇華。旅舍爲歡暫,鄉情念別賒。黃州看菊好,新落幾枝花。

西陵別楊屋山會稽尹鵬翼

握手此爲別,滄江楓落時。雲孤秋不定,水遠夕何之。故國我歸去,他鄉君在兹。征帆分背處,望望各相思。

同袁槐眉侍御王介人布衣張月使文學湖上有訪不遇

芙蓉臨古渡,一水寄青樓。落日山銜夕,移橈岸泊秋。紅衣空惜別，白鳥亦知愁。極目重浮遠，長安到處浮。

喜孫白谷_{傳庭}司馬出獄督師

陽和散幽谷，雨露出新恩。方喜千秋會，欣當百隊尊。先聲機已得，將略世猶存。聞説旗門外，人懷挾纊溫。

同王介人訪方雲生聯句

空盡欲無天，張。湖南半是烟。王。蘋香流扇低，山色滿秋邊。張。坐水閒分鏡，看花懶撥船。白鷗眠不起，王。蕭散得人憐。張。

念 母

天邊成久戍，意氣欲消沉。萬里無家夢，三秋陟屺心。北堂萱自遠，南國草空深。嘆息瞻雲者，徒傷游子吟。

螢

流螢初出草，隱約半身明。帶火來深院，隨風炤斷更。光依簾外小，笑撲扇前輕。熠熠高秋夜，長沾露氣清。

芙蓉園

名園依古塔，峰影落芙蓉。石壁藤蘿附，烟霞草樹封。鳥游春寂寂，人遠水淙淙。斜日南屏近，風來帶晚鐘。

訪葛屺瞻太常_{寅亮}

斜日蒼波森，輕舠訪舊游。楓香吹白露，花氣作清秋。一逕稀人迹，孤村聞風流。葛陂原自好，君住益深幽。

送談仲木文學南還

江南千里地，君已問歸程。作客貧如我，爲儒怨不鳴。行裝隨落魄，秋色伴淒清。相送誰堪別，悠然共此情。

同王介人秋江訪溜

短棹懸飛溜，空江問旅程。風烟含小月，鐘鼓別嚴更。王粲登樓思，張翰去國情。何爲感行役，相對惜生平。

舟病

中夜憂難寐，他鄉病易侵。秋來頻伏枕，事至每經心。久客諳吳語，無家但越吟。吾生任舟楫，千里托浮沉。

有懷

遂有秋風隔，寧忘夜月思。三年人別後，千里雁來時。鏡惜雙鸞舊，香憐半枕私。玉笙吹已歇，腸斷更誰知。

南客

十載爲南客，真成汗漫游。屢驚蝴蝶夢，已換鸜鵒裘。老至吟雙鬢，新來買一舟。無營且來往，聊自慰羈愁。

聞朱仙鎮失利

束手中原斃，誰聞赤子哀。治兵寧有紀，繕國豈無才。不滅遺螢火，沉憂釀禍胎。怡然同燕雀，嘆息且銜杯。

馬瑤草_{士英}治兵鳳陽

廟略總元戎，身當百戰功。兵權中不制，事會變能通。烟滅江淮水,威生草木風。高秋鳴劍在,仁見此隅空。

送杜韜武大將軍出鎮廬州

塞北分符舊,江東建節新。樓船雄五嶺,驃騎出三秦。王者稱無敵,蒼生賴有身。天心久虛佇,行矣盡麒麟。

別袁槐眉侍御

白簡憐初合,清秋惜遽違。似君能卓犖,愧我不脂韋。遂有班荊恨,行將賦菊歸。莫言乖出處,應念老萊衣。

哭沈君庸太學

不意因南戍,登堂哭故人。何須頻血下,別未有情親。白日淹已沒,黃泉無復春。煢煢惜遺胤,顧此倍傷神。

送恒一和尚之江陵

吾師適真性,飛錫遍禪林。雲水無常榻,交游多素心。夕風蘆雁落,秋雨秫田深。想見浮杯處,湘江浩遠陰。

登 樓

天影逼鴻蒙,樓臺映若空。湖瀰春岸闊,井邑曙烟通。掛目孤雲上,飛心一望中。所嗟書劍悮,相對悔窮工。

即 事

花滿天台路,濃春見一枝。纖衣嬌蕙質,香鬟奪雲絲。眉際迷京兆,筝邊倚鏡兒。閒來妝閣裏,聽咏鄭康詩。

寄范質公大司寇

此日風雲會，乘時起壯圖。清朝新玉燭，藻鑑舊冰壺。魯治傳三月，鴻猷樹兩都。向來雞黍意，還否慰窮途。

立秋日樓集

溽暑解餘蒸，危樓散髮登。桐陰秋欲薦，欄曲晚虛憑。薄露風絲落，奇雲火岫崩。漸看涼月上，映席不須燈。

偶　成

閒心感時序，短策聊相依。花飛一春盡，樹暝群烟歸。身世滅聞見，耕鑿忘是非。桑麻事朝夕，以免寒與饑。

步　秋

出門無他事，坦步聊相尋。新涼召雲物，緬焉赴蕭森。閒來伴鷗息，行處聞蛩吟。渺渺烟波隔，南塘秋水深。

贈李曙生

酒語多憐惜，渾忘燭淚長。裁雲爲楚林，薰麝作衣香。夜樹花傳嘆，晨眉柳入妝。珊珊聞雜珮，行處有清光。

秋夜題寄

寥寥不得志，慷慨任無依。貧病憐身在，風波笑髩稀。月涼蛩語碎，暑冷行光歸。賦就想思字，庭梧葉未飛。

別阮圓海光祿大鍼

自與君相見，多才世所稀。塞門今不仕，却掃遂初衣。僻有文章共,倩將笑語違。傷心知莫忍,淚向別前揮。

校勘記

〔一〕"俞",原作"余",據目錄改。

澤畔行吟再續卷六

詩 七言律

題弘濟寺山閣用喬白嵓太宰韵

危樓橫俯大江深，虎豹屯崖立萬尋。雨歇空青流遠眺，瀾搖澄碧敵高吟。苔花繡石摹蟲籀，貝葉翻風落梵音。幾度經過虛勝賞，扶筇〔一〕今日快初臨。

感　題

蕭蕭天地久無家，獨向西風笑暮鴉。我已卜居鄰水石，若爲辟穀問烟霞。青牛自信無真氣，丹訣何曾駐歲華。秋浦孤雲搖片白，漁歌流響入蘆花。

雪後野望

雪餘雲意尚垂垂，空際迷茫一望宜。漫指梅花冰作乘，還疑鴛瓦玉爲脾。樵封幾徑饑寒迹，樹噎千林鳥雀悲。三尺不知真否瑞，窮年誰擬壤歌詞。

答張天如太史溥

波臣搖落滯江南，鬢色驚看影亦慚。在昔投杼誰白苦，即今啖蔗已知甘。蒼顔獨嘆成何用，青玉新遺竊未堪。一自行吟憔悴盡，十年無復夢華簪。

酬謝阮圓海大鋮

燕樓春暖不聞鐘，麝氣風搖篆且重。鬢裊雲光迴翡翠，衣明水影麗芙蓉。星槎天上歸非遠，仙阮花中思亦濃。南客從誇三婦艷，得君投句慰萍踪。

寄賀徐文煥州守芳

春風鳴筆屬華年，徐孺南州望赫然。月滿西江呈冰鑑，花明上黨炤蒲鞭。行車載雨通三晉，舉族瞻雲仰二天。聞道桑麻連故國，使君五馬正翩翩。

談仲木還武原以詩留別用韻附餞之

追隨客路嘆艱關，況復蕭條返故山。旅舍漫言羅五鼎，別情爭似解連環。十年誼重形骸外，一日愁深烟水間。戴笠乘車都莫問，相期惟取意間閒。

張藐山慎言司農以詩投贈附謝

梓里論交累葉長，殷殷重復見他鄉。金陵醉客吟江月，夔府依人結草堂。句每佳稱寧漫好，青偏眼借豈因狂。不須更作登樓賦，獨幸遭逢感七襄。

張坦之履旋茂才來自故鄉喜得家信賦贈

秋萍飄泊嘆無津，久戍空憐萬里身。一札乍逢南國雁，十年幾見故鄉人。家山夢裏知何處，兄弟天邊得比鄰。尊酒依依忘子夜，挑燈相對不嫌頻。

贈張彥清都閫宗翰

白門冬盡未知春，逆旅相看益自親。漫道寸心能任俠，誰堪華髮對沾巾。傷君已作無家別，念我同悲失路人。剩有防身長劍在，清時應不負沉淪。

贈劉蓼生中丞漢儒

相逢情事盡堪悲，獨對君家足繹思。兄弟天涯成骨肉，君臣草野係安危。丈夫任進公孫衍，長者終歸直不疑。風雨幾番嗟既見，詎求於此合時宜。

答杜韜武將軍文煥

武緯文經自大家，一時人望想聲華。金城方略推充國，易水前籌頌左軍〔二〕。出處漫言同斷梗，江湖且幸共乘槎。嗟君累日投佳句，屬和還羞下里巴。

廣陵贈劉遠予龍溪令鴻嘉

東風小泊廣陵舟，邂逅同君笑浪游。去國十年仍似賈，論交一日幸依劉。平山雨霽春開草，邗水潮生月滿溝。獨恨相逢即相失，翻憐此地共綢繆。

廣陵寓顧所符爽閣買婢

偶尋花事過邗溝，因到蓬萊最上頭。據地既偏心自遠，聽聲不厭鳥相求。絪縕絕巘歸雲雨，宛轉虛窗閉斗牛。謾說吹簫曾引鳳，憑欄遮莫羨秦樓。

白下送張坦之還里

雁來正是君來日，君去還當雁去時。離合十年才百日，有無後會可前期。事岐常變經權廢，義重君臣父子私。爾我傷心言不盡，含辛強寫贈行詩。

李稽箭冲縣令邀過丹陽感贈

落落萍踪久水濱，相逢皆喜論交新。依劉漫誚登樓賦，投轄空懷置驛人。員谷三生誰再合，龍門十載許重親。可憐海内多知己，今日惟君念隱淪。

丹陽遇趙孟遷以烟花三月別揚州詩索和

烟花三月別揚州，漫說同琨老一丘。四海志多寧燕雀，三生遇在且春秋。文章久已輕長吉，裘馬何須壯少游。慚愧萍踪還復合，得君投句可無酬。

別張藐山大司農

瀚海風烟老逐臣，十年搖落北歸人。今朝即忍他鄉別，去路仍傷故國身。愁以晚來還似重，夢於天畔更相親。悠悠泌水衡門下，此日先爲具釣綸。

訪王介人言別

慚愧相從十載餘，式廬有願幾回虛。何當庭下高人榻，敢謂門臨長者車。顧我張羅雖得鸚，嗟君彈鋏尚無魚。向今又惜分携去，寂寞誰憐楊子居。

西興望海樓晚眺

危樓百尺俯蒼蒼，極目江干盡八荒。雖喜排空同鷙鳥，誰容坐嘯且飛觴。秋風入樹兼風苦，野色侵沙帶日黃。不禁哀時頻北望，十年戎馬憶疆場。

贈何一公戶部_{品崇}

在昔惟傳楚有材，於君槐廳識栽培。漫言閥閱承交戟，還喜文章接上台。夜月客船看聚火，春風官閣待吟梅。關門多少經過者，盡道司農美且才。

賀齊价人孝廉_{維藩}

雄才何事後常倫，衆裏誰當第一人。國事漫酬青眼舊，波臣初定白頭新。筆牀春滿飄花夢，墨海秋飛破浪鱗。千里東風二三月，馬蹄烟暖曲江塵。

霜　夜

危樓入夜寒霜平，孤燈慘目青熒熒。幾莖白髮不復變，一生幽憤難爲情。風傳落葉響庭樹，烟驅野火飛荒城。不知秋色此時盡，獨立但覺天凄清。

寄張二嶽大尹_{士楚}

關河縹緲阻風烟，回首鴛湖遂一年。天上有槎慚共泛，江東無鱠思孤懸。羈愁自信仍萍梗，別夢猶聞舊管弦。遙憶故人何處是，滿城花雨繞吟鞭。

贈曹文姬内家

彤管清芳映此時，飛花夢近筆牀吹。當年綺思留餘繡，今日春風屬掃眉。共道曹昭分史職，寧教蔡琰獨文姬。可知遜抗機雲後，千載論才未有誰。

入　里

沉淪十載等湘沅，今日誰教入故園。鄉俗問來非往事，草茅披盡見孤村。悲歡骨肉驚離別，風雨關河斷夢魂。定省漫言酬夙願，涓埃仍負聖明恩。

次孔釣雪_{文綸}茂才投韵

澤畔誰言只暫遲，鶺鴒反咤占先枝。夢還幸醒三年酒，柯爛空輸一局棋。北海北山君較勝，西川西域我堪憶。相逢慚愧形容槁，消得風流説舊時。

校勘記

〔一〕"筑"，疑當作"筇"。
〔二〕"軍"，疑當作"車"。

澤畔行吟再續卷七

詩 五言絕

古 意
開郎昨日書，知郎明日歸。不恨前日遠，反嫌今日遲。

閨 愁
一夕夢君旋，待君君杳然。君行知遠近，幾日不成眠。

夜 雨
雨滴空堦秋，一滴一聲死。不管愁人心，偏入愁人耳。

怨 情
采花莫采蓮，生怕見蓮子。蓮子有苦心，妾心亦如此。

傷 秋
一夜湖頭霜，芙蓉幾枝死。看花誰無心，淚落如流水。

見訪趙芬者因念顧山臣
何來游冶子，袪服問娼家。比屋藏佳士，誰停長者車。

江南有感
江北草已黃，江南柳猶綠。豈不共風霜，天心多委曲。

所　見

越如能棹船，吳兒能浮水。出入俱乘潮，長年每如此。

五人之墓

賊臣固可誅，國法亦當顧。荒原一片石，誰題五人墓。

白　髮二首

其　一

沉憂不可遏，令我白髮生。强呼酒爲遣，非復當時情。

其　二

對鏡仍自嘆，浮生苦蹉跎。昨來鑷已盡，不知今更多。

述　言

秔稻累累熟，經行處處然。昨夜田家宿，農人告有年。

寒　蟬

善爾秋風意，疏聞幾處聲。依然高柳上，蕭洒見餘情。

偶　書

飄零慚屈子，澤畔一行吟。昨夜秋風起，堦前落葉深。

聞蛩

寒燈吹夜半，抱影長太息。四壁空蕭條，居然吟蟋蟀。

即 事

南風有餘力，吹我征帆速。何事雙白鷗，衝波似相逐。

畫 眉

朝鏡斂蛾眉，握筆開初媚。眷此風流情，故是吾家事。

怨 情

澹澹湖中水，炤彼芙蓉花。花開感遲暮，獨向秋風嗟。

枯 楊

當年繫馬時，烟滿垂楊樹。今日秋風生，青青在何處。

夜 望

蒹葭夜蒼蒼，露白秋烟裏。蓬窗此時情，曠望空流水。

語水道中

野草蕭蕭白，林烟漠漠青。日斜飛鳥外，無復語兒亭。

放鶴洲

野鶴高飛去，猶餘舊日洲。重來迴棹處，空見十年秋。

維舟白苧

城西尋白苧，日暮一維舟。借問黃花意，新來可耐秋。

京口泊舟懷王介人

今夜江邊月，孤舟絕四鄰。寒山移遠火，愁殺輞川人。

楓江雨宿

辛苦吳江水,蕭然落晚風。可憐今夜泊,秋入雨聲中。

聞 雁

一雁聲何慘,寥寥夜半鳴。月明秋水際,想見此時情。

鶴窺魚

爾鶴來何處,於此獨窺魚。群處多鷗鷺,機先恐未如。

鴛 鴦

愛爾兩鴛鴦,游戲當前窗。雖然驚打鴨,飛起亦雙雙。

江 夜

群雁鳴北風,寒潮下明月。小泊就孤舟,兩岸蘆花雪。

瓜洲晚望

孤城臨斷岸,日暮無人渡。極目生寒烟,不見江南路。

聞家園有年

秋風江上路,故國此時歸。見說空倉雀,新來不苦饑。

雨 後

秋風吹幽凉,深夜流螢度。雨上〔一〕月微明,朧朧幾枝樹。

雨 中

零雨催寒草,離蛩泣晚風。秋聲聽不盡,併在寂寥中。

嘲　鏡

以爾知邪正，借之鑒我形。如何不終炤，轉背失分明。

遠將歸

故國十年別，寸心幾度傷。持將衰颯態，何以慰高堂。

夜　歸

日落長林遠，寥天一水虛。歸來三逕晚，秋滿子雲居。

題　畫

江閣臨空水，伊人竟日閒。荒烟稍息處，極目盡寒山。

校勘記

〔一〕"上"，疑當作"止"。

澤畔行吟再續卷八

詩 七言絕

絕 句

淚別誰傷獨至今,烟波不斷與愁深。請君看取長江水,日夜東流是妾心。

即 事

紅藕花開六月時,吳姬蕩舟歌竹枝。晚來風緊郎先去,落盡蓮心空自知。

寄吕君發茂才 啓元

兄弟相逢感鶺鴒,誰言一別又晨星。相思時有吳淞夢,夜夜隨風過洞庭。

偶來段橋

段橋橋畔柳如絲,偶爾行來折一枝。忽憶十年離別處,不知還否似當時。

湖樓早望

清霜一夜老芙蓉,烟隔澄湖水萬重。起視月斜人不見,幾船漁火五更鐘。

再過芙蓉亭

誰謂孤踪去復迴，傷心今昔不縈懷。那堪更有淒其處，重到芙蓉亭下來。

重泊北新關

烟明流水樹明山，維□夜生月一灣。孤雁不隨沙岸宿，秋風還落北新關。

生子口號

生作浮萍到是家，每於天畔措年華。堦前喜見宜男草，開入秋風七月花。

同顧山臣卜陸嗣哲瀋源呂君發啓元李玄洲彭年徐州來延吳諸文學秦淮夜泛

月白秦淮夜似秋，綠荷香泛木蘭舟。相逢莫厭金尊醉，千里難同秉燭游。

訪陳閒子不遇

浯水秋風落葉深，哀猿啼碎夢中心。可憐今夜沙洲雁，踏盡寒蘆不擇音。

蕩 舟

夾岸柳條初掛絲，湖頭女兒歌竹枝。落花無事且流去，想見小舟迴棹時。

贈馮本卿歌姬四首

其　一

等閒花月可憐宵，掩映亭亭大小喬。更羨春風無管束，蘭堂深處逗瓊簫。

其　二

虛窗面面出精神，幾處偷窺未得真。含態含情誰許似，不知何處可憐人。

其　三

新貼梅鈿香未消，掌中今日更誰嬌。相憐最是尋花蝶，宛轉飛來傍翠翹。

其　四

漫言流韵繞空梁，便使愁人愁斷腸。何事彩雲飛不散，無端鶯囀出修篁。

湖上書感

湖上重來又幾年，蕭條風物倍堪憐。長堤烟樹西泠月，無復當時舊管弦。

渡錢塘

西湖西北阻家鄉，一自離居遂十霜。歸夢生愁前路水，誰教今又渡錢塘。

宿西陵驛

孤舟一葉入江城，落盡寒潮水鏡平。今夜客魂依短燭，蕭蕭殘影對初更。

西陵道中

千里空江一望開，孤帆半與夕陽來。西陵古渡人烟闊，風末遙聞北雁來。

經若耶溪

若耶溪水水粼粼，偶爾停車一愴神。借問今來溪畔女，不知誰是浣紗人。

別楊匏齋侍御四首

故鄉人在天涯別，翻怪天涯是故鄉。今日悲歌銜往路，不堪愁恨塞離腸。

別徐州來茂才延吳

路繞西風去不辭，清霜初落柳無絲。匆匆勿惜今朝別，他日毋忘下榻時。

別王言遠孝廉庭

天涯萬里泣陽關，細雨蕭蕭慘客顏。想到望中人立□，不堪回首見青山。

閨　情

疏烟滿院晝沉沉，妝罷無聊倚玉琴。鏡色可憐清似水，不隨長路照君心。

當壚女

弱笑柔情總未真，盈盈眉黛可憐春。玉缸自愛初鬟影，每焰低頭却避人。

聽方雲生度曲

清喉沉極一絲揚，消得簾前白日長。自顧新詞渾唱盡，春風何處識周郎。

四編　奏草焚餘

沁水張道濬子玄父　著
鹿城李靜修龍靜父　訂

大都督張公奏議序〔一〕

　　昭代封事充棟，主聖臣直，遠出秦漢上。而氣象陳朽，求其慷慨震動、落紙爲淚、濡筆爲血，絶不多見。其事最鉅大，其人最奇快，非世所恒有〔二〕，則景皇帝時千户龔遂榮，上書議迎復禮；毅皇帝時金吾指揮張英諫南巡，囊土刎頸北闕下。當時左列安在，舉朝愧色，此義憤悲壯第一事也。近沁水大都督公〔三〕，故晉之軼才，懷中垂棘可當十五城。遭時不幸，茹肝涉血之仇，義不反顧，大聲疾呼，願效行間，枕戈待旦，志梟逆虜，而僅委之治礎石。金堅工良，費減器倍。寧遠之創虜，誰實爲之？左璫在事，公不能身安，固其所也。乃藤縣序績，竟不及公。時無茂陵，徐福徒可浩嘆。日月開滌，明天子作睹，出而酬知，入而視膳。己巳之微，烽火通於甘泉，公方朝夕子舍。恤緯之命，酒未及濡唇，馬未及就勒，手劍出門，厮養卒纔二十騎相屬，孑孑矻矻，千里赴義。莫抵涿鹿〔四〕，關吏不納，徘徊孤城之下。胡笳雷沸，萬馬嘶栗，嗟乎，此時詎有生望哉！丈夫死節官下，結髮幸一當匈奴，雖未繫老上之頸，其氣固已吞之。

　　天子自嚴重，公奈何食容容之福？牛李之嫌，洛朔〔五〕之私，既以身爲市矣，而抹搬孤耿，務快其所忌於大譴大呵之地，不亦羞朝廷而辱當世之士哉！公指辨堅白，掊切貴近，執條侯之正議，引次公之危詞，嘗一奉中旨，立條奏其事。丞相上印綬，給事中臨，飭左右在後，叩頭謝公，何以得此於明天子哉！執金吾幸得典宿衛，出入禁闥，言之侃侃不少諱，誠不忍以秦越視。

　　先忠烈官柱下，公官司隸，在古俱言地也。柱下不妄爲異同，忠孝固出一門耶。德陵方中之事起，借公護視。山陵事重，客土盈丈，每僦直可四十緡。公以旁近阜，法不宜省〔六〕，請徙築之，衆咋舌相顧。既奏上，遣日官度地，果得請，計省縣官費數十萬金〔七〕。公敢任勞怨，天子令十日一奏事。在陵言陵，方舉其職，俄蜚語入，而山陵告成，亡一語叙公，猶之寧遠也。

公持議勁爽，寐得之寤，醒得之醒。本欲削艸，鄒志完以失原奏致禍〔八〕，百祀而後，有〔九〕欲見公生氣，恐不得以溫樹秘之。國家謚忠烈六人，其三爲元侯亡論，其一爲孫餘姚，其一爲楊應山。餘姚有子堪，都督僉事，善藝文〔一〇〕，以孝著。若兼有直聲，志節雄駿，獨公耳。環列之尹，義憤悲壯，世亦代有其人哉？

廣平後學談遷拜手撰〔一一〕

校勘記

〔一〕此文又見（清）談遷《談遷詩文集》卷二，題作《張都督奏議序》。

〔二〕"非世所恒有"，原無此五字，據《談遷詩文集》補。

〔三〕"近沁水大都督公"，《談遷詩文集》作"頃者沁水都督張公"。

〔四〕"莫抵涿鹿"，《談遷詩文集》作"暮抵良鄉"。

〔五〕"洛朔"，《談遷詩文集》作"洛蜀"。

〔六〕"省"，原作"有"，據《談遷詩文集》改。

〔七〕"計省縣官費數十萬金"，《談遷詩文集》作"計省費十四萬"。

〔八〕"本欲削艸鄒志完以失原奏致禍"，《談遷詩文集》無此十三字。

〔九〕"有"，《談遷詩文集》無。

〔一〇〕"善藝文"，《談遷詩文集》無此三字。

〔一一〕"廣平後學談遷拜手撰"，《談遷詩文集》無此九字。

奏草焚餘

疏

初請復讐疏

奏爲親志未酬，君恩未報，願備戎行，以雪國憤，以復父讐事。

竊惟人倫有五，惟君父爲最重。故捐軀殉義，臣之所以報君也；委身滅寇，子之所以報父也。臣父巡按遼東監察御史臣張銓，原以草茅，荷蒙皇祖拔置西臺，貞誠許國，矢志陳謨，未嘗一日不欲效忠於朝廷也。嚮者，奴酋發難，撫順失守，臣父時在江右，慷慨上疏，謂宜鎮静，徐相機宜，不宜妄動，速圖僥倖。且參楊鎬非禦侮之才，薦熊廷弼有干城之略。厥後，楊鎬以輕出喪師，熊廷弼以堅守寧宇，在廷諸臣始謂臣父有先見，且悔其言之不用也。於是，以十年資深，兩差告竣之御史，復使按遼。蓋謂遼事非臣父不能辦，而臣父亦謂遼事無難辦者。嗚呼！使當時有同心之臣，與之共濟，又何有今日之慘禍乎？

初，臣父行至山海，聞經略袁應泰有招降之舉，投箸大駭。迨入遼陽，力與之争，而應泰堅不可易。與臣祖見任山東右布政使臣張五典書，云："袁經略暗愎無識，必敗遼事。兒欲具疏糾參，又恐激變降夷，其可奈何？"既而，巡行瀋陽，見賀世賢怏怏，察其有異志，復指授方略於別將。詎知世賢逆謀已久，瀋遼繼陷，皆反噬内應，爲之祟也。人謀不臧，抑至於此。非奴酋能滅遼，遼自滅耳。嗟乎！臣父之始謀不用，而三路覆師；繼謀不用，而兩鎮喪地。一腔赤血，徒傾碧草黃沙；萬里忠魂，祇寄悲風夜月。

臣一聞臣父罵賊盡節，長號徒跣，將赴遼陽，訪求遺骸，而不知奴酋尚爾盤據也。道經濟南，臣祖謂臣："此舉徒死無益，當詣闕上書，請兵一旅，效力行間，徐圖報復。"臣灑泣拜別。甫入都門，聞皇上憫念死事之臣，特加欽恤臣父銓，賜爵賜諡，廕子立祀，兼予葬祭，一時恩典備極寵榮。臣係長男，例應受廕。顧臣不共戴天之讐，無能報復，豈敢冒膺寵澤，自甘不孝之罪？

臣沿途至京，見招募之舉，紛紛四出。使臣若得勇士數百千人，自爲一軍，如漢羽林孤兒故事，得從諸將出關，仰仗皇上之威靈，一戰滅奴，臣得食其肉而寢其皮，則臣父得爲忠臣，臣亦不失爲孝子。然念臣雖懷飲血之心，未有同仇之侶，而家世清白，又不能散金以酬死士，此不得不聽皇上裁處者也。

伏乞敕下該部覆議。倘臣言可行，容臣招募兵卒，設給糧餉。臣願手刃父讐，以報皇上之隆恩。庶烏鳥私衷，犬馬微忱，可以少抒萬一矣。臣無任泣血待命之至。

天啓元年五月□□日奉聖旨："該部知道。"

請加恤疏 附禮科抄參

奏爲比例陳情，懇乞天恩，俯賜加恤，以慰忠魂，以光聖典，以勵世風事。

臣伏念：人臣有報主之忠，即七尺之軀，無敢苟全者，義之所不可逭也。人子有顯親之念，即一命之加，亦可徵榮者，情之所不容已也。

臣父原任巡按遼東監察御史張銓，于天啓元年，奴酋攻陷遼陽，罵賊死難。荷蒙皇上憫念襃嘉，贈大理寺卿，賜諡"忠烈"，予祭，予葬，予祠，廕臣今官。臣感激鴻恩，匪知報稱，豈敢復有奢望？唯是國有彝章，例當比論。寧藩之變，江西副使許逵死難，初贈副都御史，隨加贈禮部尚書，仍給三代誥命，立祠郡邑，視臣父之恤典，特爲優隆。先是，御史張慎言、李日宣，特采公論，比例許逵，具疏陳情。奉旨下部，至今未覆。豈銓曹慎重名器，不輕予人乎？抑以許逵副使四品，臣父御史七品，不得比例乎？夫人臣以死報國，顧其節烈何如耳，原不以官之大小爲贈之崇卑也。許逵與副都御史孫燧同死，俱贈尚書，曾無高下之別。又如死遼事者何廷魁、高邦佐，皆副使也，何爲止贈光祿寺卿，反在臣父之下乎？又如四川興文知縣張振德，亦贈光祿寺卿，得與副使同贈乎？況臣父雖御史也，然資十年矣，俸六年矣，若不按遼，內轉當卿寺，外轉當參政，而猶且不得比于副使乎？至于臣父之死，其節烈與逵同，而其所以處死者，更與逵異。逆濠發難，倉卒被執，逵固有不得不死者。而臣父則不然。方奴酋稱亂，撫清初失，臣父巡方江右，職可無言，即默默自容，誰其尤之？而臣父不爲也，慷慨矢謀，指陳利害，前後六疏，較若指掌，此其蚤計之哲也。兩差之後，例不中差，遼東之役可以辭免，而臣父不爲也，一力擔承，了無難色，此其任事之勇也。三載豫章，甫歸子舍，使其盤桓鄉里，稍延月餘，亦可無及于難，而臣父不爲也，叱馭遄征，兼程進趨，此其急公之義也。既抵榆關，一聞收降，已知遼不可爲，暫駐廣寧，徐觀其變，亦無不可，而臣父不爲也，擊楫渡河，趨赴遼陽，期於共守，此其擔當之果也。忠謀不用，將士離心，瀋陽既陷，遼鎮垂危，此時巡方海、蓋，可以遠禍，而臣父不爲也，再疏馳報，誓與城存，此其效死之節也。城既陷矣，當急邊存亡之際，猶若從容平居之時。正色危坐，屈逆芳之膝；矢口詈罵，寒奴酋之膽；引頸受刃，縮賊孽之手。却輿馬而歸署，辭君親而就經。青衿號泣而殮殯，遼人廟祀而尸祝。經撫奏報，猶云傳聞；佟養真口招，實爲目睹。此臣父之所處者，皆可生不必死之間；而臣父之所以處死者，皆必死無求生之意，其視許逵爲何如？而尚不得與之並論耶？雖然，臣父死矣，身且不顧，豈圖身後之榮名？而臣之所以區區懇祈者，蓋念臣父有持危之志，而時不及圖；有濟變之略，而俎不可越。徒使骸骨哀于異方，孤魂飄于萬里。臣劬勞莫報，蓼莪徒悲，庶幾得一虛銜，以爲泉壤之光。既不妨賢路，亦不縻大官。而皇上勵世磨鈍之微權，亦因此而寓。

伏乞皇上，仰法世宗之懿典，俯念臣父之忠貞，敕下該部，再加查議。如臣言不謬，將臣父贈官比炤許逵，給與應得誥命，立祠臣鄉。臣世世感戴天恩，敢不竭犬馬之力，以報萬一也？臣無任懇乞待命之至。

天啓二年七月□□日，奉聖旨："該部查例具覆。"

附：抄參

禮科參看得：人臣能以身殉國，皆可謂不負國家，有光青史。即不得而赴義，猶足愧觀望完軀者萬萬，況從容若侍御者哉？即令氣足死天下事，才不足成天下事，猶將悲其志，惜其識，況其才、其識、其氣，毫無遺憾，如侍御者哉？自白狼發難，一時死事諸臣，必以侍御爲第一人。即一時論事諸臣，亦必以江右六疏爲第一疏。嗟嗟！石畫至計，洞若觀火，不但安遼，且安天下。向令蚤用其說，遼事必不敗；即敗，不至海內虛耗，遂難復振。觀其馳赴孤城，立斬降虜六人於轅門，何策之明也？蹈難之際，英勃意氣，猶能令逆臣膝屈，何難吞胡？向令抵遼稍展期月，亦且不敗。然則諸臣之死，能令生者愧；侍御之死，且令生者服。三服諸疏，誰不霑襟？不有贈祀，曷答忠魂？抄出覆之。

辭官養母疏

奏爲君恩當報，子職當全，謹瀝血陳情，懇乞聖慈俯容，休致養母，以安愚分，以光孝治事。

臣章縫末品，草芥庸流。幼讀父書，竊不自量，妄意雲霄，謂祖父叨列科第，世受國恩，勉繼前修，以承家而報國。即不然，而垂翅伏櫪，甘守青衿，得侍臣父銓之仰佐聖明，劻勷大業也，且有餘榮。不意臣父以御史而殉遼難，其罵賊不屈之節，視死如歸之義，于臣疏乞恩，與經撫、省臺交章，亦既詳且盡，不敢復贅，以瀆天聽。荷蒙皇上天高地厚之恩，予祭葬，贈謚外，廕臣今官。臣夙夜恪共，少竭犬馬，此臣報皇上當然之分，而亦代臣父未竟之忠也。顧臣捫心自思，臣官自何來？是臣父身死而廕者也，是皇上憐臣父之死而厚恤其子者也。臣今纍纍若若，侍殿陛之下，列班行之中，於臣榮矣。回想臣父委命黃沙，膏骨青野。堂堂七尺，暴露於犬羊豺虎之叢；烈烈一腔，催殘于螻蟻烏鳶之吻。臣即肝腦塗地，頂踵捐摩，不足伸不共戴天之恨，而乃靦顏人世，衣冠長安，臣即庸陋，無所比數，而能若是恝耶？

昔年臣曾具疏，請招募以復父讎。蓋欲仗皇上威靈，恢復疆土，覓臣父遺骸，以歸丘壠。今虜騎踩躪，忽又年餘，臣已無望臣父之櫬得正首丘矣。每一念及，五內如焚，寸腸俱裂。臣處世一日，臣心一日不安，子職一日不盡。況臣母自聞臣父之歿，哀毀逾節，時臥床褥。臣弟妹俱幼，臣復遠離，既不能返父之軀，又不能侍母之養。臣亦人子，奈何甘以不孝自處也？臣父當日嘗教臣曰：「但當為好人，不在作好官。」言猶在耳，臣顧忘耶？昨臣感主恩深重，入都恭謝，兼有無厭之懇，所以兩月來，不得已飲痛供職。今幸蒙俞允，加贈臣父兵部尚書，仍給三代誥命。皇上之恩至隆至渥，臣為子之念，已無不慰。使臣仍衣錦優游，人必指之曰：「不孝子，果安是已。」大德既虧，終身何贖？此臣之至情所發，而亦臣之人品所關。

伏乞皇上鑒臣愚忱，容臣休致。臣得終讀父書，敬奉母養。

山林之下，歌祝天恩。臣雖不能爲皇上忠臣，猶不失爲臣父孝子也。臣不勝涕泣迫切惶悚待命之至。

天啓二年九月十九日奉聖旨："張道濬孝誠可嘉，准暫回籍養母，仍來供職。該部知道。"

清查宿衛疏

奏爲宿衛關係匪輕，日久廢弛太甚，謹據實奏聞，懇乞聖明，嚴敕查核，以清冒濫，以責職守事。

竊惟臣衛之設，原繫拱護宸居，是以更番宿衛，以備非常。祖宗創制，至詳且備。臣等恪守成規，二百餘年，不敢少懈。但事久弊生，法弛情玩，遂視禁闥爲可以優容之地，宿衛爲無所關切之事，洩洩沓沓，如今日者。臣幸身當其任，而敢隱忍不言？恐臣今日不言，後有不勝其言者；臣今日得言而不盡，後即有欲言而不可者。敢循職守，爲皇上陳之。

宿衛原額：旗衛共五百名，直宿禁中，各派執事，分守信地，以聽不時差委。五所挨輪，每三日一更，以臣堂上僉書官統之。邇以堂官或假出都而未銷，或病解任而未補，堂官寥落，該臣司官承其乏而視事。臣自入都，凡三入直矣。該直入役數，不減于原額也；而臣目中所見，僅可過半。臣欲逐一點查，而該役欺臣代直，以嚮未點查爲對。臣初不知舊規，又虞冒多事之嫌，惟於每直宿之晚嚴諭隄防，臣未敢安然就枕而已。

及今月初五日，復輪該臣直宿，一應人役俱係右所掌印千户李繼芳派撥。臣見其尪憊懶散，猶之前日，而數僅可十分之二。臣再四思之，内地雖稱嚴密，但自有東事以來，到處嚴緝奸細，萬有叵測之徒，潛伏肘腋，窺伺動靜，誰實司夜，而疏漏乃爾。臣遂冒嫌逐一點查，而到者果止八十九名，不到反至四百一十一名；至羸病有性命之憂者，又不一而足。臣不覺長太息曰：朝廷歲費數萬金錢，以養若輩，止三日暫役，亦苟且塞責。禁中若此，他可知已。即該所因循舊弊，欺臣堂官耳目所不到，然此何等地？此何等事？而若同兒戲。即不到者四百一十一名，未必盡爲影射，而到者八十九名，且恐不無顧倩，如昔年之張道安可鑒矣。若不重行罰治，脫有緩急，臣等死有餘辜。若輩之肉，果足污鑕斧否乎？

伏乞敕下，將該所慢事員役依律治罪。仍嚴諭查核，庶冒濫可清，職守可責。營私罔上之流，不至獨厚身家；而民窮財盡之時，亦可少省萬一矣。臣不勝悚息待命之至。

天啓三年八月初六日奉聖旨："禁地宿衛宜嚴，豈得因循廢弛？該所官着查明究治。旗衛額設名數，嚴查虛冒，不得仍前延玩。該部知道。"

請勘朝鮮疏

奏爲屬國篡逆當問，天朝法令宜張，願仗節渡海往勘情形，以宣天威，以報天恩事。

臣一介草茅，猥蒙皇上俯念先臣遼左殉難，賜臣今官。臣夙夜捫心，皇上高天厚地之恩，於臣家獨渥，雖臣與臣父同泥首疆場，何足報稱？思所以少可酬答涓涘者，計惟赴湯蹈火，皮毛髮膚，臣不敢自愛焉，庶少有裨爾。

邇者，朝鮮悖逆，蔑棄王章，擅行廢立，即借口李暉通奴，仍未敢矯行一意。然而偏安東隅，內外異限，其間向背之情，是非之公，我通未得其實。今且聞彼中奉表請封，或其王妃涕泣之章，或爲李倧遮遁之辭，俱未可知。臣料倧即不臣，以百年翊戴之天朝，必不敢輕背；數傳城守之坂宇，亦必不忍輕擲。此來定卑辭甘語，以欺皇上，且窺我之動靜，以定從違。若我不信而予之，彼遂急而走險，其情固叵測也。但暉之廢，倧之立，我天朝何嘗與聞？一旦請封，即暉之失道寡助，倧之應天順人，廢立出其王妃之意，臣民之公，誰則信之？我不可便貸宥其罪，謾受其欺，明矣。或者遂謂當申罪致討，以張撻伐。不知李倧縱奸天憲，于其國人無與也，兵戈入境，保無虔劉荼毒之苦；且也道里遼闊，勞師動衆，非經年未易言功。反恐倧勢逼，明與奴合。毛文龍孤懸海外，猝有他故，我能急濟之否？況稽考本朝，屢破建酋董山、王杲等，皆朝鮮協力，阻截其後，而得成功。脫驅之合也，奴酋無反顧之憂，一意西向，榆關一綫斷不能安枕者。討之説，理便而勢不便也。然則遂封之乎？尤非也。神宗時，倭寇破朝鮮，賴我兵力，其昭敬王得復故位，未嘗一日敢忘職貢。傳之于暉，五十年恭順如故，上下之分忽焉倒置，大義安在？赫赫天朝，而容忍亂賊耶？如之何其封之？討與封，俱未可輕議，則聽之乎？其使臣臨邇，將如何布算？臣爲今之計，莫妙于因其廢暉之辭，速遣使往詰，果否暉之通奴？暉且廢矣。果否倧之助順，誠如其王妃之教指也？俟明白回奏，然後暫恕其專擅之罪，姑容定號，責以犄奴自贖。彼既畏我之威，復懷我之德。皇上不勞一卒，不煩一矢，而威行，亦滅奴之一機矣。

臣才識庸暗，原未嘗知天下事。但身許皇上，忠愛豈敢後人？倘不以臣不肖，臣願備員而往，履危蹈險，臣期不辱君命，以畢臣報君之心，繼臣父之志。不然，碌碌以玷朝班，素餐之耻，臣受教于先師矣。臣不勝激切待命之至。

天啓三年七月□□日，奉聖旨：“該部看了來説。”

督冶請關防疏

奏爲微臣叨蒙委任，錢糧經手要明，謹先剖血忱，以便從事事。

臣以一介草茅，冒席恩寵，碌碌溫飽，儘可拙藏，何敢知天下事？又何敢與天下事？顧臣痛念君父之讐，愧不能手刃逆奴，以報高厚。然思稍可以效一臂，佐一籌者，寐寤亦何敢忘？

昨歲暮時，偶閱關門急需軍器，兼睹嚮來虛冒諸弊，爰次最省且便十款，具揭樞部。蓋止攄臣之忱，非見臣之長，是以未敢入告皇上。不意以臣言有當，遂題請責臣視事，且奉有明旨矣。夫臣既言之而不任則欺，若臣任之而不效則亦欺，固義所不敢出。但天下事，善始不如善終，信人必先自信。今俾臣金錢萬計，令臣自支自放，即臣念可對天，死無愧父，瓜李嫌疑，誰肯於形迹外鑒亮？萬一書役以白頭文册改竄其間，臣又何從磨勘？此不容不計之早也。臣擬以臣所領錢糧，寄貯臣駐杞州庫，請給臣督造軍器關防。凡遇支放日期，一絲一毫，臣即登記文册，關防鈐蓋及一切齎解文移，循環簿籍，無關防者，即係詐偽，不准查算。事完之日，隨行奏繳。庶臣便於從事，而不得生他弊端矣。至臣事竣報命，稍涉不公不法，輕褫臣職，重治臣罪，以爲人臣説謊欺君，奉職不忠之戒。即一二委官，亦有所觀法，而莫敢罔上也。樞部限迫，臣當卜日就道。伏乞敕下該部，速行鑄給。臣無任激切待命之至。

天啓四年二月初七日，奉聖旨："是，該部即與題覆。"

再請復讐疏

奏爲微臣報國心長，圖讐志切，敢再申未竟之大義，懇乞聖鑒，以盡職分事。

臣自臣父張銓殉難遼陽，臣以書生投筆，請兵復讐。隨經兵部題覆，褝臣以衣冠禮葬臣父畢，領兵出關，俱蒙皇上許可。未幾廣寧不守，將吏奔潰。臣欲隻身前往，知已無兵可用，不得已就列班行。兩月而家報至，臣母因痛悼臣父，遂攖眩症，動輒數日不起。臣一聞之，五內摧裂。臣思既不能返父之柩，又不能慰母之疾，爲情爲義，兩不得安。即陳情皇上，願棄職侍養，乃以小臣而叨承溫語，謂臣孝誠可嘉，然止令臣暫省供職。及臣歸而迎醫勸慰，臣母前恙漸愈，獨其望臣之圖賊以覓父骸也，時不忘口。臣之欲賊速滅，奉臣父遺骸返里，報君父之恩，兼盡臣子之職分也，亦時不忘心。已聞朝鮮廢我國法，皇上赫怒，計定有持檄以規利害之使。臣正可借此航海，探奴情虛實。因亟辭家入都，以是俱請，當事者慎重，恐臣屑越辱君命，故止以儲辦賊之計，爲督師輔臣言。輔臣知臣之意而憐之，即請臣任事。臣業已告竣，交算軍器，迤至右屯矣。去遼陽臣父被難之處，近在咫尺，每一東望，悲憤填膺。嚮來所切齒而圖者，恨不即噉其血肉，枕戈卧甲，以俟機會，又何敢望逍遥長安，優游梓里，爲天下萬世人笑且唾耶？顧臣之出也，受命督造。臣之哀情，未敢即告。今臣事竣，俟交完之日即當奏繳，夫又豈敢擅留？第臣始終志念，無非欲報君親，以盡此生之職分。皇上孝治天下，如臣孤苦，定蒙鑒憐，敢匍匐再陳，懇乞允從，使仰仗皇上威靈，輔臣計日滅奴，臣即馬革裹尸，隨臣父輿櫬入關，臣生死有餘榮矣。臣無任激切待命之至。

天啓五年八月十五日奉聖旨："張道濬心懷痛父，志切忠君。軍器既已造完，另當擢用，以需後效。該部知道。"

督冶復命疏_{附閣部疏}

奏爲微臣冶事告竣，臣職未盡，敬具實上聞，并繳關防，仰祈聖鑒事。

該臣于天啓四年二月內，督師督臣以榆關軍器缺乏，疏請臣就臣鄉鐵炭近便，開局打造，蒙皇上賜臣關防視事。臣惟醜酋鴟伏，我中國將士枕戈卧甲，日夕不敢即安。長技實在火炮，關門練十二車營，而搜括見在，數既不敷用，未具利。臣義兼君親，幸辱委任，敢不夙夕圖之？時日必速，器械必精，破冒必杜，勉期無負任使，幸告竣事。節次領過戶部新餉銀一萬兩，兌支山西布政司新餉銀二萬兩，又解官陸續領到關庫銀六千九百一十三兩六錢五分。除買騾二百七十二頭便馱軍器，減省腳價，用銀四千五百七十五兩四錢零三厘於關門買騾項下開銷外，實領過打造銀共三萬二千三百三十兩零三錢九分七厘。共造過大佛朗機炮二千零三十三位，追鋒炮一十六位，子炮一萬零二百四十五位，百子炮一百八十二位，三眼鎗一萬零二百一十四桿，腰刀七千五百一十一口，滅虜炮二位，買過黑鉛一萬七千斤，鑄過鈗子二十一萬七千斤，并一切爐房局仗、官役廩糧、水旱腳價，通共用過餉銀二萬八千九百二十三兩九錢一分三厘七毫，剩餘熟鈗一十萬八千一百一十五斤，作銀二千一百九十四兩七錢三分四厘五毫，剩餘銀一千二百一十一兩七錢四分八厘八毫。二項共計作見在銀三千四百零六兩四錢八分三厘三毫，共交納關門局庫，取有收炤訖。臣總細款開送輔臣，轉行關內道銷算明白，比炤關門他造，實省一萬四千餘兩。而堅利適用，又非若他造之朽惡堆貯，可按而查，業經撫臣具疏入告，臣何敢瑣贅，以煩聖覽？所有原領關防，理合繳還。伏乞敕下該部驗收，并望皇上鑒臣犬馬圖報之忱，則臣有厚幸矣。

然先是臣以交算軍器住候右屯，感激天恩，痛恨親難，願即列戎行，以圖讐虜。遂于八月內冒昧仰請，荷蒙皇上憐而下部。臣守候三月，未見部覆。況且冶事既竣，又豈敢以局外之身，稽延取戾？謹匍匐入都，恭祝萬壽，仍仰聽慈察，以修職業。若臣不能為滅賊之計，僅僅為辦賊之具，臣尚未足多也。臣不勝惶悚待命之至。

天啟五年十一月□□日奉聖旨："張銓仗節死難，朝廷自有公評。張道濬領銀造器，銷算不清，部覆久稽，必已灼見情弊，如何輒生怨望？著革任回籍。該部知道。"

附：樞輔銷算疏

少師兼太子太師兵部尚書建極殿太學士孫承宗謹題，爲恭報衛臣督造事竣，懇乞查叙，以昭節省事。

該臣于天啓四年正月具題，以錦衣衛指揮同知張道濬領工料銀兩，于本籍地方就鐵就煤，造辦軍器。業經領過戶部餉銀一萬兩，兩次兌支山西布政司餉銀二萬兩，內一萬兩抵作關門新餉司補還借支帑金項下銷算，又陸續領過關庫銀六千九百一十三兩六錢五分。除買過馱騾二百七十二頭，用銀四千五百七十五兩四錢零三厘于關門買騾項下開銷外，實領過打造銀共三萬二千三百三十兩零三錢九分七厘。共造過大佛郎機二千零三十三位，追鋒一十六位，子炮一萬零二百四十五位，百子炮一百八十二位，三眼鎗一萬零二百一十四桿，腰刀七千五百一十一口，滅虜炮二位，買過黑鉛一萬七千斤，鑄過鐵子二十一萬七千斤，并一切官役廩糧、爐房局仗、水旱脚價，通共用過銀一萬[一]八千九百廿三兩九錢一分三厘七毫，剩餘熟鏾一十萬八千一百一十五斤，作銀二千二百九十四兩七錢三分四厘五毫，剩餘銀一千二百一十一兩七錢四分八厘八毫。二項共計作見在銀三千四百零六兩四錢八分三厘三毫，俱經關內道兵備副使劉詔查覈收貯關門局庫訖。

先是，車營缺少軍器，造辦惟艱，該衛臣力爲肩承，應手造辦，業已報竣。據道臣備覈，其運交各器料充工到，種種精堅，且比部造、關造之例節省金錢奚啻萬計？彰彰明效，屬人耳目。總緣該衛臣原係忠烈御史長男，其痛深家難，憤切國讐，以少年蒿目時艱，籍小物勤心遠計。敦詩説禮，滿腔節義文章；學劍論文，三世公忠猷略。蓋矢志尋嘗之外，裼身冰玉之中，故支數不滿三萬，而纍纍成器，節省不貲。惟知留不盡之餘財，少救時事之匱也。

伏乞敕下該部查錦衣衛指揮同知張道濬督造勤勞，節省明效，就其家世，程其品才，從本衛衙門，破格優敘升擢。庶人心知勸，而急公更切矣。臣不勝激切待命之至。

天啓五年十月□□日，留中。

賜環糾瑄孽疏

奏爲大憝既除，餘孽當淨，乞嚴汰群黨，以清侍衛事。

臣以臣父張銓死事襲職，既念國恩，兼痛親難。生平盟心，惟有"忠孝"兩字。嚮爲權瑄嫉陷，自分不得于君，可得于親，即老死丘壑，亦有餘榮。屬者，我皇上雷霆一震，狐鼠盡藏。臣伏蒙天恩，起自田間，感激圖報。行且入都，忽接邸報，見臺臣張鑛疏清臣衛，隨奉有嚴旨矣。第此中冒濫，實繁有徒，爲大憝餘孽者，猶不一而足。臺臣言其概，尚未悉其人。臣三年家食，亦不能盡知。然明明黨惡，尚漏網優游，臣實羞與爲伍，敢一一先陳之：則客氏之家奴，勢壓鑽升者，羅光裕也；崔應元之死友，援引冒進者，沈嘉慶也。之兩人者，惡迹昭彰，即彈糾未及，皇上尚寬一面之網，而頭面頓換，兩人遂逭三襏之法，非清平之世所宜有者。他如劉詔已提問，其冒濫之廕襲豈得依然？耿如杞已賜環，其凌辱之緹騎可令無恙？至趙率教本一裨將，臣父實與共事，彼瀋陽逃，遼陽再逃，廣寧又逃，徼幸朝廷待以不死，令其立功贖罪。而派守前屯，一步不敢前，雖三年屯種關門，又不得其一粒之用。寧遠之役，率教觀望倖功，推客氏爲恩娘，結魏良卿爲契弟，遂驟進宮保，濫廕禁員。脫彼時寧遠萬一不守，臣恐率教必棄前屯而入關，又將效三逃之故轍矣。特耳食者，不知率教本末，止憑冒濫之叙，遂推爲能將。臣無言責，不敢數其罪，而臣衛世爵，彼何人斯？既無毫髮之功，又愧死事之節，乃膺恩賞如是，又何以訓邊吏乎？此外推戴權奸，尚不乏人，臣知之未詳，尚容補陳，謹先臚列其大者。伏乞皇上大奮乾斷，即行褫斥。庶黨惡知懲于清查，明旨得佐萬一，臣本來面目亦借此少揚矣。臣不勝悚慄待命之至。

崇禎元年三月□□日，奉聖旨："這所參羅光裕、沈嘉慶，著該部議處。趙率教堅守錦州，頗有功績，該部併將前後事情，酌議具奏。"

駁璫孽疏

奏為天欲誅逆，簸弄潑噬，再述奸惡本末，仰乞聖明，速加斧鉞，以淨餘孽事。

臣以世受國恩，莫可仰報，起官赴闕，思無所負。痛恨年來逆璫為虐，群奸附和，遂至正人一空；元凶雖燼，餘孽仍存，又改頭換面，以希非望。因聖上搜剔窟穴，首先臣衛，一二漏網奸惡，臣恐復彌縫苟免，特先糾之，以備汰治。首及惡黨羅光裕、沈嘉慶，業奉旨該部議處，是聖明亦鑒其惡矣。乃光裕不思惡罪貫盈，臣之指摘，未及一二，自家掀簸，辯非客氏家奴。夫光裕初為稅監丘雲程家奴，再為內監徐貴家奴，鑽身東廠，納粟升官，遂供役奶子府，又投為客氏家奴。光裕之為人奴不一，謂臣所指僅為奴一節，而光裕不心然耶？又藉口魏忠賢之抑。夫忠賢為丘、徐故交，客氏盟主，光裕得以白丁而躐升者，正忠賢之庇。落後殿工不叙，為忠賢義子義孫，效死力而鋤善類，如曹欽程等，尚削奪其官，又何有光裕？光裕鷹犬楊寰捉風捕影，羅殺多命，彼時必有指稱騙嚇之事，為忠賢知覺，而姑以示警。光裕受恩反噬，即係逆類，亦為忘本。且以辱士自況，夫一人奴稱士，士何賤如此乎？矧臣衛之官有四：曰世官，則文武大臣有勳節而廕者是；曰土官，則二祖隨從軍士廕者是；曰傳官，則內監服勞恩廕者是；曰流官，則戚畹帶俸者是，此外有功升係旗較類奏者是。然祖制亦不得濫厠司堂也，試問光裕于數官何居？奉許顯純頤指，轉達忠賢，陷害副刑之吳孟明，致孟明賣妾還家。受張元慶囑托，過送田爾耕，逮繫掌印之周治，致治破家下獄。今逆璫雖除，兩人猶纍纍若喪家之狗，有口可問，有事可指，非光裕爲之耶？是以厮役帶牌，節濫腰玉，誰實推舉？倐而南司，倐而大堂，尚敢曰"歷官二十載，無事不可告人，無轉不依資格"，將誰欺乎？其謂與臣不知結怨之因，夫臣于光裕無私怨，而實有公怨。一忠賢蓄逆，群奸煽焰，天怨、地怨、神鬼怨，二祖列宗怨，大夫士庶怨。雖首惡伏法，其流竄者，臣猶以爲輕怨。光裕等尚衣錦橫玉，欲逃斧鉞，臣怨不即誅戮以清妖孽，怨之以此。而又謂臣因以要名希榮，豈光裕自知大奸巨惡，人莫敢攖，臣獨不知避忌，特褫其魄，予臣以鋤奸之名，黨孽除而侍衛清，臣無班行之羞而榮哉？至曰臣妄負忠孝，污衊伊以欺君父。臣以書生投筆，請兵復父仇，請使屬國規利害，請查宿衛，請督造軍器，前後蒙溫旨襃加，其曰"孝誠可嘉"者一，其曰"心懷痛父，志切忠君"者二，其曰"不愧家傳"者三。是臣自有生平，惟未手辦讐賊，返父遺骸，碌碌班行，深爲自耻。光裕若持此責臣，臣實無辭。乃以臣糾一奸逆之光裕，謂臣"有損忠孝"，光裕以"忠孝"爲何物？將假虎張威、借叢作祟爲"忠"，奴隸禖母、依阿假父爲"孝"乎？總因光裕黨邪害正，獲罪于天，不令倖免，故默使自供，以聽臣發揚，昭其罪狀。

臣已至都，緣阻朝見之期，杜門私寓，忽聞光裕置辨，故敢冒昧再陳。伏乞皇上大奮乾斷，將羅光裕先行褫斥，并敕清查科道勘問，光裕以何功、何廕冒濫腰玉，是否家奴，是否惡黨？爰定罪案，庶奸逆不敢藉口，而清朝之世再無涽亂矣。臣不勝悚慄待命之至。

崇禎元年三月□□日，奉聖旨："着一併勘議衙門知道。"

再駁璫孽疏

奏爲惡黨昧心欺世，微臣饒舌報君，特反覆破奸，以伸祖制，以清朝政事。

臣考祖制，凡臣衛旗尉升官至千戶而止，例至嚴也。自逆璫用事，援引匪人，臣衛堂司，自田爾耕世廕而外，則許顯純以逮沈嘉慶等凡八人，或冒籍，或冒官，納賄招權，殺人行媚，明見者莫不欲食其肉而寢其皮。經聖明電炤，皆先後提問斥逐，仍餘羅光裕、沈嘉慶兩孽，斧鉞未及。臣特糾拾，以清班行。不意兩惡逞箝害故智，橫口潑噬。臣初止得光裕辨疏，再述本末，以入告矣。未幾，接嘉慶之揭，其顛狂更甚。據嘉慶展轉辨白，終之曰："惡必有迹可據，惡迹昭彰，必衆目難掩。"其滿篇欺君，得力處全在此兩言。臣若不就嘉慶兩言以數其罪，嘉慶仍不服也。

查嘉慶生父，係王府書辦科掌案，投認錦衣衛沈百戶名下官舍，其詐冒禁軍之罪一；賄竄侍衛，光廟御極，授署所鎮撫，故渺條例，節濫金紫，其違悖祖制之罪二；仗死友崔應元，過送田爾耕銀五百兩，外三公子及黃管家駿馬二匹，綵段八端，遂躐躋南司，其夤緣買官之罪三；御史李應昇，奉旨逮繫，嘉慶向應昇索銀三百兩，許關説應元全生送部，不能如願，遂斃之杖下，其鷹犬奸逆之罪四。即此四罪，衆實有目，昭彰莫昭彰于此，而猶敢曰"淹滯"，曰"未躋榮顯"。試問嘉慶，臣衛世官、上官，以及功升等官數百餘員，嘉慶忽於中驟入推升啓事，論資俸耶？論才品耶？非仗死友，誰爲之地耶？且以臣爲"含沙"，臣明明白白，特犯凶鋒，"含沙"之義，嘉慶莫詳，不足與辨。又以臣爲"嗾使",臣自立脚跟,無所依傍,誰實能嗾?誰實得使?豈嘉賓市井之徒,婢膝奴顔,聽人頤指者比?至謂"臣工排擠之習套,拾羅織之唾餘",臣獲罪逆璫,中旨斥逐,幸蒙昭雪,而臣衛凡削奪者九人,皆還原官,獨改臣掌印而僉書。昨堂上缺出,臣衛以資俸最深,送臣過部,選司則推未與咨者,臣之自守可知。步步爲人排擠,而謂臣"習其套"?矧聖上臨御以來,糾參逆璫者,臺省諸臣不下數十員,誰爲羅織?請敕嘉慶指其名。而謂臣"拾其餘",嘉慶於清明世界,仍欲護法到底,目中無人,可知已。蓋緣臣衛薰蕕不分,魚珠共混,一味柔媚,便可掩袂苟完。臣忽發其奸,計必不能免脱,故恨臣而狂噬。雖然,何損於臣?但堯舜在上,四凶猶存,恐無是理也。

伏乞聖明鑒其欺罔,敕清查科道,同光裕一併勘治。世道幸甚!臣愚幸甚!臣不勝惶悚待命之至。

崇禎元年三月□□日,奉聖旨:"着與沈嘉慶辨疏一併勘議來説。該衙門知道。"

理擊奸首功疏

奏爲擊奸之首功被攫,人情鼎沸,微臣義關安危,涕泣冒請,懇乞聖明,鑒詧欺罔,以安宗社事。

蓋自先皇念臣父張銓忠死,予以世廕,俾世念無失,臣身死生遂聽之君父,臣家存亡遂繫之朝廷。共休共戚,兼義兼情。鄉以魏忠賢、崔呈秀表裏爲奸,幾危宗社,其不揭竿而起者,僅僅一綫。臣身家之憂,無以異是。幸賴我皇上天縱之聖,獨斷而兼集衆議,遂使元凶火爐,餘孽冰消。臣時觸逆被放,伏在山林,聞之狂喜,繼母子相對而泣,以爲幸遇不世出之聖主,兼得不顧性命之諸臣,如賈繼春、楊所修、楊維垣等,特犯凶鋒,恰投聖意,虎彪共剪,城社兼安,臣之身家,其有瘳乎?已臣果獲昭雪，且起臣田間，與管衛事。臣以爲天日開朗，再無陰晦之時；豺虎掃除，可斷狐鼠之迹。國祚靈長，家門清泰。未幾，維垣以偏執被論，所修以請告取厭，而且及于孤耿之繼春矣。在維垣隅見自封，臣亦嫌其過隘。人言叠來，是其自取。至所修，當薰天炙手之日，而犯探珠履尾之戒，即有瑕瑜，終難泯没。若繼春，則前不顧性命而以孝成先帝，後不顧性命而以忠報吾皇。總仗聖明，特清妖孽，不然而繼春等皆不知死所矣。是其心，天地、祖宗實式鑒之，大夫士庶實嘉賴焉。即其先有不同之品，而兹事實有可鑒之心，縱于時有不投之好，而在國實竪不朽之功。顧忽被糾彈，旋行斥逐，無論縉紳氣阻，即兒童走卒，莫不驚駭，以爲魏、崔餘焰猶能使人代爲釋憾。書之史册，不將曰："某年誅逆賊某某，其首擊逆賊某某者，隨即棄擲。"我皇上御極以來，第一美政，不幾掩蔽無餘？臣恐言官以言爲責，不碍風聞，誰實票擬，而開天下憂危之端乎？審如是，何如皇上通無此舉動，諸臣通無此擔當，世界且不必清明，叛逆且不必撲滅。仍起崔呈秀于九原，而奉爲盟主；尊魏忠賢爲千歲，而寧爲義孫。不分淑慝，一類殺戮，以快己私。乃纔見天心，翻遭風殄；方喜鳥盡，遂令弓藏。奈何敢欺蔑聖明，枉誣忠直，竟至是耶？

伏願皇上留心切諭，先是逆焰方張，何以繼春等首犯其鋒？今日餘氣既净，何以繼春等首褫其職？功罪一明，肺腸自換，庶從此遵屢次蕩平之旨，再無敢有懷抱私，復功名之臣子矣。夫臣無言責，況屬逆害殘息，儘可緘默自容，然臣不言之，宗社安危，臣身家所係，故敢不愛性命以争如此。倘當事不受臣言，一如逆璫嫉陷，臣父以忠死邊，臣以忠死言，亦無不可。第毋使清白之朝，而是非仍有不明，則臣幸甚！臣不勝激切待命之至。

崇禎元年五月□□日，奉聖旨："賈繼春等功過各不相掩，既經處分。張道濬出位妄言，着罰俸一年。該部知道。"

應詔陳言疏

奏爲應詔陳言，乞皇上申祖宗之法，以飭頑鈍世界，以仰回天變事。

竊惟灾異迭見，説者動曰："天心仁愛人君，示警戒也。"夫自我皇上御極來，求治日無暇晷，即古聖明帝王所爲寢食不遑者，不過如是，天復何所示警？臣以爲此警，警臣下也。何言之？灾異之來，繇于陰陽不和。不和之象，有大于上呼而下不應者乎？上呼而下不應，是爲陽孤而陰不受制。陰陽失度，灾異始生。譬之驕子悍僕，不聽賢父翁約束，其家必蠱。豈有國無紀綱而可爲國者乎？夫所爲紀綱，不過"法"之一字而已。法，非嚴于遠臣而寬于近臣，亦非嚴于小臣而寬于大臣。故曰："法行自近始。"又曰："大臣法，則小臣廉。"臣敢請行之，先輔臣，而次六曹，而次百執事。不必苛以張刻覈之名，亦毋弛以養頑鈍之習；不必概示厭薄以傷體，亦毋盡隆禮遇以長驕。惟以職掌之重輕，課績效之先後。凡不稱職，便以應得之罪罪之。將人相觀傚，又誰敢以官爲傳舍者？且傳云："陳力就列，不能者止。"使諸臣自揣，果能洗心滌慮，仰答聖明，即宜股肱心膂爲倚。脱或未然，正當虿自引決，毋煩皇上焦勞而漠不應，以失人臣禮。如是，則情面自破，肺腸自换。不數年而不太平者，臣未之信。所謂"王道約而易操"者，此之謂也。臣記臣父原任御史今死事臣張銓，向曾有《奏乞嚴法令》，内云："今時之弊在推諉。縮朒之風成，而擔當任事之人少；顧惜體面之意勝，而急公忘私之誼微；拘文牽俗之議多，而破調更弦之力怯。大臣優游循默，以鎮静之名蓋其規避之實；小臣流連徵逐，以養交之念奪其憂國之心。"臣不謂值兹不虔之朝，尚復蹈此。即臣衛奉旨清汰，一年而未結局，其他可知已。臣不忍見有堯舜之主，而無其臣。故不知避忌，因皇上下采芻蕘，守父之義，入告乃爾。

伏乞皇上嚴諭，以後大小諸臣，有一毫欺罔、不修職業者，按以祖宗之法。則天變可弭，不必別爲修省計矣。臣無任激切待命之至。

崇禎元年十月□□日，奉聖旨："是。諸臣各修職業，盡祛曩來積習，自足致理，何變不弭？清汰限月內回奏，已有旨了。該部知道。"

申飭清汰疏

奏爲聖明加意振刷，奉行漸有實效，謹循職掌，再進澄源之說，仰乞睿鑒，以完清汰之局事。

臣衛官尉奉旨清汰，皆報竣事矣。清汰諸臣，憑册去留，可稱無遺憾矣。而被革員役，仍囐訐未休。在臣于茲事，向不與聞，亦何繇悉其底裏？但若輩既藉有口實，不一釐正，無以服其觖望之心。矧頃再奉嚴旨，徹底查核。臣此時若隱忍不言，無論仰負聖明振刷至意，萬一嚴旨詰責，臣即喙長三尺，罪奚以辭？敢直述其詞以告。在官爲倖免者則曰侍衛同，而有姚景龍等；將軍同，而有吕尚才等；納級同，而有張勛等；力士同，而有楊時茂等；逆黨之私官同，而有丘濂、羅光裕等。在尉爲倖免者則曰司房同，而有顔師孔等；辦事同，而有盛槐等；懸牌同，而有郝孟夏等；力軍同，而有龔國禎等；逆黨之私人同，而有陳廷試、崔策等。凡此流布，是真是僞，似應確查嚴處。不則，漏網羅羅，不平之鳴，將相尋無已，非所以謝物議也。雖然，臣以爲此汰而猶非清也。汰者，其流；清者，其源。源之不塞，流終未已。臣因是而有"澄源"之說，在官在尉，大弊有七：

一廕叙。祖制，臣衛世官不係大勳勞、大節烈者，未嘗濫與。邇皇上亦有"以後非開天拓地之功，不得輕廕"之語，是皇上慎重名器，吻合祖制矣。然邇年無名廕叙，動至數十。今所汰者，止及見任，其未就列者，倘時久事殊，後冒昧而來，誰復覺察？若不取其原奉疏旨，細加參酌，應留應汰，分別定奪，其廕叙之源不清。

一類奏。祖制，臣衛緝捕有獲，法司審的，其員役有功者，給付一票，按以類題，因無差錯。邇年則緝捕升賞，趙甲錢乙，竟不相蒙。若不于給票日，即注簿印鈐，以憑炤驗，其類奏之源不清。

一軍政。祖制，臣衛軍政處分，即有使過之例，如吳有孚等，止外遷將領，以收一長。邇年則借題辨復，有屢經軍政者，仍玷班行。若不詳核事迹，使僥倖而進，何所勸懲？其軍政之源不清。

一冒籍。祖制，臣衛文廕中武科者，無論矣。即土官中式，亦止得管事，其旗尉人等，則徑炤科制外推。邇年自崔應元濫升，許顯純賄入，遂僞借日多，魚珠幾無所辨。若不嚴飭以後非真正衛籍假冒科考者，重繩之罪，其冒籍之源不清。

一更替。凡較力無故，其子孫頂承，先于兵部告准，臣衛查明給帖，始驗糧收伍。邇年則不問是非，止憑苞苴，是以濫冒過當。若不按其籍貫究其支派，其更替之源不清。

一影射。凡較力着役後，一遇變故，先報時日，隨扣糧石。邇年旗頭作弊，竟不開扣，不隱冒獨肥，則拴通瓜食，以故常有百年不替之人。若不就其面貌，細稽年月，其影射之源不清。

一力役。凡所司應差，炤事均派，不分輕重也。邇年替襲參差，遂數分多寡。多者更番執事，寡者獨力擔承。所以逸者益逸，而困者益困。若不截長補短，均攤定額，僉報頂補，無或逾限，其力役之源不清。

誠如是，兜底詳酌，刊定書册，既净已往之濫觴，又阻將來之倖竇。掃除窟穴，節省金錢，於清汰之局方得完結。倘有以此訾臣多言者，臣知有皇上，不知有他，願以身爲射的而不辭矣。伏乞聖明俯鑒臣言，切責施行。臣無任激切待命之至。

崇禎元年十二月十九日，奉聖旨："覽奏，被革員役嚷訐有詞，顯是存汰未當。其姚景龍等，著該部確查具奏。澄源七款，通申飭行。該部知道。"

自劾疏

奏爲微臣請纓初志，隱於素餐，仰念君親，深懼終負，謹自劾投閑，仰乞聖鑒事。

竊惟人生臣子而外，別無大節；臣子忠孝而外，總皆餘事。則夫不忠必不可爲臣，不孝必不可爲子。爲不忠不孝之臣子，必不可爲人。此職因返面拊心，有愈思愈懼者。念臣幼讀父書，箕裘未紹，忽遭親難，投筆圖讐，安冀手刃賊奴，以申不共。脫不幸馬革裹屍，子職亦可無愧，故請兵，請使屬國。復承乏冶造，再請從戎。臣何有多才能？總念爲子之道應如是爾。

乃逆璫驅逐異己，矯旨逐臣。彼時雖踉蹌去國，實遂將母之願，迨聖明錄廢臣，謬叨環恩，昭雪辭家，又惟思圖得當以報君父，至母子苦情，正有難言，非忍絕裾也。顧不幸爲門第不爲科甲，爲書生不爲將種。衷文量武，兩誤皮肉，緣是一腔熱血揮灑無地。所仗封疆諸臣着實振作，東奴西虜不日殄滅，臣得讐人而甘心焉。即碌碌因成，猶有父骸首丘之望。而年來聞見，殊有不然。或機畫于相時，或備疏于待款，或防遠而若遺近，或略罪而反錄功，或昧審勢而欲借盜糧，或憚圖終而陰持和議，或仰屋無術不免大聲疾呼，或曠日先成若爲百無一有。凡此情形，種種露短，臣何敢明列章奏，借口實于傍撓？然以聖明在上，如是作用，臣欲望雪恥復讐之時乎？臣所爲念爲子而懼無當者，此也。

或臣備員禁衛，守成規而剔大蠹，不蒙譏負乘，猶可強顏就列，乃如坐厭，載在《會典》。偶以委役不良，致議更革，于人乎何尤？但臣衛官同處食糧，祖宗優世臣，恤駕役，原稍異於他也。顧使美意廢于一朝，臣衛所世守之祖制謂何？旗尉既清，悖旨再收四百五十一名者，某所某官某月某日，可按而查。一奸書張文烜前後騙詐銀一千三十餘兩，遂傍若無人，朦朧回部。一年來冒糧五千餘石，脫然免罪。倘過口發覺，豈臣今日不言，便可免罹耶？興言及此，臣即欲致身，而亦恐終負矣。請纓不遂，既悔徒業之差；逐隊無能，又抱素餐之恥。言公而私者忌，守拙而巧者先，無補君親，實羞家世，臣復何言也哉？

伏乞皇上許臣歸田，庶臣不得事君，尚可事親；不能報父，猶可報母，以完人臣之半。臣甘廢棄，而仍不虛此生也。統惟聖明鑒督施行，臣不勝激切待命之至。

崇禎二年三月□□日，奉聖旨：「這奏內所列該衛旗尉，既經清汰，緣何再收？并張文烜騙詐事情，著于日昇查明具奏。該部知道。」

再自劾疏

奏為微臣積懼成病，再懇天恩，乞賜歸田事。

昨臣以仰負君親，自劾投閒，未蒙許可。然內及奸書，奉旨查詰。臣是以靜聽回覆，未敢再陳。今業得違悖之罪，微臣言匪妄矣。但臣以官役無辜波汰，及有議幸留者，噭噭怨望，臣分有職掌，懼發覺獲罪，不得不聞。而嚴旨責及同寅，若臣邀名沽直，為懼滋深。況臣昨奏，乃臣返面自顧，以摧折餘生，荷皇上賜環之恩，心迹行事，既已昭白，雖赴火蹈湯，臣所不辭。而徒碌碌素餐，坐虛歲月，不忠不孝，無益聖朝，為思蚤自引退，猶可少逭罪罹爾。至臣拙戇，前以臣衛清汰未當，纔一指及，議者目爲多言，其被發逆孽，下石中臣，業有明驗。狡兔獲窟，且眈眈未已。今奸書再破，若復有以是多臣者，孤子一身，必爲衆所魚肉矣。父讐未雪，子道既虧；君恩難酬，臣職終忝。憂懼所積，病成怔忡。

伏乞皇上准臣歸田，臣即自棄于聖明，而山林之下，尚可少遂養母之忱。倘果滅奴有期，或危險艱鉅，人所退避，臣彼時不敢愛性命，以圖報萬一也。臣無任激切待命之至。

崇禎二年四月□□日，奉聖旨："張道濬再疏懇請，准回籍養親。該部知道。"

聞警入衛疏

奏爲微臣驚聞虜患，憤切同讐，涕泣辭家，單騎赴闕，謹馳疏奏聞，仰乞聖鑒事。

今歲四月，臣以隨行逐隊，無所短長，懇恩歸省。入里以來，雖身依子舍，而夢繞君門。忽于十一月二十九日，陡傳奴虜突逼薊城。臣一聞之，魂魄如失。輦轂震驚，聖主焦勞，豈臣子安枕之日？先是，臣疏末即云："容臣歸養，如有危險艱鉅，人所退避者，臣不惜性命，以報萬一。"今日其時也。況父讐國恥，義兼君親，臣此身與他人不同，擊楫無其才，而有其志；絕裾非所願，而丁其時。業灑淚別母，單騎赴闕，矢效馳驅，以圖報稱。謹先馳短疏，仰慰聖懷。臣不勝惶悚激切之至。

崇禎二年十一月二十五日。

備陳途中見聞疏

奏爲微臣聞警入衛，謹述途中見聞，仰候聖明采擇，以佐廟謨善後事。

臣出依子舍，突聞虜變。念國辭家，倉皇馳赴。行至涿州，城守者拒不納，欲依援兵不得。賊適盤據良鄉，道路阻絕，前進又不能。先出門時，遣奏兩僮，消息亦不知。進止彷徨，棲遲於破屋頹垣中者旬餘日，而始達都門。查知前奏至御前纔數日耳。臣既愧身在二千里外，聞變之後，入衛之晚。迨今既至，而又值歲節例阻陛見之期，咫尺天顏，有懷耿耿。所有道路間耳聞目見，遠近驚惶慘怛之狀，敢先述以聞。

臣家中，十一月二十五日聞賊虜逼薊，臣母即促臣云："主憂臣辱，當星夜往赴。"臣涕泣遵奉，急募健丁，止得二十餘騎，隨別臣母，長發。

於十二月初九日至臨洺關。則家人追報，臣縣蝟賊乘機蜂至，而臣不返顧也。

十一日，至欒城，有逃兵二百餘騎，刦掠而西。

十三日，至新樂，見逃竄男婦負老攜幼，充塞道路。

十五日，自慶都冒雪至保定，則通無一人北上者。

十六日，至定興城，內外士民已空。城門四開，勢已不守，幸賊未即入耳。

十七日，至涿州，沿途村堡空無居人，關廂室廬，幾于盡毀。蓋賊四散剽掠，南至新城，西南至定興之八里屯，環州縣村落殘破已遍也。及訊，援兵入涿州纔兩日。

二十二日，援兵前進州北琉璃橋。

二十三日，援兵與賊遇，迎戰，退走，逃竄難民隨而探家者，皆復南奔。

二十六日，賊北去，援兵始前。

臣前遣奏人三十日始回報，臣隨即行至良鄉之長店。是店晚無一人，忽有群盜搜搶遺留，幸未及臣。止五鼓，西去。天明詢之，知爲窯户聚衆行刦。自虜到，日爲害，迄今未息也。

初一日，過盧溝橋等處，尸骸遍路，慘不可言。

於初二日放門，臣始報名而入。

此臣道路間耳聞目見，光景如此。若夫搖惑訛言，移步便異，人心驚駭，片刻不寧。洶湧潰兵，不能殺賊而自殺；逗遛懦帥，不先謀國而謀身。守土者縋城而逃，百姓誰爲保聚？搶掠者閉門不問，賊勢益用披猖。沿途情狀，遠邇略同，而大率兩言以蔽之，曰：人心之不固，國法之不伸而已。

兹者賊氛暫退，大創未聞，策恢復，議邀堵，廟謀善後，必出萬全，臣且未敢輕有借箸，而止就道路聞見言之。此時此際，竊願我皇上下優恤之詔以吊死喪，沛蠲賑之恩以撫流氓，是固人心一急着也；正軍前之法以警逃潰，嚴後至之誅以作勇敢，是伸國法一急着也。況蹂躪深于内地，徵調遍于九州，焉知無草莽伏戎乘釁而起，如臣鄉猢賊之報？而地方綰綬援桴之輩優游玩愒，又焉知無聞變倉猝，甘爲民望，如近畿諸邑？又焉知無被檄驛騷，反爲民殃，如目前入援諸潰兵者？則夫固人心、伸國法二事，烏可不渙頒詔旨，昭示中外，以潛消反側，廣布恩威，善後急着，孰有先於此者？此臣所爲日夜不遑備述上聞者也。抑臣仍有説焉。語云："殷憂啓聖。"以我皇上天縱聖明，自臨御來，事事皆堯舜舉動，即近日去奸慝，行特簡，俱非常作用。小醜逆天自滅，不卜可知。但内外諸臣，久徇情面，以致悮國若此。我皇上已徹底看破，諸臣豈可依舊争持？仍乞嚴諭，從此大家打起精神，籌軍國，報君父，毋徒尋廟堂之戰，而養疆場之寇。中興事業，正在此矣。

統乞俯鑒施行，臣不勝激切感泣待命之至。

崇禎三年正月初六日奉。

直糾不忠疏

奏爲直糾不忠之臣，懇乞聖明立賜斧鉞，以懲偷倖，以維分誼事。

臣新歲入都陛見，具"聞警入衛"一疏，備述途中情形，仰塵聖覽。而仍有貪位而來，倖生而去，爲臣所目擊者兩人，尚謂其聞變觀望，不久旋來，乃今時越五旬，而杳無消息也。臣焉能默默隱情，終不入告乎？

臣前行至柏鄉，遇吏部郎中龔世法南回。行至真定，遇御史劉芳西回。臣之初遇此兩臣也，見其前呵後擁，車騎如雲，謂必緊急公務，奉欽命出都城者。急欲叩聖躬萬福，少慰蟻悃，遂策馬迎而詢之，乃知爲挈家北上，聞警回車者也。嗟乎！平時則昂首鴟張，多事則抱頭鼠竄，有臣如此，朝廷竟奚賴哉？且也驛遞以裁省之後，昨臣見援兵之來，所過應付不敷，火藥、軍器、諸車輛，皆拘拉鄉民，越境裝運，其艱苦不啻萬狀。而此兩臣者，顧乃揚揚乘傳，恣意騷擾，來猶有謂，返則何名？是裁省驛遞，徒惧軍國之大事，侈權要之送迎而已。乃臣入都而所聞世法不來之故，更有異者。伊親貪惡御史毛羽健，攬權持局，以已推京堂之人，必欲推入選司，爲引進私人納賄說事之計。世法畏而避之，故裹足不前耳。何物羽健，敢于把持撓亂若此？蓋緣恃其師奸輔錢龍錫，表裏通同，聲勢相倚，如匿名舉薦，巧取明旨，則同鄉計處之戴君恩，立還故物。皇上之前，尚肆無忌憚如此，況銓司乎？且其力庇罪督，潛殺島帥，尤爲龍錫謀主。"五問"一疏，極言"奴必不可滅，遼必不可復。即已滅已復，而遼仍斷斷不可守"。羽健疏上，而東江斬帥之報旋聞，中外綫索，路人知之。羽健之敢于欺君罔上如此，又何有銓政，而不肆行撓亂哉？若世法者，幸其未入都門，而必不可令入都門者也。

伏乞皇上大奮乾斷，將三臣即行褫斥，以爲人臣不忠者之戒。庶中外臣子凛凛天威，而偷倖欺罔之輩懲一警百，端在此舉矣。臣曷勝激切惶悚待命之至。

崇禎三年二月□□日，奉聖旨："龔世法、劉芳聞警避難，且騷擾驛傳，臣子體國之義安在？便着革了職，該撫按官提解來京究問。驛遞徇私應付，該部查明參來。毛羽健着據疏內所指事情，明白具奏。該部知道。"

再糾疏

奏爲遵旨再行具奏，懇乞乾斷，立賜處分，以除異常貪惡事。

臣於本月十三日，具"直糾不忠"一疏，指龔世法、劉芳聞難規避，并及毛羽健把持撓亂之奸。世法與芳奉革職提問之旨，赫赫天威，不少假貸，從此偷生倖免之徒知有三尺矣。而獨于羽健，令據臣疏內所指事情，明白具奏。羽健奸黠萬狀，一奉嚴旨，必説謊支吾，無所不至，肯遂明白供吐耶？臣前疏恐逾字限，未得暢言，謹補牘再糾，而丐聖明斧鉞焉。

世法循銓部資俸，陪推京堂，此崇禎二年冬事也。再補曹郎，從無此例。而羽健炰烋叱咤，謂除世法則楚中無可掌銓者。選司徐大相既謂羽健之逞凶，又碍堂官之持正，乃乘王永光引病乞休，朦朧啓事。迨世法用，而羽健門遂如市，到處招摇，逢人包攬，只待世法一到，即可千萬纏腰。此長安之所哄傳，而亦永光之所洞悉，羽健能抵賴乎？戴君恩貪鄙素著，當逆璫薰灼時，夤緣稱頌，遂以藩臬而帶同銜。紅本媚璫自君恩始，加銜亂制自君恩始，得漏逆案焉幸矣。大計降級，赴京聽補，羽健受其賄賂而力薦之，乃其取旨又最巧也。先于"海內兵食疏"中隱語點綴，商同座師錢龍錫票指名奏來之旨，繼乃以川功俘獻滿紙鋪張，龍錫又票原官推用之旨，而君恩遂以大參補東省參矣。罔上營私，公行無忌，羽健尚有人臣禮哉？

至其"五問"一疏，尤可異焉。蓋龍錫與罪督袁崇煥陰謀主款，臣蚤已覷破。去年三月十一日，臣《自劾投閒疏》内即事事拈出，及臣去後而持議益堅。羽健奉其意指，發爲"問難"硃語，明謂恢復無期，着數宜定：一問進取，而往擊邀來皆不可；二問兵制，而見在徵調皆不可；三問糧運，而本色折色皆不可；四問勢局，而用島帥與款西虜皆不可；至五問則直言以十二萬兵守關而有餘者，以三十萬兵戍遼而不足；四十萬餉養守關兵而尚不足者，以四千萬餉養戍遼兵而益無餘。如羽健言，是遼必不可復，斷不當復，唯有一款結局耳。此非與龍錫、崇煥機關呼應，而故爲此發難與？其原疏現在御前，羽健即説謊支吾，斷不能逃聖明之洞燭矣。羽健窮凶極惡，植黨招權，罪狀不可枚舉。而臣亦未暇臚列，止將前疏所指事情，補牘再糾如此。

伏乞皇上大奮乾斷，立賜處分，世道幸甚！封疆幸甚！若臣特犯凶鋒，臣聞警辭家，一副頭顱久已拚爲報國之用，羽健即置刃臣頸不避也。臣曷勝激切懇祈待命之至。

崇禎三年二月□□日奉聖旨。

虜平請告疏

奏爲虜警既平，臣誼當去，謹瀝微情，仰乞聖鑒俯准歸養，以安愚分事。

臣昔年以碌碌負國，懇恩侍養，雖自棄聖朝，而母子相依，頗愜至願。忽聞虜警，臣君親難於兩顧，不得不權安危之數，緩急之情，遂辭家赴闕，星夜馳驅。當賊虜充斥之時，率二十騎，行無人境，萬死一生，得入都門，而多臣者反若罪臣此來，然臣自反，實無愧也。唯是報讐雪恥，雖切素心，出警入蹕，僅循末職。耳聽禁中之鑰，心懸闕外之鼙。兹者仗我皇上威靈，奴氛洗滌，將士生添死膽，河山新闢舊封，雖尚費許多收拾，而廟堂帷崛諸臣出其緒餘，有餘算焉。臣菲劣一身，旅進旅退，片鼂渤澥，曷足有無？回顧此來，乃始自愧。臣母倚閭，缺焉侍奉，子職滋曠，臣心滋苦，能無望聖慈而仰籲乎？且臣入衛之初，感憤時情，偶述聞見，而規避者以發其私恨臣，參駁者以形其短恨臣。至于倚籍奸輔，庇督、戕帥之首惡，臣挓身發覺，未奉處分，尤眈眈側目，伺臣而殺臣。今日悮國諸奸，情罪敗露，皇上必有一番乾斷。勢急妄噬，已見其端，臣不早自引去，攢謀魚肉，臣將不知所終也。

伏乞皇上鑒臣至情，容臣歸養，庶微臣一來一去，明明白白。初心既遂，愚分可安，將母子融融，共效萬年之祝矣。臣曷勝激切待命之至。

崇禎三年五月□□日，奉聖旨："張道濬聞警入衛，大義自明，不必求去。該部知道。"

辭冶造疏

奏爲欽奉聖旨，備陳造始末，仰祈聖鑒，以毋悮軍需事。

臣自新正陛見後，碌碌隨班，愧無報效。於五月內，該臣衛以督理德陵工程，題臣承乏，臣遵奉欽委，方在竭蹙，務效胼胝之勞，稍進涓埃之報。忽於本月初九日，兵部題爲邊務事，奉聖旨："遼鎮查銀買馬，前已有旨，速行回奏。張道濬製器既有成效，着選委能幹家丁，前往山西督造。驗果價省器精，并叙該衙門知道。欽此。"

伏臣孤子一身，馳驅鞭策，惟上所命，臣敢不仰遵新諭，圖續前勞？乃臣再四思維，有不得不明告於皇上者。軍需關係何等重大！臣先年以樞輔請委，冶造節省，效有微績，實緣臣耳目手足，身親督閱其間，然猶惴惴懼弗效也。竊觀近日兩廠成造，堂官總核于上，司官分任于下，而委官，而匠頭，遞監遞督，且有炸裂之弊，此豈家丁所能徑承重委，勝其任而愉快乎？且臣先年之所以節省者，非有奇能異巧，惟是兢兢愼愼，不敢冒破耳。使人人凜冒破之戒，則人人可以如臣矣。至於近日軍需緊急，該部委造絡繹。臣鄉銅鐵料價，計必較前踊貴，是即令臣今日躬往，其節省恐未能盡如先年，而況可以朝廷金錢，委之奴隸耶？臣執役陵工，拮据伊始，陡聞選委督造之命，惶懼逡巡，不知所適。與其貽悮于事後，不若明告于事前。伏乞皇上俯念，軍需係重，萬難輕委，敕下該部另行定議。至于先年區區節省，自是臣子奉公循職之常，叙錄恩典，雖有成命，臣亦不敢冒昧以邀也。并祈聖明鑒察施行，臣曷勝激切懇祈待命之至。

崇禎三年七月十四日，奉聖旨："軍需重務，張道濬見管陵工，委任家丁既說不便，著該部酌妥具奏。"

糾欺罔邪黨疏

奏爲恭繹聖諭，敬竭愚忠，乞責成言路，以破欺罔之習事。

本月十六日，臣隨諸臣後，待召平臺。我皇上出賊臣袁崇煥招詞，歷數其逆狀，赫赫王言，直襮奸邪之魄。而又曲垂法外之仁，賊臣有知地下，當亦戴聖恩無已也。惟是詰責諸臣，以爲二年來，人皆欺罔，通無有直指其罪者，臣不勝錯愕。即擬面陳，又懼出位，遂未敢一披血悃。及歸寓，再四思維，凡三晝夜，畢竟不釋。敢冒昧爲皇上陳之。

蓋自崇煥以五年滅奴，面欺皇上，自知其言難踐，即結連奸輔錢龍錫，搆成勾奴通虜之局。幸天地鬼神、祖宗社稷默奪其奸，聖明神武，不動聲色，得以驅逐，不至爲城下之盟。崇煥自招云："散遣援兵，以爲京城內潰，不意尚守得定。"即是言而寸斬有餘矣。至如諸臣欺罔，誠如聖諭，蓋崇煥鴟張于外，龍錫虺伏于中，言路諸臣，半爲箝制，獨臣蚤知其奸。去年三月十一日，具疏自劾，其緊要八語：斬島帥，庇私人，借盜糧，持和議，俱一一指明。紅本見在御前，可按而查。彼時，臣以危疑之身，出口惟恐罹禍，先略節言之意。我皇上必細加詰責，臣始敢條對以悉爾。孰意正觸奸輔之怒，一概抹除，通未拈出。臣既乞身而歸，諸臣益相蒙蔽，爲所欲爲，言路方奉頤指不遑，又誰與爲梗者？此臣回思往事，而深惜臣言不早見用于皇上也。方今離炤當空，羣邪退聽。臣以爲洗心滌慮，當必自言路始。而延頸望之，繼夜以日。寒蟬仗馬，笑破長安。即崇煥、龍錫輩，結交悮國，皇上業已明鑒，而尚有敢在皇上前稱之爲君子者，無禮欺天，罪莫大焉！爲言官者，鷹鸇之逐，當必首及，不言者何故？罪輔未去，或思擁戴也，既去而冰山渙矣，不言者何故？賊臣未逮，或思出脫也，既逮而鋠案著矣，不言者何故？至首輔者，皇上所倚，以平章重務也。乃兩番引避推委，正在羣疑未定之時，或者龍錫、崇煥肺腑交深，未免興悲狐兔，故閉門高坐，巧爲卸擔耶？自非聖明獨斷，終爲游移不定之案矣。聲賣君怙友之罪者，莫此爲亟，不言者又何故？至公者惟皇上，而言官以私應；至明者惟皇上，而言官以暗投；力求實效者惟皇上，而言官一味虛文，但知望氣占風，翻雲覆雨。更有墮霾霧之內，不辨東西；又有爲身家之圖，姑捱旦夕；甚有與罪臣呼吸相應，今反佽爲先見，以文其閃爍之奸。如是之流，正自不少。使誠爲國家起見，擇今日之事，昔時蚤有入告者矣。即昔日不告，而今日亦有入告者矣。臣見數年以來，發大奸大弊，反未必盡繇言路，其間公私忠佞，聖明無不洞矚。臣願此後身爲言官者，固當精白乃心，有聞必告，以無負皇上責成實意。而他日考選言官，尤當先問以國家大利大害何在，大賢大奸何人？其含糊不吐者，必識見不真，決不可以虛聲濫收。其他非係言路，間有敷陳，亦當廣爲茹納，不論其官而論其言。言無當者，即以妄言之罪罪之。脫或可采，正宜旌收葑菲，以佐言路之缺。庶乎欺罔可破，凡遇國家大事，不敢袖手傍觀，輕付一擲矣。

伏望聖明采擇施行，臣不勝激切待命之至。

崇禎三年□月二十二日，奉聖旨："賢奸宜辨，欺罔宜懲，朕諭已明，何乃方行補牘？首輔虛公任事，朕所鑒知，前偶疾請假，原無別情，如何輒生疑揣？奏內"去年三月"，何以預知"斬帥"、"盜糧"之事？并"稱爲君子"、"侈爲先見"等語，俱何所指？著明白奏來。該部知道。"

遵旨再糾疏

奏爲遵旨具奏，懇乞聖明大奮乾斷，以清奸逆事。

該臣于本月二十二日，具有"恭繹聖諭"等事一疏，奉聖旨：賢奸宜辨，欺罔宜懲，朕諭已明，何乃方行補牘？首輔虛公任事，朕所鑒知，前偶疾請假，原無別情，如何輒生疑揣？奏內"去年三月"，何以預知"斬帥"、"盜糧"之事？并"稱爲君子"、"侈爲先見"等語，俱何所指？着明白奏來。該部知道。欽此。

臣仰見皇上日月炤臨，護鉢者或姑容之以全體，伏莽者必顯暴之以示懲也，臣敢不齋慄以對？除輔臣成基命，恭聽聖裁，無容再贅外，伏蒙聖旨，詰臣"'去年三月'間，何以預知'斬帥'、'盜糧'之事"，則臣有自劾紅本，見在御前，可覆按也。臣痛念臣父罵賊捐軀，國恥未湔，即親讐未報。崇煥身任滅奴，意必有犁庭掃穴之謀，暢皇陵，張撻伐。微臣爲父亦因可以覓骸骨，慰終天。以故大舉恢遼消息，臣時時偵探，節節參詳。而崇煥向來舉動，乃有大可詫異者。

臣初不知崇煥初入都門，即有奸輔錢龍錫爲之主議，亦不知龍錫又有伊門生御史毛羽健爲之合謀。唯見關寧情狀，日異月新，如高臺堡囤糶米豆，及銀、段等物，通好束酋；如錦州開市，明為西虜，實則逆奴半雜其間。又如王喇嘛、李喇嘛，數四往返，修書答幣。以上諸事，形迹彰彰，有人言之，而崇煥曲辯御前者；有人不言之，而崇煥公行無忌，終不一白御前者。至其大聲疾呼，以塗耳目，捱時日，則惟是索糧餉，索馬匹，索衣甲、器械諸件而已。臣於是一眼覷破奸局已成，即欲明目張膽拚死一鳴，終恐在傍輕言，反來藉口。躊躕再四，痛悶填膺，乃於"自效疏"內一點綴之。崇煥五年滅奴，侈口期限，而實則別有成諾，故臣疏曰"機畫於相時"也。奴賊過河有報，絕不加防，而反曰"借束為用"，故臣疏曰"備疏於待款"也。奴束交通，遵、薊之外蔽已撤，而尚擁重兵於關門，故臣疏曰"防遠而遺近"也。毛文龍牽制海外，反禁海運以窘之，而文龍所最讐，如奉旨處斬之徐敷奏、劫軍劫商之張斌良，皆破格委任，知其必圖文龍，故臣疏曰"錄罪而反略功〔二〕"也。若夫"借盜糧"、"持和議"，曠日鮮成，百無一有，則已明明指其餽束通奴，疾呼奏討諸狀，故臣疏總之曰："如此情形，種種露短，臣何敢明列章奏，藉口旁撓？"

第以聖明在上，如是作為，欲望報讐雪恥，得乎？臣疏語雖自劾，意實規時，妄冀當局同舟，憬思幡改，豈意疏入而愈觸龍錫之怒，票擬時將臣要語一概抹殺，且授意牙爪，將得臣而甘心焉。臣痛計徒死無益，不能報父，又重母憂，遂惝惘引身而去。是臣非不言也，一腔熱血揮灑無處，且奈之何？至於悞國欺君，種種逆狀，總緣龍錫等極力主張於內，以故崇煥恣意勾連於外。神人共憤，罪狀通天，邇日長安廝監無不快食崇煥之肉，而尚謂未懸龍錫等之頭，輿情尤快快焉。乃仍香火糾纏，雨雲翻覆，乘爰書未定之日，公然為之保舉，為之脫卸，謂天下有無才誤事之君子者，則日講詞臣文震孟是也。試問震孟，邇日所悞之事的係何事？悞事之人的係何人？曾有破封疆，危社稷，憂至尊，而可爲君子者乎？使如震孟言，仍用此一輩人物，國家大事尚有幸否？此其誣罔奸欺，豈在龍錫、崇焕下？乃舉朝恨其言，而卒無一人聲其罪，則尤臣之所未解也。

至若"自侈先見"，則臣初入都門時，糾辯羽健兩疏已明言之。羽健不受臣言，以伊"五問"爲先見，而又揚揚對人，謂臣前此何無一語。臣願皇上簡臣前後諸疏，與羽健前後諸疏相提對按，便自了然，不待臣言之畢矣。羽健共爲奸謀，固應"先見"也，無怪若微臣"自劾"原疏乃與羽健"先見"正相反耳。

臣本無言責，不宜輕言，而親聆天語切責，孤忠所激，不得不冒昧一言。恭奉聖諭，據實回奏。天威震叠之下，臣不敢一字虛飾也。除首輔基命，蒙恩鑒宥，奸輔龍錫現在擬罪，其文震孟、毛羽健應否處分，統祈聖明斧斷施行，臣無任激切惶悚待命之至。

崇禎三年□月二十七日，奉聖旨："張道濬奏内事情，知道了。朋比欺罔的朕自裁處，文震孟不必苛求。該部知道。"

再請告疏

奏爲微臣報國有心，思親成病，仰懇天恩，俯容休致，以安愚分事。

臣于前月二十三日，偶接家報，云臣鄉流賊於元旦焚劫洪洞關廂，遂東南而趨岳陽、浮山一帶地方，去臣家止百餘里。復詢臣母近日起居，則云憂煩食少，臣一聞之，心膽俱裂，連日五内如焚，坐起莫適。因念臣昔也歸省，烏願未終，以虜薄都城，拚軀闖入，無裨臣職，而反冒絕裾之譏。碌碌一年，雖蒙聖鑒，而任事過真，招尤更衆，端開下石，究可投淵。臣身久已當去，又值此警報，臣昔爲國而出，今不爲母而歸，臣子之職，終屬偏廢。抑且焦思成病，萬一葵藿之忱未竭，狗馬之軀先殞。臣即欲如昔者，求死于虜，以答我皇上高厚隆恩，不可得已。況德陵開工在即，臣病一日不瘳，慢視王事，臣不敢也。

伏望皇上鑒臣微忱，俯允休致。倘臣生入里門，母子相依，或可苟延性命。則臣今昔之間，稍逭俯仰之愧，子子孫孫，祝頌天恩，無已時也。臣不勝悚息待命之至。

崇禎四年二月□□日，奉聖旨："張道濬見督陵工，夙稱勤練，着用心供職，不必以思親爲請。該部知道。"

表

進呈《春秋集傳》表

奏爲恭進先臣纂輯《春秋集傳》，以祈聖裁事。

臣竊聞之，先正曰："爲人臣者，不可不知《春秋》；爲人子者，不可不知《春秋》。"蓋《春秋》一書，萬世臣子之極也。今以聖明在上，勵精圖治，振紀刷綱，而在庭鮮一德之臣，四郊有多壘之恥。裂衣冠而事敵，既遺辱於中華；率妻子而潰逃，亦取笑於戎狄。無他，此皆不明於《春秋》之義也。

臣祖贈太子太保、兵部尚書先臣張五典，明大義以事君，守微言而博子。臣父贈兵部尚書、謚"忠烈"先臣張銓，幼承庭訓，心心求筆削予奪之繇；壯列班行，事事嚴夷夏君臣之辨。既師賢而且師聖，不信傳而直信經。以孔子彰順癉逆，業臚列攸著；逮左氏分條析縷，更產發無遺。雖及門不能贊一詞，豈奕世所得斷諸臆？何宋儒矯漢唐之過，甚略迹而匠心；至胡傳續《公》《穀》之餘，且泥今而反古。愈多穿鑿，亦覺離岐。故先臣衷集群言，折衷合傳。當胡塵之方撲，莽莽黄沙；乃忠骨之獨捐，飛飛赤燐。雖犬羊亦爲下拜，即讐敵孰不搖魂？知中國之有人，故且進且退者十載；窺中國之有間，始再驅再馳於昨年。臣義不後君，情寧辭母。出入於虜氛之内，幸叩天閽；趑趄於去住之間，獨蒙聖鑒。蓋臣父以《春秋》之學事吾君，已無慚於一死；臣敢廢《春秋》之學負吾父，致有愧於餘生？

謹繕寫臣父遺書《春秋集傳》，計十五卷，實封進呈。乞垂乙夜之餘輝，知教忠之有自。倘蒙甲觀之普播，庶正學之無湮。頗有關於立懦廉頑，或兼裨於封疆社稷。臣無任戰慄待命之至。

崇禎四年正月□□日，奉聖旨："張銓忠節著稱，這纂輯《春秋集傳》，有裨大義，已留覽了。該部知道。"

校勘記

〔一〕"一萬"，據前當作"二萬"。

〔二〕"録罪而反略功"，《自劾疏》作"略罪而反録功"。

五編　古測

沁水張道濬子玄父　著
蒲州韓昭宣玉鉉父　閱
　王溯元元昭父　較

《古測》題辭

　　古人往矣，其有憤欲訴，有情欲語，躍躍史傳間。讀者憒憒，或見欺古人，或受史傳掩抑，于覽古亡當也。慧性人別有領略，千秋未竟之案，浮動于楮墨者，於密處得疏，於炎處得冷。于是字覺有血，聲覺有淚，嗟嗟此道，誰其知之？吾鄉深之先生屏居讀古，遇興會所寄，古人失得成敗，俱供我聽讞。有隱必剖，自此論定。南山之木俱作竹刑，鐵案尚有訴冤藝府者乎？噫！史稱墨兵，一曰刑書。先生長環衛，屢事塞垣，故今以射馬擒王之法用之紙上，然其心甚平，持論甚正，趙張治獄所不如矣。

　　同邑眷弟王廷瓚拜題

古　測

論

正統論

　　總一天下之謂統。統之所歸，雖僭僞不必斥；統之所去，雖世服不必專。非予僭僞而奪世服也，義無所繫也。史氏以日繫月，以月繫年。大統之世，史權出於一。大統一瓜分，國各有史。紀年之法，勢不能各月其月，各日其日，歸於一尊，而旁見互出焉，此定例也。

　　正統之説，始於歐陽子。元人祖之，而宋、遼、金分爲史，正統不歸於宋，此元人之私也。然即《宋史》，而遼、金事略，見元人絶宋人之統，去其名終不能去其實也。

　　噫！孔子之作《春秋》，魯史耳，首曰"春王正月"，明正統也。假晋之《乘》，楚之《檮杌》，其書不經聖裁，吾知以正統予周焉必也。舍周，則晋、楚不能獨見也。

　　唐虞、夏、商、周，其統甚明。至嬴秦，或曰六國未亡，而秦先亡，以呂不韋事疑之。夫異人得呂氏姬，大期而生子政。蓋姬故佚，故詳其月，言政之爲莊襄子也。史愼重如此，今反誣之。世安有大期生子，而尚屬他姓乎哉？秦之得統於周，孔子蓋逆知之。《尚書》終《秦誓》，今何概訛之也？漢統較正，而中有新莽，猶唐之爲周武曌也，俱僭統，亦不能廢。蓋漢、唐時無一人焉，譬指夜爲晝，人無有以信天者。

　　遷、固書"沛公至灞上"之年，曰"漢元年"。時方逐鹿，奈何遽歸之？

丙申之歲，呂東萊《大事記》並書"漢高皇帝二年、西楚霸王二年"，至"四年"戊戌終。明年己亥十月，始書"漢太祖高皇帝五年"是年十二月，項羽滅也，義例尤有據。

昭烈繼漢世系無疑，司馬君實奪之，以晉承魏統，若予漢，則晉無所因。不知周自威烈來，朝聘不行於列國，勢屠微在蜀漢下，未聞貶統，宜朱子之正之也。

李延壽《南北史》，猶元脱脱《宋》、《遼》、《金》三史之意。然江南正朔相承，若宋、若齊、若梁、若陳，安能外之？此霸統也。隋始混一，此閏統也。前乎蜀漢，不得言霸統，以傳宗也；前乎嬴秦，不得言閏統，以傳世也。自唐以後，朱、梁篡立。時李克用鼎立太原，尚稱昭宗之年，宜歸統太原，如東萊書"楚漢丙申"之例，附朱、梁其下。至後朱氏滅，直歸後唐，然亦霸統云爾。若晉、若漢、若周皆然。蓋天下未一，并不得爲閏也。宋之統正，元代有之，雖夷也，曆數攸屬，猶隋之閏統也。隋，初亦夷也。隋不以斥，乃斥元哉？求正統而不得，不妨予霸，得正統而不純乎正，以閏名焉。惟其重統，所以人君大居正也。

正統之説，始歐陽而暢于蘇子，可謂詳盡。此又自見一斑，有前人未到處。

梁武帝論

蕭衍即位後，捨道歸佛，其意何也？身起兵篡齊，誅僇太甚。歷見江左以來，稱兵首事，鮮收後福。思銷怨報，遂酷信左道，不顧帝王之正義，乃奸雄計無復之，妄冀倖免耳。代牲薦蔬，詔示天下，正欲明表素尚，見非盜竊。王莽文飾《六藝》，同此術也。若果切慈念，閔度衆生，則受侯景十三州之降，犯貪戒矣；大舉北侵，犯殺戒矣。豈真爲崇佛者乎？淮河作堰，以灌魏之壽陽，至潰溺二十萬家，孰可忍也？猶不自悛，敕貞陽侯淵明曰："塞山築堰，引清水以灌彭城。大水一沉，孤城自殄。"據帝所言，殺機盡露。大悲救苦，此旨云何？臺城幽逼，後裔顛滅。如準冥道，良有足徵。盜賊篡弒，機智各懸。如曹孟德之分香賣履，死欺後世，尤賢於蕭衍之多詐也。

陳後主論

亡國之主不一，其薄以文著，江南陳叔寶、隋陽〔一〕廣、南唐李煜，俱擅時藻。其亡也，忽焉；荒淫之戒，烈矣。

陳氏叔寶，當江南將衰之運，僅保一隅。隋據天下十之七，眈眈虎視，不咥不已，而方修雕蟲之技，競響詞林。麗人盈席，狎客滿朝。施文慶、沈客卿之徒，專掌軍國，啓侮強鄰，亡立待。假時值承平，戎馬不生於郊，弘奬風流，彷彿鄴下。第命詞浮薄，君臣之間，染翰落紙，務極形容，無關至極耳。魏文之《典論》風流，未從覆亡也。若生不爲人主，或關藩邸，河間之好文，陳思之逸才，竟當無讓。或在人臣，石衛尉、謝康樂，必居一焉。蓋其艷佚之性，處於藝苑則見長，責之爲君則見短，固其所也。遭時之衰，卒以速敗。悲夫！

南唐李煜亦然。李工小詞，又《玉樹後庭》之變調也。兩人敗降令終，極相類。彼楊廣黷虐，無論矣。

侯嬴論

信陵君竊符救趙，其計出於侯生。彼夷門抱關有年矣，少壯時不少自見。又秦兵數攻魏，前何默默也？抑非其人，不可圖事耶？邯鄲之圍，秦勢必舉，趙公子徒與客俱，求赴其急，淺之乎爲計也。自生請爲如姬報仇，得竊符，矯奪八萬人以行，然生固權譎之士，其報仇果否？未敢即信也。

　　如姬父見殺，姬求報之，三年，莫能得。使其殺人者而爲庸奴，早足死，寧遲三年哉？不然，亦當時俠士流也。其能匿迹遠患，既非一日矣。且姬所謂仇人，向未聞主名也。其狀貌、修短、肥瘠乎？有戚故識熟乎？誰辨之？至於殲首，不過函墓告哀故事已耳，姬處深宮，何能爲？姬誤爲公子用，魏人將必有知其事者。公子行，而魏王窮其事，則生必死。或晋鄙之父兄子弟悉其事，生亦必死。故生送公子，度其至晋鄙軍，遂自剄也。若生之不遠從公子，又自有說。虎狼之秦，兵鋒所及，靡不挫衂。廉頗嚄唶宿將，尚不能支。公子即往，亦未有必勝之策也。以報仇愚姬，以自剄愚公子，故曰"權譎之士"不虛矣。

樊於期論

　　樊將軍，滅族於秦，獨其身奔燕，此偷活旦夕，非眞能切齒腐心思報其怨也。果思報其怨，而才足以用之，不有子胥入郢之謀，胥臣教吳之計哉？將軍在燕，一無所稱，則亦庸人耳。夫庸人而秦購其首金千斤、邑萬家，何也？秦深惡逋臣，故重購以絶之。諸侯積爲所欺，十五城未嘗以償趙璧，金千斤、邑萬家，寧以易庸人首乎？此固不必論。獨將軍自爲計，當知燕之不支秦明矣。苟埋名退耕，令物色者無及，可終天年。乃優游都市，坐蓉太子，令朝士游客盡知將軍之名，是豈所利哉？燕迫於秦兵，勢不得不借首於將軍。荆卿一見，將軍退即自刎。吾度庸人如將軍，未必慷慨引決如此。蓋窮人無歸，秦購方急，不自刎，燕其全我乎？計無復之，勉强就死，雖謂之殺將軍者荆卿可也。更有可議者，或將軍不自裁，閴居孤迹，一劍竊發，誰能明之？荆卿姑托於自殺，以就其名，亦未可知。嗟乎！將軍之冤，終古不白，得非庸人自致之耶？

韓信論

淮陰侯襲魏破趙，下齊敗楚，其用兵也，前無衡陣。嘗自言曰："驅市人而戰。"此其方略不經見，然淮陰侯之時固所優爲也。關東諸侯初起兵，誅無道秦，斬木揭竿，幾於盡室皆兵。侯善用之，攻城略地，不待濟師請餉，而行伍日以充，蓋民間之悍少年可甲，而民間之芻粟可餉也。漢高帝則不能，其調兵轉饋事，必須蕭相國。滎陽之役，發關中老弱未傅者悉詣軍，向非據敖倉之粟，奪河北之兵，則成皋之間，兵少食盡，亦與楚軍等困耳。

今觀《淮陰侯傳》，自引兵以東，未聞請及兵粟，則所謂"驅市人而戰"，一言盡之矣。然其法可用於大亂之後，不可用於承平之時。蓋大亂之後，驅民於戰，不甚見殘；承平之時而驅之，民且狂駭，相挺而起矣。後此如曹、劉分鼎，法同於侯，而操縱不能及；宋名將張、韓、劉、岳輩，操縱相並，而功遜之。此侯之所以獨勝千古也。

李廣論

李廣不侯，其語王朔自咎殺降固也，然陰譴不止此。廣廢居野飲，霸陵尉夜呵止之，法也，非罪也。及起守右北平，請尉與俱，至軍而斬之。夫尉在軍不任兵，或過誤，可斬。然長平侯猶不專僇蘇建，而太守甫聞命，遽甘心於所憾，人臣義當如是耶？令上以是見討，將軍危矣。上書陳謝，幸不問，此直遇武帝耳，若遇宣帝，韓丞相夫人殺婢子，丞相不得免，況殺尉乎？總之，漢將矜氣任臆，往往軼於斤削之外。廣知悔殺降，不知悔殺尉，謂一人之命，輕於八百人耳，其爲陰譴一也，所報豈止不侯已哉？冠軍侯私殺李敢，諱云："鹿觸殺之。"事類於殺尉。而五千人敗陷之李陵，視八百人倍焉。廣死而有知，可忘自剄之恨也。

王陽貢禹論

交情之難不難於始，而難於終；不難於貴，而難於賤；不難於緩急，而難於氣誼。古人情至能反其所難而易之，漢人尚氣節，大都名貴，在所薄矣。如王、貢之賢，居恆劘切，雖不可考，要無去此者。乃王陽當道，而彈冠之友遂欣欣色動，豈裘馬輕肥，長安捷徑，足勤夢想乎？已而果陽薦之，將世之呼朋引類，燈傳缽授，王、貢猶不免也。假陽齟齬不果薦，即薦不我用，以田間終其交，當何如？幸兩人筮仕無大失行，故得免於議。若以是律交，賢傑之用世者多矣，其交必無布衣耶？

馬謖論

先主謂："馬謖言過其實，不可大用。"及從丞相北伐，致敗街亭，丞相流涕而斬之。嗟乎！丞相知人善任，庸失於參軍耶？令參軍聽受節制，張郃見攻，登山據險，亦幸可善敗。其違命妄動，出於不料。先主所戒，特兩府、三臺非其地望，若偏師制敵，支旗抗鋒，安在鉛刀不效一割也？建興三年，丞相南征，攻心之說，嘗三嘆佩服之，用有七擒之功。豈誠其言是，其人則非者耶？而說者疑秦用孟明，宥其再敗，卒以取霸。設正罪於殽函之初，於法誰曰不然？然後效已無復矣。丞相之愛謖，寧無所用其未足者？而卒罪之無少貸，蓋知其人之非彼倫耳。吳大帝語蜀使曰："魏延、楊儀不可一日無丞相。"其後郭塢星隕，丞相遺教，兩人不良死。脫謖不罪僇，即丞相末命，後事豈相付哉？廖立垂涕，李平感沒，彼罪廢之餘，猶覬勤追前闕，況謖之拮据王事，遽懲饐廢食，豈非過乎？

石崇論

石衛尉死於孫秀，以靳一綠珠。設當時從其請，即宴然以身免乎？噫！吾知其萬萬不免也。京輦搆兵，奸徒嗜利，高門溫室，所在傾橐，衛尉不死何待？衛尉自以財死，得綠珠分怨，覺齊奴一段頸血，作千古麗情榜樸，不作銅臭氣也。當時不與綠珠，頗有豪骨。然孫秀特鼠輩助逆之雄，峻拒不難。或趙王倫見奪，如樂府羅敷故事，衛尉能正色相拒，則真情種也。噫！晉溺於貨，魯褒有《錢神》之刺，以觀衛尉，其神不靈而崇矣。夫丈夫不能砥行立名，徒矜一豪富，致使幃箔之秘為人脅求，大可醜也。令時彥如傅毅、索靖輩，有此佳艷，奸徒敢橫置一語耶？然則衛尉又累綠珠，宜以死償，不足惜矣。

岳飛論

武穆進軍中原，得金牌之召，遂爾旋師。後人惜其功垂成而止，獨不聞"將在軍，君命有所不受"耶？況"恢復之事，一以付卿"，宋高宗嘗有是言，武穆直便宜專決耳。嗚呼！不知其勢，固有所不可也。虜焰甚惡，帝初以康王奉使，其鐵騎重甲，氣焰欲生噉人，帝固目懾。及踐祚後，自北而南，奔播不遑。帝于中原，口雖不忍棄置，心早已不問矣。檜揣帝之餒，脅強虜求成，勢必浸灌蠱蝕，借叢之神，探驪之珠，玩弄帝于股掌之上。

假武穆擅兵日進，檜未即罷罷，徐遣一他將來，如劉光世、張俊輩，分其軍而節制之，武穆安能宴然已乎？且兀朮最善兵，知武穆能戰，憑城不出，檄諸路堅壁清野，武穆亦未即得志。今謂孤軍立可克復，一時望聲之論，非完計也。武穆深慮遠識，故奉命退軍，于時事籌之審矣。鄧艾平蜀，身死人手。武穆即中原可復，亦未免卒禍。然老奸如檜，度武穆必還。設不還，必生他計，諒武穆不能自解也。

西施論

越進西施而吳亡，遂以亡吳爲西施罪。夫西施何能亡吳哉？齊桓公多内寵，任管仲而霸，任豎刁而亂。使亂繇婦人，則當其霸也，抑獨何與？夫差敗勾踐于會稽，時吳宮非無美人也。惟黄池貪盟，屬鏤輕賜，勾踐始乘釁得志，而吳其沼矣。倘夫差止戈自戢，佞嚭不行其説，忠胥不罹其冤，越雖日強，安敢狡焉啓疆，窺我尺寸？即西施十輩，娛侍下陳，夫差且與齊桓競烈，奚至土崩魚爛，喪敗若此？故知吳之自亡，非越亡之。即越能亡吳，亦非施亡之。論者云：勾踐破吳，沉西施于江，以報子胥。是明以賜劍事爲佞嚭分罪矣。或又謂：范蠡載之而逃。《吳越春秋》記西施在吳宮二十一年，蠡既欲避禍，方且去之惟恐不速，亦安取此俘嫗爲？昔吊之者云："一破夫差國，千秋竟不還。"則五湖從蠡之不根可證。總之，夫差既亡，亦不必問所在矣。嗟乎！西施非有褒姒之亂紀，夏姬之宣淫。吳自亡而蒙罪于苧蘿，亦何不幸之甚哉？

瀨女論

子胥渡江，乞道於擊絮女子。恐追詰，女子自沉於瀨。後仕吳，投金瀨中志報。嗟乎！女子之義，非世所恒有，然不能無疑。當子胥亡命時，乞食吹箎，去吳市之景狀，當不遠耳。女子何自知其奇，而遽以身殉之？即女子能知子胥，彼得徑而去，追踪見詰，一詭詞紿之，夫何難？不然，貧鬟孤影，投身家室，直轉睫矣。審是，俱不宜得死。

然則女子之死也，非女子也，子胥爲之也。子胥謀勇自喜，忍小就大。奔竄之頃，惟恐身與禍隨，急殺女子滅口。曹孟德亡命，而夜殺逆旅主人，其心同也。英雄急難之中，其心憤與迫并，於事則不及瞬，於人則鮮有顧惜者，何計一女子哉？迨報楚功成，追迹往事，未免釋其冤而張其伐，遂歸烈於女子，則子胥善爲身立名也。

　　天下後世舉爲子胥所欺久矣。漢淮陰侯亡自漢中，失道，問樵父，懼迹殺之。令侯功成悔禍，投千金於樵父之岩，天下後世不將慕樵父之義如女子哉？侯偶不爲耳。或曰：子胥渡江，漁人辭百金之劍以濟之，卒自覆其舟，豈漁人亦子胥殺之耶？是又不然。古異人多隱草澤間，漁人閔子胥之家難，死以勵之。今因漁人，遂以信女子，何子胥所遇後先一律也？

朋黨論

　　世之樹黨，而不知用黨。故黨之勢不遂散也，而終以悞國，此最古今之大戒也。

　　周公爲冢宰，吐握之勤，一朝而見十九人。若在季世，鮮不疑其黨矣。千古而下，萬無一疑之者，能用人也。大匠用木，良枯修短，惟所命之。其操斤出入，人不疑其盜。東陵之子携隻椽以歸，人以盜指之，則所求非所用也。

　　朋黨之名，始於東漢。蓋舉一世才隽之士，擯棄於不用之地，則物情抑挹，故各矜其長以求勝。假其時，陳蕃、竇武終秉國鈞，而李固、杜喬不至中折，將濟濟多士，莫非國楨，黨於何有？時不能用，有胡廣之中庸，遂有顧厨俊及之標榜。天下事非庸相所辦也，然而才相亦不能辦者。牛李之爭，入奇章之幕則攻衛公，入衛公之幕則攻奇章。各樹其敵，既不能合，又不能易而亂之，使更相用。故黨之勢判，而其禍始棘。夫黨人亦何定之？有八關十六子，乃有劉棲楚之直諫。而河南程氏之門，乃有楊畏之諂附，人安可概論乎哉？緩急在於所用，忠賢用之易耳。奸人不可用，而亦有可用，使得容身之地，未必遽操戈以向也。蔡京之奸，愈於少正卯，其爲開封尹，奉司馬君實之命，即罷新法，使司馬公長在位，京特一庸流，何至釀靖康之亂乎？此惟名相能知之。《易》稱"渙群"，《書》稱"休休"，是之謂也。若有鑒於黨，而別白之太過，同己則善之，異己則排之，始觭於意見，繼而議論離奇，事權旁午，爲黨所用而不知用黨，家國之禍可勝道哉？噫！用黨，所以散之也；嚴黨，所以激之也。漢唐以來，孰散孰激，當宁諒諗之久矣。

恩怨論

　　任恩易，任怨難；忘恩易，忘怨難。蓋怨所自來，未盡出於怨也。或從恩而始，望恩過重，少有不給則怨生。或受恩重，而貪人倖夫反不以爲恩，因事觸忤則怨生。然此皆恒品猥流。其恩也，不過解推之德；其怨也，亦不過觸望銜切，借端媒糵，求快其一己之私耳。豪傑之士所羞稱而恥與接席者，何足言恩怨哉？

　　古人揮千金如塵土，慎一言如珙璧，不敢輕於用恩。而聖明爲罪僇，囹圄爲福堂，亦不敢輕於用怨。輕於用恩，必至輕於用怨，勢相因也。漢高未即帝位，而韓信已王齊，後遂有雲夢之事，豈非輕之之明驗哉？舜之誅鯀，嚴譴也；舜之禪禹，異擢也。恩怨並加，使禹以爲恩，則忘其父；使禹以爲怨，則忘其君。君父之間，豈恩怨之地哉？今人惟不明於此，見翳桑之餓夫，美其報也；見江介之逐臣，悼其憤也。拘隅逐曲，有恩怨之名，違其重矣。何以言之？豪傑生世，恥於受恩，故不易置於怨，而誼辟喆輔，英寮畏友，尤慎重名器，珍惜知薦，未嘗濫恩，又何至濫怨乎？歷觀載籍，非無奇行軼倫之事。要離湛族，荆軻殉身，語於俠烈則可，語於恩怨則毫無與也。故恩怨之權，卑之悞於一飯杯羹，高之悞於韓市吳門。流禍無窮，展轉可嘆。

嗟乎！人生七尺軀，決不肯頹然自廢，甘老牖于世，一無短長緩急之效。若置恩怨不言，將桃梗土偶之不如，非情也。世之販國仇君，以名利權寵，自悞悞人者，正未知恩怨耳。即所謂恩，猶王安石之私惠卿；即所謂怨，猶三長史之陷張湯。俱私也，非公也。苟其公之，必爲家國起見，則不詭；必爲名義道德，終始曲全，則不激。不詭不激，又何恩怨之諱也哉？太上忘情，其次不及情。忘恩忘怨，既不能追上古之淳穆，弊且爲五代之馮道將自此始，則能忘不如其能辨也。辨恩怨之人，其胸臆尚有定見，能辨之而不虛所恩怨，其於事堅持密畫，尚有所濟。今之置恩怨不言，非奸雄之欺世，即僞學坐視利害而莫之救者，尤豪傑之士所羞稱也。

小人不可作緣論

世醜小人之目久矣。及觀諸正人端士，往往有受其累者，何夥也？稍知繩矩，曰非類所峻絕；偶事會之臨，而小人投機伺旨，輒委順隨之，曰緣耳。緣令人合，亦令人離；緣令人慈，亦令人忍。合離、慈忍之間，小人不足論，而吾之心迹，嘗不能自白於天下，於是致怨小人，恨向絕之不早。然作緣，小人也；受其作緣，非小人也。初之嘗試倖往，亦謂薰蕕無相混，乘流任運，何投而不可？景監可與先容，竇憲可與勒銘，鄭注可與謀國，弛銜解勒，不復置懷，遂爲小人所用。悞寇準者，丁謂也；悞安石者，惠卿也。後世不咎小人，而歸獄於作緣者。噫！正人端士亦何爲而墮其計乎？然裂檢之事雖同，濡情之道自殊。遡厥源流，略可縷述。

輕肥割其獨榮，煦沫分其斗水。解推之德，冰霜生溫；脂膏之流，松筠改性。是曰"利緣"。菀枯繫其齒牙，津要憑其心膂。因鬼見帝，欣桃李之在門；臨深爲高，指公輔之相望。是曰

"勢緣"。身先白屋之求,早奉丹霄之譽。簸揉不棄羔雁,闐康成之家;羽翼是資車馬,立公超之市。是曰"名緣"。更有緩急旁借,危難偶扶。秦關倖於雞鳴,漢網幾於兔脫。方七尺之暫免,遂九鼎之可輕。是曰"事緣"。小人萬態,俱不越此,而一入其穽,則百鍊之鋼化爲繞指,豈不哀哉?雖然,物必自腐而後蟲生,諸如名利之緣,非道德之躬所宜受,蓋正人端士有先示之隙者矣,吾所以思無欲之剛也。

校勘記

〔一〕"陽",當作"楊"。

六編　杞謀

沁水張道濬子玄父　著
門人王度式金父　較
　　劉溥既長父　較

《杞謀》題辭

今天下脊脊多事矣，蒿目之憂，時切當宁，然嫠猶恤緯，杞亦悲天，況忝食祿之後，而曾不以置懷，非夫也。深之先生故讜直自遂，在官言官，此一時也。放廢之餘，既不敢混于樵吟牧唱，益重其罪也，又不得上書請事，發明其志。于是，托爲蒭蕘之言，憂時策事，庶有合焉，可以佐當宁之畫，又一時也。嗟嗟南山種豆之歌，非大臣正誼，以觀于先生，眷懷民社，意深遠矣。

會稽陳洪綬拜題

杞謀

議

三途並用議

國家賢路，曰科目，曰明經，曰掾史，其才無所不羅。後泥於成格，科目拘甲乙之榜，明經分選歲之薦，至於掾史直簿尉之需耳。名爲三途並用，究歸重於南宮。先正每議及之，因緣日久，終未能變。隆慶時，嚴文靖秉銓，劉侍御陽，乙榜也，超光祿少卿；張通判澤，歲薦也，超雲南僉事；薛典史侃，功曹也，超守隴州，號爲破例用人。懷才抱德者，庶幾被濯得自表見。裔是以降，成格彌堅。

今明主在上，立賢無方，加以保薦，頓復高皇帝之舊，甚創舉也。生當此時，不能稍見尺寸，發蔀徹覆，覩羔雁於彤階，下龍光於白屋，直士之自負槁項岩穴，良足羞也。第登進太驟，則人希速化；遷轉不久，則事鮮責成。守令最爲親民，仁漸義磨，需以歲月。國初雖限九年，往往吏民相宜，輒一二十年；後限六年，吏民交便。近者，邑令多未浹歲，或僅數月，遽得量移。雖扶進循治之盛心，而坐席未暖，化牟卓魯，是子產之輿誦不待閏成，宣聖之麛裘拙於三月也。不特此也，薦辟初行，人驚莘渭，謂必有殊行軼能，特應弓旌，而諸人在事，磊磊若若，亦既有日。倘治效未副，虛聲見議，令天下之人轉重科目，則保薦之路永塞矣。故舉主之課，當嚴也。伏櫪之才，佩觿之彥，何所不有？而非親非故，難入崔群之薦剡。於是齒牙不先於素室，頭角多展於錢神，彼應詔塞責者，得毋先負明旨乎？又不特此也。天鏡高揭，中外臣工凜凜奉命，而一事詿誤，動涉數人；一語株連，輒遘重譴。漢輦未臨於郎署，唐鵲虛望於獄巢，則解網之德視闢門之典宜交相成也。又不特此也。宗人開四民之業，賢俊之士幸上公車，往明旨欲改秩，升轉如嘗法，以宗伯抗言，迄未能行，而麟趾龍種，鱗鱗藉藉，偶限帖括，遂鬱宏才，終非祖訓裕後之意。國初，靖江王尚知東平州，今將軍中尉不下數萬人，其中膚敏特達，俱佚老於兔園雁渚間，不大可惜哉？三途並用，兼得以宗選平進，亦未爲不可，但徼倖之竇當嚴爾。

復藩議

日者，濟南失守，禍及青社，亡人播越，辱在穹廬。主上閔先世之桐封，推亡固存，不失主鬯，親親之隆舉也。第亡人寄命旅裘，號風泣月，代馬朔雁之思，日甚一日，亦嘗陳情叫閽，遠隔天聽，豈無所以置之？聖朝全盛，尉侯萬里，漢之金繒，宋之銀幣，曾何足云？第親藩淪陷，非細辱也。立其子而忘其父，非恒理也。千乘之君，餐腥宿毳，塞北苦寒，能損歡樂之性。一旦河清難俟，哀感交促，下葉山高，粟末河廣，異域游魂，不能渡越，遂成人間一嘆詫，見聞共悼，是亦所當私憂而過計者也。或者疑藩封雖貴，誼在人臣，封疆淪破，社稷丘墟，城亡身陷，當無所逃罪。且也金枝玉葉，下屈腥膻，宜慷慨自裁，何至苟且其身以貽辱？是不然。漢七國之變，梁王抗其鋒，可以言功；唐天寶之亂，永王倡其義事，遂至于不測。祖宗之法訓至嚴也，諸藩之不能有爲，雖坐鎮名邦，其事權非撫按比也。方圍城之中，諸分符挽綬而嘆掣肘者有矣，況王者責臣工以義，隆貴戚以恩。向使濟南雖破，而夭驕既遁之餘，亡人或在民間，或流異地，推聖明今日繼絕之意，必當求而得之，使復其爵位，不失南面之榮審矣，其何罪之有？至于捐生引義，激烈之所爲。人各有能，有不能，非所以重責懿親也。竊嘗借箸，以堂堂天朝，而欲下尺一之書，馳四牡之使，往代覆事，勢所不可。而父子天性，今儼然嗣服者，非亡人之子也耶？周宇文護之母歸自高齊，正可爲德藩之例。誠遣一辨士，名受書於嗣君，偵指東胡，如其惠臨，社稷之幸。倘有所邀説，令嗣君以國賦之入自致金幣，朝廷間佐之，祈請一而再，再而三，庶幾克還無害。是在嗣君有孝名，而於國家大體毫無失也。即東胡亦必曰：天朝有禮如此，人子不忘其親如此，天朝嚴重而介藩效順如此，寧敢以弱宋相視哉？九廟之鐘鼓實式靈之，毋曰蔚菲置之，俾終囚服犬羊，傳之奕世，其誰予我？

恤錄議

國家追慰貞魂，風勸來哲，莫大於恤錄之典，以道極一時，義激天下。長霄傅説之星，高瞻箕尾；入地萇弘之血，永著丹青。扶世教忠，於焉攸藉。而概論一死，不問所繇，則長平之骨俱可登於首陽；先軫之亡尚何慚於弘演。嗟乎！事揆緩急，品列清污。同難而家國之情分，同事而幸不幸之數寓，論者不可不務審矣。昔者紀信之鬼，孤於漢代；近如王禕之死，抑於國初。雖慎重之稍過，亦斟酌之微權。漢帝以馬上得天下，重在武功；我聖祖以艱難定天下，俟其詳確。所不輕於大節如此，他可知耳。今天宇昭朗，偶屬多事，內訌外警。流寇之所蹂躪，逆虜之所虔劉。士女氓庶，致命隕首者，野史幾不勝書。惟是在事之臣，錫圭儋爵，往往雉經梟懸，或全家同覆。今叫閽之章，滿於公車，如並以龍光，章其茂節，將河北二十四郡，盡可爲顏常山，而數年之間，遽得巡、遠百十輩也。宣尼之論狂狷，言其定質，勇如由，介如憲，冰湯席鑊，諒所不辭。假貪如陽虎，聚斂如冉求，一旦馮城不保，臨敵見執，恐未必屬聲罵賊，引頸迎刃也。即鬼禍侵人，白日易匿，而欲慟徹人群，情感金石，悠悠之口，似所難期。人臣不幸遇難殉身，質諸士民之共德，信諸聞見之同詞，或豪憤斷舌，或長吟就刑，或拜訣於宮城，或赴鬭於郊巷，其時慷慨踊躍，當耳目驚悼，即虎狼亦自嗟閔，爲之欽嘆。若夫雜身微服，未辨冠裳，叩頭丐生，卒罹仇刃。更有逡巡再日，懼罪投繯，隱忍潛踪，窮途自絕，以視矢天泣日者，未可並日語矣。至於薦紳家居，情尤各異。辟之睢陽矢[一]守，豈無被害之懸車？太原云亡，自多蒙難之慘宦。今必欲等而進之，表墓湯陰，加秩卞壼，彼填城之屍，赤地之血，萬骨同枯，不無飲恨。然或傾家貲以享士，倡子弟以登城，事既確著，用達宸聰，庸可湮沒也者？死財死仇，曷足道乎？總之，末俗日澆，借端覬幸，旌綸少濫，不惟無以示勸，且爲貪人敗類剝面於泉臺之下，可不慎重之哉？

屯田議

高皇帝曰："養兵百萬，不費民一粟。"蓋廣屯利也。今空籍多不可問，猝有軍兵，輒請增賦。然水旱、盜賊之災，竭民膏髓，而催科如故也。司農蒿目，患無策以處此。愚謂利害相因，塞上歲挂虜，一害也。戶口流散，曠土彌望，遂可募佃課屯，未始非一利也。遼永之間，虜嘗大入，白骨盈野，試簡諸軍老弱不任戰者，給牛種，計户授田，三年而告成，軍實足少資矣。邊氓夙苦虜，加之屯戍侵暴，勢所不無。是惟責成于良將帥，嚴爲令而時察之，斯雜耕可無害。孔明渭濱足師也。至勸農墾荒，必明著之令，凡力畬所得，即爲世業，永不相奪。其人能以百夫耕，俟其成，予之空銜爲百夫長；以千夫耕，俟其成，予之空銜爲千夫長。三年授冠服，十年得半禄。如此，則阡陌可盡開也。神祖初，西北嘗行水田，未幾中止。熹廟時，遣都御史董應舉屯田，亦尋輟。蓋以一人之言而行，以一人之言而止，成敗關于筆舌，最當事之炯鑒也。事圖永利，必不靳小費，不計小効。今初議課屯，畫井授餐，析廬市犢，小費也；穰穰滿篝，小効也。或澇或燀，而怨謗叢起，能無廢乎？聞往日梅衡湘爲赤縣令，課民開荒，其租一石。梅去，令遂廢。蓋租重則民勞，其道不可以久也。今莫若薄賦開其樂生之路，則軍民願屯，可無煩戶說也。內地中大盜，灌莽極目，生齒蕭條，急宜勸農而募民墾荒。設奸人伺其將成，輒追爲前產，非惟失勸農之意，且召釁啓爭。則自今凡荒蕪者，任墾爲業，勿追訟也。邊屯則軍民並利，內地專課民，及今力行，因害得利，雖復國初之舊可也。

募兵議

今寇虜交訌，徵發徧于內地，粵、蜀、吳、楚，俱受調遣。往年己巳，戎馬及于國門，諸道勤王，數千里赴難，途遙日久。選士甫得頓甲，虜已飽馳塞外。徒勞苦，亡尺寸功。然縣道所費不貲，甚約束不嚴，淫掠之慘，行人影絕。噫！兵猶火也，尚忍輕言之哉！故丙子部議罷諸遠道兵，令權金自募，此亦救時達變之微權也。近流寇四潰，需兵益急，顧招集亡命，鮮衣美食，技擊進退，動不如法，是以卒予敵耳。又猾徒冒餉，主帥相率乾没；權貴子弟詭名籍中，曾不識行間，而瓊弁玉纓取之如寄。今能痛裁之乎？若上下相蒙，以尺一伍符爲要人富貴地，則智勇之士誰窺左足而應者？噫！欲收募兵之利，先戒其害。往徵師于蜀，而安奢之難作，流血數年，事可爲鑒。故遣使欲審其人，懼激擾也；閱試欲嚴其選，懼冗濫也；符檄欲信其期，懼怨黷也；芻廩欲豐其給求，懼緩急也。蓋朝廷需兵，悍民曰："我能往。"愚民曰："我亦能往。"覬幸萬一，博金錢，驕市里，非真走死地如鶩也。風聲鶴唳，預作不可知之計。募額千人，輒麏集麋至，不下數千人，稍優容不決，未免坐耗膏脂；汰之稍失當，或相挺而起。故核兵于已募之後，不若核兵于未募之初也。溪峒蠻夷之兵，雖性憨寡營，然難受約束，又技巧不足當虜，已事班班可攷也。此以捕寇近地，庶爲得之，爭勝於黃沙塞草之間，非其用矣。浙卒驍捷，步卒之勍。若浴鐵之騎，固非北人不可。總之，客兵費煩而難練，土著費約而易集。山川險隘，客兵不諳也；風雨寒暑，客兵不習也；飲食還往，客兵不協也。自古計臣謀士重土著，矧屢經創夷，邊氓習見虜，思一寢處之。內地人各念其家，肯相逐潢池中耶？募兵莫土著若矣。或曰："今鄉兵亦土著之意也。"夫募土著，使人自受甲，應否惟命；而鄉兵未免責成于里役，驛騷善民，肥胥吏之橐，豈天子惠養元元之盛心哉？

馭虜議

虜自陷遼之後，丙寅、丁卯間，專瞰遼西；至己巳、庚午，兼瞰薊、永；其後遂瞰宣、大，而於遼若釋然者，果愛遼而不忍重殘之與？抑畏遼而有所不敢肆也？噫！此虜之狡也。虜密邇於遼，遼人飽其鋒刃，幾無完室，即虜肉視遼，詎不欲盡舉而糜之？而見我積甲守隘，非復向之疏虞，遂橫鶩於西，宣、大、薊、永之間，邊長而戍分，鳴鏑所至，屠掠之利，百倍於今日之遼。部落屬厭，故屢肆西犯，小入則小利，大入則大利。往猶睥睨都門之外，今且深犯齊、晉，俱出往日所不料。則後此舉事，聲東擊西，固其恒智。遼西可虞，恐尤甚於薊、永、宣、大也。蓋數年來不被兵，一被兵則奸民之闌出，與夫掠地攻城之計，必有驟發分擾而不及應者，能無慮乎？往虜深入，我奸民爲嚮導甚衆，板升諸黨實繁有徒，是在閫臣平時廣布間諜，鈎致携貳，使虜所寄腹者漸不爲用。虜一疑漢人，將亦疑部人，然後我之膏肓去矣。

昔漢捐四萬金，而楚將如亞父、鍾離昧等皆猜沮。今費餉歲數百萬金，不救敗亡。若捐十萬金行間，此不過一障之費。聽出入不問，虜之耳目可奪也。虜便騎射，我恃銃炮，彼聞聲匿免，久不收效。今約虜初至，勿遽用火器，待其力攻酣戰，出試之，鮮不潰耳。虜屢得志，嘗有輕敵心。勍風甚雨之夕可劫，深谷曲塹之處可乘，諸將患不力焉，不患虜強也。虜自併部西虜，其勢合而益雄，然胡人戀主，又尚貴種。誠募死士數十輩，間行胡中。朵顔之三十六家，順義之東西部，説以舊業之可興，無屈爲人下，倘有一二攜志者，奮臂一倡，餘黨必相繼煽動。因而加秩優賚，即不爲我用，亦足以弱其勢，虜安能制西虜之命哉？大都虜類陰而我以陽用之，虜性狡而我以正禦之，適足見嗤，徒自取敗。我借其陰狡之術，虜無不入我殼中也。

楚寇議

今樞相南征，楚氛未掃。億萬之衆，久屯而不解。雖天戈所指，命在漏刻。第寇方陸梁，遐覽邇聽，不無可慮也。寇自發難以來，方鎮仗鉞之臣，屢蹶屢易，雍、揚、并、豫間，肝腦塗地者非一日，併力於楚，遂號百萬，特虛聲耳。其疏武習戰者，度數萬人，餘皆烏合蟻衆也。

漢之赤眉、黃巾，北魏之葛榮，俱號百萬，終被破滅者，未嘗舉滔天之兵，用傾國之衆也，在得其機要而制之。寇之或分或合，必不繇於寇，而繇於我，則機要也。

昔者曹氏征韓遂、馬超，聞其衆日至，喜其易平。今流寇不分裂四出，而大聚於楚，正孟德所心幸而色懌者。然樞相南征，業已改歲，捷書時上，求如黃蓋之一炬，岳飛之八日，尚有待者，何也？自昔連師數十萬，對壘決勝，近不逾旬朔，遠不越再期。蓋大衆日久，節制進退，首尾不相應，戰士罷鈍，有暮氣而無朝氣，危道也。矧楚地寥闊，步兵利險阻，騎兵利平原，寇且得地，步騎兼利，中原之長技，與我共之。浪戰則損威，堅守則養敵。故爲今日慮，非可以雍、揚、并、豫之已事，嘗試而予敵也。

愚謂寇有"二瑕"，有"三間"。寇起自秦、晉，便弓馬，今在楚爭舟楫之用，此賊操見敗於赤壁。一瑕也。寇資掠食，今密邇大軍，攘竊有限，人衆食匱，此項羽終困於京索。二瑕也。若夫楚地卑濕，贅聚蒸鬱，疾疫易生，是曰天間。包原隰險阻而爲營者，兵法所忌，寇無遠識，連營彌亘，或焚或劫，破其一營，則諸營俱潰，是曰地間。群盜稠雜，其心不一。有如楊么之黃佐，我且以賊攻賊，是曰人間。然此寇自爲瑕也，寇自爲間也，機要不存焉。

練兵儲餉，繕械飭備，軍之經也。至翕張操縱，秘裁密畫，人主不內制，同事不預聞者，貴善持其勝於人意之外。小勝不爲恃，小敗不爲餒。狄青之破儂智高也，將京營鐵騎千人，朝廷疑之。夫邕、桂非用騎之所，而卒以成功者，出其不意也。今寇自瑕自間，我能出其不意，是則機要也。楚之南銅鼓諸蠻毒弩勍矛，寇之弓劍弗與也，當得其用。加以中原之長技，翼而出之，因勢利便，度可盡滅，則役不再舉。度未可盡滅，又能使散而擊之。寇之分合盡繇於我，而寇不預焉，庶乎可卜終事。若坐俟其斃，甲胄生蟣蝨，壘壁生苔，而保無意外之變，非愚之所知也。

饑盜議

庚辰冬，饑民嘯聚於澤州。旬日間，衆至二三萬。時切桑梓之憂，僭爲議曰：饑盜與流盜異，禦之亦異。流盜輕去其鄉，利在剽掠，勢如狂飆迅霆，不可驟遏，宜静鎮確鬭，伺怠挫滅，乃爲得策。若饑民嘯聚，此不過枵腹亡命，偷活旦夕間，其田舍婦孺自若也，其宗黨鄰戚自若也，凍餒切身，一夫攘臂奮呼，群而趨之，斬木揭竿，志圖一食，初未嘗有金帛子女之覬，攻城據邑之謀也。急散其黨，緩則將合；急蕩其巢，緩則將劇。是在才有司者，倉卒出奇，足以制之，不必專恃兵也。

蓋晉比失歲，二穀不登。棗柿之屬，凡可寄命者，十耗其八九。愚民無知，刃在其頸猶且不顧，其不能守士君子之節，立槁於溝瘠間，勢也。其爲亂民也，其去良民也，時與地俱無幾何耳。爲今之計，必特明示德音，蠲征開廩，聽其自歸貰罪，概無所問。若能擒斬賊首，并加賞賚，誠如虞詡朝歌事。間遣機智者，入巢開諭，攜間其黨，勢必望風而解。然後乘隙進擊，一舉可盡。如遭延時月，益長其桀驁之性，滋蔓日深，非晉之利也。語曰："得一賢令，勝得勝兵三千人；得一賢守，勝得勝兵三萬人。"言守令捍患勤事之力也。嘉靖時，青羊山盗陳卿，跳梁四載，而後平之。非陳卿之雄，上官禦之失其道也。弭盗之術，先審盗所自起。有妖盗，如漢張角是也；有忿盗，如唐黄巢是也；有黠盗，如隋翟讓、宋方臘是也。饑盗爲最下。倘不急圖其事，欲泄泄然請兵調餉，余方蒿目而憂未已也。

校勘記

〔一〕"矢"，當作"失"。

七編　奚囊剩艸

沁水張道濬子玄父　著
陽城張履旋坦之父　較

《奚囊剩艸》序

余讀張先生《奚囊剩艸》，而深有感乎"剩"之一字也。《記》曰："君子不盡人之歡，不竭人之忠。"剩也。《書》曰："爾無忿疾於頑。"剩也。《語》曰："無求備於一人。"剩也。《孟子》曰："仲尼不爲已甚。"剩也。其他若衛叔寶非意可遣，王子淵已能不責，張安世人過必掩，皆剩也。

設今日風雨利名之場，人人解得"剩"字之義，弗率過行，厚以載物，恕以視躬，每事剩有餘地，太尉之袒不左不右，武侯之秤不重不輕。殿之上，安得而有爭虎？野之中，安得而有戰龍？天下可以望太平矣。惟是"恩仇嗔喜"四字，今人不能認爲飄風爲散烟，而返認爲銅墻爲鐵壁。經營太深，較量太過，酬報太刻，真有如朱敬則所謂：萋菲之角牙日哄一日，不肯剩一分安靜；凶殘之芒刃日慘一日，不肯剩一分含藏；羅織之妄源日密一日，不肯剩一分疏闊。毀譽盡因愛憎，向背俱隨枯菀，釀成一片牛李、蜀雒之世界，不資達人之嗢噱乎？且余聞諸竭澤而漁者快漁之心，不過盡鱗之族止矣，而決不能盡鱗族中之神龍。則神龍者，又豈非漁者之所剩乎？焚林而獵者快獵之心，不過盡毛之族止矣，而決不能盡毛族中之祥麟。則祥麟者，又豈非獵者之所剩乎？更有甚於此者，昔秦丞相斯下令焚《詩》《書》，盡天下之《詩》《書》、百家語悉詣諸守尉焚燒，敢有藏《詩》《書》、百家語者棄市。其一時之虐焰，又不止於竭澤漁、焚林獵矣。而六經、孔孟諸書，萬古且與日月光爭晰峙，則六經、孔孟諸書，又豈非秦王刦火之所剩？剩之中，不惟有鬼神爲之呵護，抑且有陰陽爲之搏捖，彼哉深文密詆之徒，得以刺骨吹毛，憑胸而起滅否耶？

　　張先生才當八面，識透千古，學富五車，辨折萬夫，目營四大天下。其胸中有古今來之王局、霸局、治局、亂局、相局、將局，偶有感觸，發爲文章，方且魯陽之日可揮，方且錢鏐之潮可射，方且河神之山可劈，方且女媧之天可補，方且安公之龍可鞭，方且李廣之虎可枕，而僅僅題其集曰《剩艸》。嗟乎！張先生無限憂世之深心，無限救世之大力，俱已隱隱隆隆一"剩"中矣。若非以忠孝爲根，以英雄爲幹，以聖賢爲果者，而得以逗"剩"之微也哉？若非以慧日爲心，以智月爲眼，以法雷爲耳者，而得以參"剩"之微也哉？此余深有感於"剩"之一字，而亟急欲振天下以太原之木鐸。

　　鹿城李靜修龍靜父頓首稽首書

奚囊剩艸卷一

序

《沁水縣志》序〔一〕

史記趙、韓、魏三家分晉，封晉君之子于端氏，今縣東偏也，仍其名。不腆下邑，邀惠史氏之寵靈，實始於此。漢名縣沁水，東京時爲公主食邑，今縣名猶漢也。土雖磽瘠，桑、麥、棗、柿之利，生民仰給，原小則鮮，下邑賴焉。邑多山，故磊拔奇偉之氣，鍾于紳弁，類開敏勁博，迄今光炤簡乘。第昔時鳴珂之里俱西境，今悉萃于東，或曰河有遷德，故濱河之閥鼎鼎也。

邑舊有志，修于先宮保。越三十年，予又重輯。崇禎癸酉，邑不戒于流寇，延爲水災。嗟呼！徵文考獻，後將何觀？且墮宮保之成烈，庸何佚乎哉！復搜訪故實，錄既成，感念疇昔，序之曰：

美哉山河之固，守在四境，晉文公頓甲所不能下，秦白起、王離東嚮百戰之孔道也。今掠道鼠狗之雄屢至，失守封疆之謂何？辨方表勝，保障我土，爲志《輿地》。黎民繁殖，庶士作乂，河伯不仁，澹災時告。兵燹以來，户日耗，賦日迫，萇楚之歌恫焉，爲志《賦役》。我有田疇，翳誰殖之？我有子弟，翳誰教之？厥有司，存軌度，以次爲志《官師》。河山降神，厥稱靈稟，歷代攸萃，所不勝紀。國初草昧，徵辟至十八人，駸駸乎掄材之鄧林，搜奇之瑤圃也。今幾何時，百世一士，匪人則湮，爲志《人物》。樓臺萬家，崇墉言言，邸署棊置，《魯頌》泮宮，壇壝孔秩，宮室繁興，異端曼衍。今顧瞻城署，四望列堞，誰爲重新者乎？爲志《營建》。往哲流徽，遺藻相屬，貞珉未刊，輪蹄周道，使客至止，登高攬勝之所繇著也，爲志《藝文》。時殊事異，耳目轉信，間有隱佚，齊諧志怪，閱覽博物，能毋采乎？即韓王古墓，父老失傳，而北山石爲槨，陳夏絮漆錯其間，豈可動哉？爲志《軼事》。

噫！志備矣，廢興得失之感係焉。邑大夫在上，先宮保在前，曾未數十年，予涉筆者再。倘後之視今，引而弗替，則邦家之光，下邑且與曲逆競壯矣。

《續國史紀聞》序

先忠烈昔候臺命，作《國史紀聞》，蓋自開國訖武廟止矣。其永陵以來，觀揚之概業屬艸，以殉遼難失去。余念鴻業之代興，傷遺緒之中佚。於是搜廣牒，翻邸報，合五朝凡百有六年，以續其後。

時予南遷久矣，路鬼揶揄，波臣濩落，嘗有君門萬里之感，及濡削數次，更竊有嘆也。一時之裁，一時之臆，得則未足爲董狐，失且爲陳壽之忿、魏收之穢。況事在百年內，家有睹記，人有心口，若非曠代秘迹，語嬴秦於太康之漁人，問楚漢於亡隋之毛女也。國家重熙累洽，亙古未有。乃繇今觀之，謀王定國，如昔之蹇、夏、三楊，今或才遇可匹，不必協衷共濟。于忠肅、李文達若而人，成功在呼吸間。今何時也？扶危定變，疑不在值，至於爪牙虎臣，北捍虜，南捍倭，僅支目前。視昔之三黎入漠，西征交南者，尤若徑庭。惟是循吏勞臣，文苑獨行，直言殉義之士代不絕書，是則二祖、列聖培植之餘澤，以光於五朝，傳諸信史者也。

先忠烈初命筆，寧簡毋贅，寧覈毋誣，余守此義，不敢廢焉。或曰：子環列之尹，越局于蘭臺石室間，有往事乎？曰：有之。《周官》虎賁贅御俱擇正人，進正言，矧余有先忠烈之成言在，又何敢違？見於忠烈前有薛憲副之《憲章録》，見於予前有薛學正之《續録》，俱史也，俱父子也。第予弗克折薪，有血指退矣。

《奇門秘旨》序

奇門家洩造化之秘，參曆元之微，其爲書也，難言也。《陰符》略及之，而不竟其旨。烟波釣叟雖被之聲歌，隱而不發，亦惟聽賢智者之自領。迨池本理妄以己見，置閏于二至之前，准以九日，往過來續，分數差謬，遂至毫厘千里。夫使無本理之説，學者不得于心，而求理之所安，數之所歸，或望有悟，乃失其正傳。盲以導盲，所趨愈迷。占驗不靈，歸咎作者，惡乎其可？余向來得三式諸書，彼此參錯，竊疑而尋其原，乃知要妙專在超接、折補之間。亦嘗恍然有得，而喉中咯咯欲出，尚未能也。

吾鄉韓豫侯氏，居山中三十年，究心理數，徑窺其奥，辨疑剖隱，删繁補缺，直可上接風后之統，下開萬世之宗。余之恍然，更非昔比矣。

嗟乎！啓余者豫侯也。小而日用，大而軍國，吉凶悔吝，均于是乎賴之。乃猶不亟以示人，令昧所從違也耶？

高陽孫愷陽少師文集序

竊觀古名將相，身兼數器，負三立之望，尹、旦以下，概未多見。蓋步武台座，玉鉉金衡。朝廷資其調燮，疆場藉其金湯。或時不並奏，或才本獨長。勒之旂常竹帛，將蕭、曹讓烈，房、杜競休。至於雞林之價，摩空之聲，往往紳韋多而鼎軸少，雖名世大賢，不視此爲輕重。而清廟明堂，黄鐘大吕，所以黼黻龍光，經緯天地，古名將相，要不越此。明興，劉誠意倡一代之業，而未正揆席；楊文敏、楊文襄、翟文懿正揆席，著武功矣，而稍未嫺于文。甚哉！兼才之難也。《天官書》、《泰階六符》，左次文昌，而右上將。大臣謀國，既罄其血忠，可使奎璧黯黮耶？

高陽少師孫公，少受神祖特達之知，拔置鼎臚；承明著作之庭，踐陟黃扉。閔國家多故，身請行邊，再以上方劍出關督師。玫之先朝楊文敏使寧夏、甘肅、西寧者三，楊文襄總督陝西，翟文懿敕視九塞者各一，此皆熙朝僅事也。韓、范在邊，而夏人爲之弭耳慴息，公亦類之。至夫博極群籍，雅善文事，草麻應制之外，搜弋見聞，酬應朝野。劉穆之之百函並發，張燕公之大手天成。古聞其事，實于公見之。

嗟乎！今往騎箕驂星，不免以身殉牧圉，於公將相之業亡傷也。海水群飛，昆岡概焚。神理極其荼毒，獨鴻裁傑製，百靈呵護。故河東之篋未亡，金絲之音如在，亦治世一徵也。先忠烈附公榜，素嘆服其奇偉。潛幼奉顏色，勉以丹霄之譽，愧未一酬。甲子獲事公榆關，祇命逌責。今手公集，徒使西州頌策，謝太傅之風流已墜；南崖墮淚，李衛公之生采不還。嗟何及矣！存則人，亡則書。古名將相之身係安危，一旦游于九原，天下後世必奉其言爲蓍蔡金石，非公之謂耶？

大司農張薲山先生《泊水齋詩》[二]序

詩至三百篇，尚矣。超而前之，疇爲倡者。陶唐《擊壤》之謠，有虞《卿雲》之什，昌明龐奧，肇隆千古。吾晉非《風》《雅》之正始乎哉？今列在三百篇，動曰思深慮遠，猶有唐虞之遺風。蓋仲尼氏麋陳俗之精思，委也，非源也。今天下無人不詩，無詩不三唐六代。然古調久矣不振，洋洋纚纚，見謂日新，而意語並盡。神景易離，不過優孟之轉經，季札將何觀焉？

吾父執藐山先生，少有起衰之志，嘗與先忠烈彼此稱詩，句權而字衡之。及揚歷中外，三事在望，雕蟲刻葉，因鄙爲薄技。然而性靈融曠，胸懷坦粹。春秋時，卿大夫講信達情，固不廢詩，矧在先生明良喜起之隆乎？故其觸時構象，感事寫情，深麗而有清肅之氣，高渾而有幽細之思。句多餘致，篇亡剩法。求之三唐六代，將避席不遑，寧論今日哉？昔權璫煽禍，嘗西行金城，其與李供奉之夜郎、杜工部之夔州何異？而患難不忘君父，藹然言表。古大臣肫誠藎誼，先生有焉，又不得獨以詞人迹之也。《書》曰："詩言志。"《擊壤》之謠，《卿雲》之什，視後世之《房中》《柏梁》，其志爲何如？千古已事，幸在吾晉。仲尼氏正其委，先生遡其源，兩得之矣。予不敏，奉大君子之教，行吟澤畔，辭旨憂鬱，有類江潭大夫，以質先生金城時離矣。今獲睹典型，感念古昔，樂操其土風，不忘本也。

陸嗣端司馬《日紀》序

司馬陸嗣端，既罷官還里，人謂其咄咄書空也，嗣端獨否，仍觴咏自如；人謂其捫舌刺血也，嗣端亦否，仍慷慨論天下事；人謂其南山種荳，拊缶嗚嗚足樂也，嗣端又否，仍眷顧君國，夢寐廊廟之上。其生平稟性，高視一世，慕嵇、阮之達而醜其放，工晁、賈之策而病其忿。故在事之日，章滿公車，天子讀之，改容動色。一旦武闈株累，尋中考功法。江南花鳥，待嗣端增價，不知憂盛危明之藎思，屬車豹尾之追念，吐之不可，茹之不能。或曰：以子之才，掞顏、謝之孤高，雜徐、庾之流麗，僅詞人事耳。古人臣之廢，杜門省愆。趙清獻之焚香告天，正其時也。嗣端大善之，亟濡墨伸毫，凡日所動定，莫不臚紀之。於是高賢大良之聲迹，幽人騷客之笑履，接于目而傾于耳者，俱躍躍有靈氣。下至柔鬟慧黛，冶情妖怨，落其筆楮，更不羨歌子夜，而怨莫愁也。間有英議借發，豪憤旁攄，或朝或野，或正或諷，或稗或史，以參於劉義慶之《世說》、何元朗之《語林》，即雁行進之尤先也。

嗟乎！嗣端家世華膴，年少通籍，出入金華殿中；攖鱗請劍，固側舉朝之目。迢〔三〕投身江湖，航則一葦，杖則一筇。與人無怨，與世無争也。疇忌而禁之，乃奪予司命之算，夸父不能追矣。嗟乎！讀嗣端之彈文，恨其易盡；讀嗣端之《日紀》，恨其未竟。此予輩所爲呼天號籲，嘆九原之不作也。嗣端最善予，燕市酒人，不減荆、高之誼。及予南遷，正嗣端從事日記時，燈魂酒態，淋漓盡致，孰謂其緑樽翠蛾外，尚有子墨客卿供其朝夕也？陸氏之先，宣公罷相，徙忠州，廢書不著，止輯醫方如干首。嗣端豈亦其意乎？忠孝性成，予復何云？夜臺之間，顔回爲修文郎，顔真卿爲北極驅邪院判官，李白爲蓬萊都水監，石曼卿爲芙蓉城主，則嗣端于氣節文酒，俱極得意，亦復著筆否？嗟乎！車過腹痛，念此能無一字一淚耶？

《施氏臆説》序

吴興施中黄，命世才也。窺天人之奥，志在德功。既不售于時，一日從長安走筆成書十有六篇，俱研極性命，根抵造化，衡量才品，評隲藝文，至於出政制治之宜，詳哉其言之也。下及方技小道，間有一涉焉。其説得荀、楊之醇而去其疵；得淮南、稚川之博而去其瑣，故足傳也。

其曰二教，則昌黎之《原道》覺拘；曰神道設教，則叔夜之《無鬼論》頓狹；曰情性喜惡，曰陰陽五行，則宋儒之羽翼；曰剛勇，曰夜氣，則先聖之功臣；曰君子小人，曰鄉愿狂狷，則劉劭《人物志》尚少其辨；曰諸史異同，曰諸子馴駁，則倪思、高似孫之書未見其暢；曰文章原委，曰詩賦末流，則上下三千年，縱橫一萬里，喆匠鉅公，俱俯首受裁；曰經權法術，曰張弛寬猛，則皇王帝霸、神明獨會，而不膠於故嘗；曰兵曰醫，則司馬穰苴之支旗，而《靈樞》、《素問》之奧窔也。

昔人以《鴻烈解》二十篇，字挾風霜，繇今觀之，亦其亞也。文之以"說"名者，文中子之《中説》最著，蓋自比《魯論》，或不理于人口，若以《臆説》匹《中説》，復何疑乎？

今中黃往矣，諸説已流布人間，余復何所置喙？第恨其在時不我值，余且有一得效于中黃。如融貫釋氏，姚江之末流亦有之，他人隱而中黃氏顯焉。恐後之持論，益茅靡瀾倒。其謂今之天下，不惟無中行，無狂狷，且并無鄉愿也。即憂深慮遠，然鄉愿自終有的傳。文意詩賦，詳于古，略于今。假卧君百尺樓上，旁進規瑱，得毋爲後人所彈射耶？雖然，書成一家言，奪席漢儒，驅駕時彥，一二宋大儒據前座而標其理，要不能爲中黃氏難也。世有知者，詎增中郎之帳秘而已哉？

沈氏《家塾私訓》序

嘗觀名閥世裔，弓冶相繼，非天之所奉，獨享晰鐘膏腴之運，亦其貽謀良遠，有身教焉。姬公之撻伯禽，宣尼之命伯魚，家訓之祖也。萬石君家以孝謹顯于漢，陳太丘德重汝、潁間，倘亦不言躬行之意乎？今世所知顏氏、柳氏《家訓》，戒諭嚴切，詞旨華貫，衣冠之族，宜人人尸而祝之。乃門祚如王、謝，不免以麈尾貽譏；馬扶風畫虎刻鵠之書，其念最醇篤，而身反遭謗。則學士大夫推本家法，豈曰芝蘭玉樹，任其生長階前耶？彼子將月旦之口，嗣宗青白之眼，季野陽秋之腹，子若孫有一于此，咎徵也，非休徵也。薄俗不察，恬守其習，未幾而滄桑遞變，列鼎轉而負薪，何曾之侈，曹翰之殘，頓成譚柄。或不至淪敗，尚有公慚卿，卿慚長之論。嗟乎！是遵何訓哉？其始不可不慎也。

　　松陵沈韞所先生，故有名德，家世晰晰，高而能下，豐而能抑，著《家塾私訓》十篇。凡立學提躬之要，起家善世之道，非徒言之，實允蹈之。諸弟服膺，俱有聲仕路。後人繼繼繩繩，質行比于長者。予讀其訓，作而嘆曰："此不獨爲沈氏訓也，以式天下可也。"國家世德作求，恒慮其汝。高皇帝初設君子舍二人衛，以世祿之家鮮克有禮，諄諄然申命不倦。有如先生之訓，金、張、許史盡進而爲伊陟、丁公；江左裙裾子弟，盡陶于鄒、魯間。家有德星，人有導師，扶翊世風，仰承天子之德教，於是訓端有藉焉。常璩之志《華陽》，韓氏之記《桐陰》，排纘世德，後之視今，知不能加于沈氏矣。

新建[四]戴初士文集序

　　文人靈根，首培于豫章，盤礴千里，芒耀萬丈，而莫知所止。秦漢以下，分其腴色清音，良幹堅理，俱可卓聞於世，陶徵士之於柴桑，李供奉之于匡廬是也。他指不勝數，至明尤極盛矣。天加闢，地加釀，故人亦加俊。今語及戴初士姓氏，莫不列其目於耳右，注其腹於舌上。予雖生不同地，嘗有尹邢、瑜亮之感。近自邗溝傾蓋，秣陵投轄。自幸生平，得一當初士。遂盡讀戴氏書，益非凡所見也。茂先十乘，鄴侯萬卷。瀝其芳澤，橫空獨出。畦徑既絕，變化以生。時而游覽，時而冥寄，時而強藻綺思，筆采欲雲，墨光如海，當世文士，咸欲退舍。嗟乎初士，何才之宏博無已耶？地靈人傑，嘗恨其語積腐。以今觀之，非此文不能名此人，非此人不能名此地，謂地以初士重可也。

　　余家於晉，梗楠杞梓，則楚地往焉。出君之下材，以拜君賜，猶復不克自振，敢與豫章絜長較大乎哉？余茲愧矣。

長水王介人文集序

余友介人，開敏邁往之士也。生長梅溪，地接白苧、前溪之響；係籍太原，時傳東皋、摩詰之書。席門窮巷，不預人事。株守毫翰，凝思朝夕。闤闠相習，非計然之籌，則桓東少年場也。見其孤情枯嗜，動目迂狂；而雕蟲之好，宿業既深。捒顏、謝之孤高，雜徐、庾之流麗。中懷獨賞，嘗高自標許。睫不受人，耳目共駭，幾若君家癡叔。遂理枻吳、越，弭節淮、徐。名山勝水之所開滌，異見軼聞之所激宕。欣感殊多，符采愈厚。予初交臂得之，尋下其榻。東西南北，亡所不至。王、裴之于輞川，嚴、杜之于劍南，庶幾似之。嗟乎！謝茂秦死，而北道云亡；吳少君没，而南風不競。布衣之雄，其難百倍于紳珮。蓋彼有藉，此亡藉也。自非拔山之力，求一語之幾乎道，其可得哉？若夫羔雁當世，游大人以成名，介人骯髒不屑也。故食貧寡合，獨昵予不置。嘗醉後頹唐，傑論橫溢，政桃源人不知自漢以下。今集具在，識者當爲長價。袁中郎入越得徐文長，鍾伯敬入金陵得陳白雲，稱異世知己。余入吳得介人，定交杵臼之間，視公安、竟陵，倍爲厚幸矣。

王元昭《好書》序

昔廬陵云："一願識盡世間好人，二願讀盡世間好書，三願看盡世間好山水。"余以爲此三願，何易言也？九州游八，五經涉四，亦不過領略大凡，那得云盡？至于斯人之徒蜂群蟻族，從何處辨其真僞？而乃云好人盡識，識果可盡？是亦淺乎窺人，人以好名，亦未必誠然矣。余少也，志浮氣莽，手眼茫昧。間嘗寶惜圖書，惟錦軸牙籤便以爲好，正如蠹魚出入卷中，止知溫飽。邇年見棄聖朝，北鄙南服，經歷遼闊，反邀天幸予山水緣。雖足迹未遍天下，而于名山大川頗有遇合，貧而乍富，遂飽眼界。然茫茫世宙，正自寬廣，亦烏乎云盡？若夫半生知交，炎冷改換，不爲反噬之狼，即爲含沙之蜮，其間終始不渝，大聖賢，真豪傑，指不數屈外，是於沉淪時得一翹企足矣，敢曰："某人好，我願識之。"識且未可，況于盡乎？此余所日夜拊心，咄咄難言者。

庚辰春仲，以迎養過彭城，纔得識韓次卿。千古所幾望荆州，惟恐不相當者，獨許余以孔李通。接見以還，神爲飛越。余謂好人其在是矣。乃于次卿所，又得識王元昭。老杜所云"渭樹江雲"，元昭有之，且更出篋中珠玉，以質賈胡。余時正與次卿把臂論天下事，都無他顧。忽披閱一再，不覺結舌。迨至終卷，蓋不忍釋手矣。有是哉？好人、好書一日遇之，舍是羊質虎皮，烏足有無？雖謂之盡亦可。識好人，讀好書，願云盡矣！龍山嵯峨，黃河沖瀁，即謂之好山水，亦盡于此，又何不可耶？因慫恿公之于世，使世有具是願者，亦得以識元昭。余即題其卷曰《好書》云。

綏寧吳能尚詩序

詩莫盛于唐，而閩人能詩獨歐陽詹，非顧靳之，天道後起者盛，將用其所未足也。

明興，同文之治，摛藻如林。其首建旗鼓，狎主齊盟，實閩人倡之。林膳部子羽，高典籍廷禮，其最著也。汲引英流，究極華貴。其後鄭吏部善夫、顔長史廷榘、佘明府翔。他如高瀫、傅汝舟、黃克晦輩，俱經緯相宣，宮商互應。閩人于詩，真海賈求珠，而蜀賈求木也。雖然，詩道沿習久矣。先民遺響，體製不一，或沿元季靡縟之遺，或襲少陵愁嘆之旨。雖有依經之儒，而亡擅場之作。是以登壇競美，而後進間有餘議。語曰："同長不如獨勝。"今能尚覃精風雅，思拔羽而登，貫珠駢玉，河涌川流，閩人莫先焉。往詁〔五〕以閩重者，固比比而是。其異量加等，不能不望吾能尚氏也。

《選唐詩》序

夫詩起于三百篇，至漢、魏一變，宋、齊、梁再變，陳、隋淫靡特甚，然亦宋、齊、梁之弩末也，不可言變。惟至于唐，而聲響一振。其體裁則仍承陳、隋而來，歷初、盛、中、晚，乃稱具備。詩遂莫盛于唐，然亦莫濫觴于唐矣。要之，皆古人精神所出，各極其致。雖瑜不掩瑕，然千百世來，所傳不幾人，人不幾詩，存之猶恨見少，何忍刪削以彰得失，掩没古人本來面目哉？昭代選詩，自高廷禮始，李于鱗繼之，簡閱之餘，偶有好惡，因有去留。夫亦不謀于人，自成其是。高之後，李未嘗以爲非也。迨鍾伯敬、譚友夏出，遂盡黜李選，輕薄嫚罵，時露筆端。夫李之疏則誠有之，而鍾、譚所收，偏于可解不可解者特加獎詡。其間粗惡迨過於李，豈責人則明，恕己則昏耶？余以爲，既選之矣，必當兼收，氣骨勝者收其氣骨，韵致佳者收其韵致，要使古人精神生活眼前，不在以己好爲去取，何必高、李、鍾、譚迭爲爭長？以文墨之場，作市井之態，良可吁已。余因彙四家之合，及世所公是者而褎之，棄其所私，庶乎人無尤焉爾。

《張氏文獻錄》序

余家大河之濱，春夏水至，兩涯輒不辨牛馬。蓋源遠流長，非他水可並也。飲穰縣之澗多壽，汲綠珠之井多妍。學士大夫生長河上，不以文自見，是勺蠡而忘其源也，徒有"逝川"之嘆，將來"伐檀"之譏。

嗟乎！亦有當時則榮，歿則已焉，烏在繼繼繩繩，聲施後世？是乃自絶其原，而未嫻于大道乎？先世幸煦植不淺，宮保公發祥以來，不獨仕版相踵，且代擅縑素之業。分鑣競騖，至殘膏賸馥，遺瀋餘波，予亦飲河而盈其腹矣。王氏青箱、蕭氏世翰，最著江左。若夫扶風之班，見于父子；雲間之陸，見于弟兄；眉山之蘇，見于父子兄弟，僅僅此耳。予獨何幸得于天之奢也！謹彙次家刻，合而行之。先宮保其昆侖也，得河之源；忠烈公其鹽澤積石也，得河之隆；伏宇章諸父其龍門砥柱也，得河之奔迅。其于溟渤尾閭，杳乎未有窮也。益信源遠流長，所謂文人得山水之助，非耶？

《復古道林》序

昔之爲教者三，今而四矣。吾儒而外，有佛與老焉，加之天主之日熾也。同原分流，詳其要歸，各有至極。自非通人，或以理而相格矣。余嘗論厥涯略，竊以禪得其體，三者得其用。儒者，本仁義中正，達之彝倫；天主，博學多聞，詳於算數，以極之經緯天地，裁制器物，是皆用以經世者也；而道家，則用之以出世焉。

嗚呼！世有能使病者起，老者壯，死者生，無有矣。以其用歸之造化，造化而生身，非金丹之旨，吾又誰與歸乎？余嘗覽《悟真》一篇，暨乎三注，大要性悟命傳，功存清净，鼎藥多端，黃絹之喻也。其痛言爐火之誤，不啻三致意焉。乃《參同》一書，雖指本規中，而作丹之法，俱在引發之際。相傳伯陽入山，丹成斃犬，以試諸弟子，豈非服食之可據乎？古德有言：清静之後而有服食，服食之後而有符咒，符咒之後而有章奏。服食者，非爐火不爲功耶？管窺多怪，譏爲異道，等之三峰，冤矣。世鮮聞道之流，黃金不成，喪好利之氣，而白髮隨之，卑卑導引之術，却病之不足養氣存神。言非不傳也，而執之無本，施之鮮次。第龍肉而療饑，則又何補焉？余曾遇至人于燕、趙，兼授内外諸法，余亦已得之而爲，爲之而驗矣。其未敢云有成者，身居憂辱之中，事雜風塵之半，兼以聲色娛情，詩文費日。是所踏于知之非難，而行是艱也。王勃有言："清識滯于煩城，仙骨摧于俗境。"平居忽忽，撫此三嘆。然而見同志之士，每與伸引微言，攷訂同異，輒[六]欣然忘疲。

余之幸遇俞俞子也。俞俞子，斯道之傳人，其恒以是印證余也。如古之目擊而道存，或猶未能，然于河漢之譏，我知免矣。錢塘葛屺瞻先生聞風悦之，捨南山爲道場。白鶴高飛，昭靈響于梁帝；青山羡買，營隱具于郗公。葛家丹井猶存，丁仙遺蜕如睹。臨安勝事，寧不再見于今乎？余苟得謝塵務，杖策往還，摩蒼穹，弄白日，終有期也。同是願者，曷共成之？

《春秋集傳》後序

自漢武帝置五經博士，而《春秋》始重。其後遞置《公羊》、《穀梁》博士，而《傳》始重。《左氏》初不隸學宫，劉歆力爭之，始與二《傳》等。漢晉以來，經學亡慮數十家，向背興替，以時爲政。宋王介甫自負大儒，獨訾《春秋》曰"斷爛朝報"。南渡時，胡康侯專治《春秋》，思陵召至講幄，其説遂大行於世。今之宗胡氏，猶前之宗左氏也。顧一人之臆，一時之議，或感憤而未裁，或規切而少激。昔人云："天下有粹白之裘，而亡粹白之狐。"顓之不始彙之也。

先忠烈歷官柱下，固古者史職。雖繇説《詩》起家，筮仕後，念爲臣者不可不知《春秋》，間采諸傳，務持其平，不膠積例，務存其確。不開鑿徑，素王之直道公衷，嚴情□貌，具隨事拈出。蓋劌心涉筆者數年，始克成帙。弘演納肝之義，先軫委命之節，志在《春秋》，先忠烈竟身殉之也。不肖兄弟，向嘗錄上天子，備乙夜之覽。蒙付史館，諸人士咸以一見爲快。

辛巳，客白下，父執藐山先生始慫恿登木，以公同好。

嗟乎！諸務棼如，此爲墨，彼又爲輸，今弄丸而解諸家之難。先忠烈功于《春秋》匪淺，第不肖徒讀父書，幸棗梨具在，手澤如新也。

不肖男道濬抆淚謹跋

輯先忠烈公《文集》後序

先公遺集若干卷，今始授梓，非敢後也，蓋有待云。先公少壯登朝，性喜著述。即持斧遼左，軍旅暇，猶擬觚翰從事。其《周易解》、《四書正訛》、《性學日得》、《〈左〉〈國〉箋注》、《慕古錄》等書，皆失之殉難之日。今存止《春秋集傳》，得錄以進御；已行世之《國史紀聞》，然亦自武廟止，嘉、隆來纂述未竟也。奏議止庚申前，得十之六；詩稿止游覽，得十之四，其散佚尚多。

不肖濬前請纓從軍，思恢復故疆，于殘壁遺燼中，或收手澤，完先公素業。既奉冶造之役，事竣，中瑴禍。尋先大父宫保公捐館舍，伏苫塊間，甫闋，荷環召，數言事，予告。會虜薄京師，奮身馳入。復數言事，蒙譴謫，自雁門再徙海上。蓋十年來出入無寧日，幸久在海上，得肆力搜訂。而朝夕不謀，未獲展願，藉手友執，始克付剞劂，不肖濬因是而痛無已也。先公博極群籍，復闡理奧，初志不僅以文顯。嘗憶西巡時，修漢中諸葛武侯廟，不及記。既還里，夢武侯求麗牲之石，先公著筆今不存，豈非遺憾耶？昔宋陸放翁志復中原，臨終詩："王師若復中原日，莫忘靈前告乃翁。"今遼土恢復不遠矣，不肖濬彙刻先公集待之。倘天不愛道，得復見向所佚稿，庶少釋其痛，爲子之責或可逭乎？嗟乎！濬安能一日忘諸懷也。

校勘記

〔一〕此文又見（清）光緒《沁水縣志》卷十一《舊序》。

〔二〕"泊水齋詩"，原作"詩集"，據目録改。

〔三〕"迢"，疑當作"迨"。

〔四〕"新建"，目録作"新城"。

〔五〕"詰"，似當作"喆"。

〔六〕"轍"，當作"輒"。

奚囊剩艸卷二

引

《投筆草》引

噫！余何能文？余髮覆額，受知王茂槐老師，遂以千里相期許，余亦自謂當不爲轅下駒。而伏鹽車十年餘矣，竟未獲伯樂一顧。今且易故步也，又何必向人悲嘶？然而御人執轡，勢匪自繇。故茲一副皮骨，猶欲燕王見憐爾。有人曰："何不向杏花紅處展其逸足，槽櫪間呈伎倆乎？"則余垂首矣，余何能文？

《督冶》引

不佞潛仰戴聖恩，痛心親難。先是蛙怒，欲踵南涪州後塵，以雪不共。當事者慎重鼙鼓，思不輕以書生長百夫。繼投筆擁警蹕，屬國廢朝命，又欲效吾家博望，航海規利害。當事者庚慎重節旄，恐孺子屑越，辱簡書而羞中國。已念正部曲，嚴刁斗，胡兒戒莫敢犯，正不值一錢人。使絕域，三十六騎傳檄定西南夷，正門下備書奴。是人未可皮相者，皮相人徒自數奇爾。雖然，大義所在，修我戈矛，爰備同仇，或者當一，樞輔果不以襪材棄也，遂請浚開冶里門，瓜期告竣事。其間辭尊居卑，舍逸就勞，姑不置齒。而監守出入，弊杜漏卮，霜鋒犀器，不敢如象人瓦犬。幸善始終，莫辱任使，於兩豪傑仰止之意，亦少不愧。但涪州服忠思孝，無替負荷；博望西域十年，馳威紫塞。不佞潛睠乎後矣，知我謂何？

《越吟》引

先宮保見背時，季父任家督。幼叔三：一纔就外傅，兩尚襁褓。治命輔翼，余雖奔走風塵，未敢寐興懈也。逮余南放，六載睽隔，惟恐隕墜，遺愴地下。丙子，叔銛以一經魁省闈，叔鋊補博士弟子高等，叔鐀髮雖覆額，亦能讀遺書。余聞之，如釋重負。己卯仲夏，皆隨季父視余放所，湖山之間，感慨繫之，一唱一和，因而成帙。昔工部夔州，供奉夜郎，恐未必有家藻若此。即子瞻惠州，喜兒過文日進，寓書乃弟。今豚犬即未能效柳氏家雞，而得之叔氏，不猶多乎？持以寄弟，當亦爲天涯遷謫慰也。

《題孫白谷吏部映碧園詩》引

余生平有摩詰癖，嘗以不逮輞川爲恨。擬濱沁河，於牛山麓購小墅，種花植木，馴鳥畜魚，脫簪紱，謝塵俗。客曰："游憩其中，不問家人生產事，科頭跣足，披墨攤書，小童間授簡，寫胸懷一兩行。興來拉二三貧賤交，敲棋浮白，以遲月色。人去我倦，羲皇一枕。寤焉嘯歌數聲。如斯終老，雖摩詰未許分席，稱愜適也。"

忽爾放逐雁門，盡違始願。竊意沙塞胡天，黃雲白艸，著眼無非增淒感者。乃余友孫白谷以山公歸沐，其負郭別業，實先獲我心。屏山帶河，園扉雙啓，綠蕪漲岸，蒼倩欲流，因以"映碧"名之。次前則築柳堤，穿長春洞，建玄滌樓，架宛在橋，立愛蓮亭，濬縱一葦渠，構涵虛閣，開遠香嶼，列笑塵軒，揭清暑榭，砌三山徑，疊飛雲洞，通十畝間，鑿濯月池，闢擬桃源路，設菊圃，景備四時，無不各極其致。若夫雲從棟生，塵緣境斷，好鳥喧檐，游魚吹浪。人忽來忽去，香若有若無，則又當朝暾初上，夕舂未下時，益益之妍矣。於斯焉，嘲風弄月，且咏且觴，無量佳情，收拾略盡。輞川之勝，余雖未逮，遐想之不過如是觀。摩詰、白谷，是一是二，余千里作緣，得日夕偕焉，又安知非後身之裴十耶？庶幾可了勾夙癖，不必問孰王孰孫，孰裴孰張矣。天地自大，四海爲家。放逐得此，以消永年，即終老雁門、沁河濱牛山麓有異乎哉？因賦詩得一長篇十六絕句，昭示來茲，以當輞川一幅。

《賣妾詩》引

慨自市虎成三，臺瓜摘再。雲封北闕，更無夢遶鵷班；日暮西山，徒有魂依萊舍。每看春蕪，發浩嘆於王孫；載對江楓，慘索居於楚客。河清難俟，方興淪胥之悲；我生不辰，孰覬婉孌之好？乃承同志，爰惠雙鬟。月質懷明，烟姿飾暈。側三春之舌，嬌失其鶯；御五銖之衣，輕忘於燕。抑且紅牙按拍，韵叶宮商；銀甲調絲，響諧金石。半迴翠袖，翩躚居倩人持；三弄梅花，縹緲香依風落。使邂逅溢浦，將始覺遷謫者，毋用沾襟；若追隨湖山，即不合時宜者，亦堪捧腹矣。顧余作客十年，一身多病；家徒四壁，雙口嫌貧。無計以遏腸雷，色餮奚補？聊樂止堪衣縞，屣棄庶幾。因而破城開情，填海窒欲。簫闌鳳曲，人別陽臺。玉鏡晨虛，落粉起行雲之夢；花期夜歇，寒幃鎖經月之香。悲團扇之不秋，誰云怨斥？念空閨之屢日，實負人佳。從教薄倖，一任紅綃。縱使多情，漫勞碧玉。去也終須去，所嗟早見去時；山上又安山，那可再逢山下？不能無感，遂以成詩。

奚囊剩艸卷三

記

臨潮閣月夜記

崇禎戊寅，余期友白沙城，市喧雜不可居。居江湄一園，園小而不逼，不僻而幽。朝夕潮至其下，有閣臨之。時季春十六夜，月明如晝，余啓閣凭視，水天接光，萬頃一碧，山嵐漁火，蔽虧蘆洲，兼之弱櫓揉風，驚魚排浪，生活景色，洞搖神情。寧只借象積水，水中荇藻交橫而已哉！惟是相與起步，無所爲張懷民者，因憶王介人，愴然興懷，徙倚成歌，聊攄衷感。歌曰：一水盈盈，百感縱橫。四顧寂寥，中天月明。

萬卷樓藏書記

古人作廉白吏以貽子孫，獨不廢圖籍，謂開滌耳目，扶進德功，皇王帝霸之鴻猷，忠孝道義之淵博，莫不是究是圖，端有藉于此。故擁書萬卷，何假南面百城？人間至樂，無可差等。劉向之樂，張華之乘，阮孝緒之録，李鄴侯之籤，往哲什襲而珍之。充其積念，恨不以身代楮，以血代墨。爲子若孫千萬禩之重，西域賈胡剖腹藏珠，藏書家初計，何論身家哉？趙子固身可溺，終不捨禊帖。蓋此皆嫏嬛之秘牒，宛委之奇珍，有值之一時，失之千古。恒言藏書八厄：水一也，火二也，鼠三也，蠹四也，收貯失宜五也，塗抹亡忌六也，庸妄人改竄七也，不肖子鬻賣八也。嗟乎！漢之石渠閣，隋之嘉則殿，今有能按其成目，一一如故乎？甚矣，書之難於藏矣。

予家世咕嗶，先宮保及忠烈俱嗜書，宦游四方，羅致頗廣，庋之萬卷樓中，臚次充棟，願後之人毋作故紙視之。在歸橐即鬱林之石，在貽謀即恒山之符，在報國即教忠之本，在資身即餽貧之糧。若曰覆瓿供爨，其厄視梁之元帝、南唐之黃保儀，焚毀爲何如哉？至積不能閱，貯不能護，日復一日，終爲村姑竈媼所辱，非藏書之初計也。吾欲推置萬卷樓于酉陽、羽陵之上，招玄夷使者、靈威丈人左右夾持，奕世而下其能傲我以所不知之人乎？陶貞白《上梁武帝書》云："昔患無書可看，乃願作主書史。"余仙福不逮貞白，愛好墳素有同心焉。遂記之，以備法戒。

游丹坪山記〔一〕

丹坪者，蓋萬山之特也。左右闓峙，水下繞廣十余武。相傳宋岳忠武進次朱仙鎮，河北所結義寨三十有七之一，今廢城尚在。或曰古仙人煉丹處，故砂鉛汞青，在在而有，山所繇名也。山下曰丹溝，去余家百里許，時心慕之，未克游。

崇禎壬申六月，余自翼城西來，始迂道焉。初五日方午，自白華取徑於河，五里爲箭河，云矢石所及也。循河而左，壽藤雜蘿，幕蔓綴屬，令人忘暑，蒙陰漏日，微見其隙。又二里，得小石橋。據橋延睇，水石清露，纖鱗游泳，宛入鏡中，了無少碍。紆稍前行，即丹溝也。居人數家，築茅炊汲，驚見游客，競駢首駭咤，此何異桃源人驚見漁父耶？第居人樸處，不解問户外事。予即詢山中故實，無爲應者。少頃拾級而升，曰下叠，其山壁立如城，層置如臺，予强以名下叠。土石參半，路夷不苦騎，登中叠較險矣，下馬捫蘿扳葛而行。幽邃極目，獐鹿雉兔交迹林間，俱有傲睨之色，不我避。尋登上叠，石鑱削，可五六丈，有岩洞三，俱可容百餘人。勢獰甚，欲生噉人，令不寒而慄。再尋徑上之，僅受趾，不能並武。巓之缺如玦，泉瑩如也。疏之注下即瀑布，瀦之即池。假漢陰丈人遇之，何煩抱甕哉？再上，得地，坦而可耕者三千畝。不時有阜，阜即有林，花木掩映。想昔人避世於此，枕漱秉耜之樂，亦山中萬户侯也。西來山峻，而若斷，蜂絲蜒步可數里，突起似子似附，此坪之所爲奇也。東南下瞰，人如蟻。俄雲霧溺茫，舉山麓失之。仰視赫曦，略不少改。稍頃，山下人至，衣履皆濡，則雨師移其德於山下，而予尚窮登眺之勝，得寬政焉。設初時及山之麓，予又安能以笠代筇也？自是觀止矣。還宿山下，因嘆山居之難，坦失之曠，奧失之阻，今耕于白雲之上，飲于群峰之中，又重關絕巘以鍵之，真仙靈幽宅也。河北忠義寨或一時戍守，豈足久混神區哉？然去予家百里，今始克游，不可以無記。

人日游雨花臺記

濩澤張坦之、古吴張彦清、鹽官談穉木及余弟道法，以留都迎春于南郊。

壬午人日，適其候也，並策騣出聚寶門。肩摩轂擊，鄭之溱洧，齊之臨淄，不加于此。少憩報恩寺，循堦而登，刼灰如故。浮屠層拔，金碧晃耀，稱恒河沙第一。殿左曰"莊嚴法界"，余鄉王覺斯宗伯書。見書如見故人，徘徊良久。出覓雨花臺，轉瞬陟其巓。土山坦露，旁阜相屬，蘼蕪未茁，榛苓尚枯。衆人皆縱步極目，城闕之鬼麗，輪蹄之駢集，樂哉斯臺，千秋萬歲，未可忘也。然雲光法師之奥義微言，不傳久矣。欲問山中頑石，當有響而應者，第自曹武惠屯長干，兀尤屯雨花臺，六季風流，恐與折戟沉沙共盡耳。嗟乎！臺之東，方正學之所瘞碧也。神僧雨花，貞臣不又當雨血耶？或以雨花事近誕。余曰："否，否。"元至順初，修長干塔完日，天花如雨，祥光如練。明文皇帝建齋靈谷寺，天花雨虛，悠揚交舞，大者如杯，小者如錢，見之御製。若然，謂留都有三雨花臺，可也。尋還聚寶門，飲于市樓。京兆盛威儀，迎勾芒而入，方相氏道設戲劇，例不禁。一日之蜡，百世之澤，良有謂哉！坦之主觴，浮白亡算。時穉木怯騎，先憩市樓，不能從臺，諸君揶揄之。若以鞭弭徇金谷故事，則穉木宜酒泉太守矣，各大笑而別。

校勘記

〔一〕此文又見（清）光緒《沁水縣志》卷十一《藝文》。

奚囊剩艸卷四

碑　記

漢壽亭侯碑記

　　今夫尚論之士，讀前代史，凡遇奸回輩，愒國壞節，遺穢萬年者，莫不生嫉惡心，嫉惡而省圖之，便可前無古人。見名世諸公，匡時致主，流芳奕世者，莫不生艷羨心，艷羨而效法之，亦可前無古人。然而直道在民，嫉惡奸回略談及便皆切齒，特患轉頭易面，不能省圖，而反至效法。此心死之人，固無足道。若夫修德累業，賦茲性氣，便有係屬。夫人而具四大，碌碌庸庸，無所表見，生與飛走同血肉，死與草木同腐朽，何取天光日影之下，而稱爲丈夫？即令矢口建竪，猶恐效法上而僅得中，猥以一艷羨便可了結志願。此不但自處不可，後人之望之正恐不先。惟至于"忠"之一字，可盟心而不可出口。值時平主聖，正修德累業之辰，豈必作不祥語曉曉自許？然當前代忠臣授命事，一開卷，其生氣必剚人心而入之。即彼奸回者之心，惡其異己，必且曰：何取斧躓自蹈，棄身家如遺？不則，借口向人曰：丈夫不能自立，姑以一死結局復何補？所爲己不能而妬人，與敢于嫉惡者無間。若使人遐想情事，當必泣其志，而悲其時。又不止于艷羨，自生人敬畏。艷羨者，親愛；敬畏者，神明。神明在人心，人心一日不死，神明千古如生矣。

　　余歷攷往忠，代不乏人。其昭著者，握拳透爪，有顏常山；嚼齒穿齦，有張睢陽；正笏延頸，有文信國；邇者詈賊却刃，又有先忠烈。堂堂烈烈，人豈不敬畏之？第三公者，氣可貫虹，精可掩日，悲憤可泣鬼神，特死後無所爲乘尾騎箕之異。故昭著于史册，而不傳播于方書。傳播有限，敬畏遂有限。

先忠烈又爲時未久，惟殉難後之五月，黑霧出署中，稍焉壓城，冰雹大作，屋瓦碎裂，殺虜人畜無算，虜因徙遼陽去。然此事邊吏咸知之，朝紳間知之，海内之士若民尚弗遍知也。知有限，敬畏亦有限。則求所爲上而朝廷，下而士大夫，以及匹夫匹婦，咸知敬畏之者，莫如余鄉漢壽亭侯。侯之殉難亦執于賊，其斷脰決服，臨難不屈之狀，都無差異。惟至世代更革，侯不磨之氣磅礴寰宇。時著靈異，隱而夢寐，顯而風雨。小而禍淫福善，彰其報應；大而更姓改物，佐以威靈，登正使〔一〕者無論矣，即傳在稗家野説，不啻牛毛之夥。以故人知侯者，獨衆；敬畏侯者，亦獨衆。衆之廟祀遍寰海，侯之神明亦遍寰海矣。然侯之神明，以人敬畏之心而在，使人謂侯無神明，必其心已死。使因心死之人，而便謂侯無神明，彼一言及侯，即奸回輩無意中亦忽色變者，又何心耶？則聞侯事而色變，睹侯廟而心變，敬畏神明，當無異人。此余鄉人具是心者，遂合謀而祀之也。至常山、睢陽、信國媲美于侯，以不廣聽聞，遂不專敬畏。余願人生敬畏心亦如敬畏侯，以維忠義之脉。幸而不逢其時，猶存完心。毋如奸回者以異己之故，而敢爲借口；亦毋博艷羨德業之名，而效法不前。懦失其品，假並失其心，爲天下萬世人笑。若先忠烈生平固敬畏侯者，今幸無愧侯矣。後之視今，猶今視昔。異時或有敬畏之者，余何能知？敬因廟成，而爲是敬畏之言，以開人心。

河伯祠碑記

余鄉僻萬山中，石田不可耕，生齒繁夥，計艱糊口。故兹鄉人什九賈于外，覓錐末蠅頭以謀生。然雖散之四方，其游梁宋間者，則什之八。蓋借逆旅爲居停，東而齊魯，西而蜀隴，南而吳楚、閩越，四走以鬻販方物。陸行輦載，晴也塵灰，雨也泥淖，恆苦艱鈍。爲晴雨無耽延便莫便于舟行，雖不皆從流往返，而黄河實帶太行，一下山麓，遂當巨浸。每歲夏杪秋初，風腥浪吼，怒發無常期。行李不能久阻，勢必命楫。即此波濤洶涌之中，安危遂不可測。況于朝夕水面，一葉扁舸，輕生乘險。内而父母妻子倚門縈望，脱或失所，魚腹合冤；上摧白髮之年，中薄紅顏之命，下斷斑衣之想。世不乏兹，徒見其呼天搶地，進退無門，甚而爲人傭者，閫室生死係此一身，則非有神聖庇覆，詎能自保耶？

顧余自始生，今犬馬齒三十有四。凡鄉人出，皆獲聞見，未或傳馮夷之害者，問其所借庇，咸曰：吾儕賈，奉金龍四大王香火唯謹。余素悉王神靈，而不悉王履歷，請畢其説。則王行四世，居金龍山之麓。我國朝封爲王爵，因而稱。攷王之行，當宋末不造，隱處不仕，恥胡元腥我坂宇。一旦山崩水沸，王遂抱憤躍没于波浪間。其一段忠憤之氣，不隨波俱逝，裂眥指髮，挺立水面。望而見者，咸畏憚之，具有血性。憫王之没，恨國祚益微，乃相與謀建祠祀焉。而王一段忠憤之氣，益不隨國俱湮。故當元之代，王神獨著。想其時覆舟禍惡，必有大彰靈異者，然史無紀而不可攷矣。

我太祖一掃腥穢，王則于吕梁洪翼我樓船。虜薄徐州，我兵與戰捷，虜衆潰，死溺無算，實維王之呵護。蓋王先期示夢，至時果應之也。迨後成祖以海運之險，議改而漕，迄今三百餘年，櫓楫往來，咸賴王隱佑。故受王庇者，濱河香火不絶。余鄉賈既四走鬻販方物矣，其受王之庇，亦不知幾億萬人，不知且幾億萬歲。雖居不濱河，而往來利賴，是匪鮮淺。即不能矢所報稱，而瞻仰跽拜，豈敢惜拳曲之勞？王不享非祭，而寧不鑒人之心耶？

余鄉賈皆曰："謹如教，嚮心祝之，今且祠祝之矣。"遂醵金立王廟于秋岡集，瞻仰跽拜，亦如濱河者之朝夕匪怠。王神鑒之，當不吐棄。

謹記建廟之日月，並首事之姓名，及貲費基宇列于碑陰，以示來兹。

宓子墓碑記

今夫有識之士，行郊野間，見有斷塚殘碑，苔蘚浸蝕，莫不欲磨洗而認其姓字。甚者，嘷狐走兔，烏雀音稀，又莫不憐魂魄之無主，而恨其子孫。無他，不忍之念，親親所及，情理應然。則夫朝代未更，衣冠巨姓，而令先氏丘壠封樹蕩然，爲子孫者，豈若是恝乎？

余先世塋在陽城。勝國以前，邈無可攷。人憐人恨，亦不暇計矣。其在寶莊者，一爲王家堨，昭穆隸然，本支遵譜牒而祀事，頗無遺憾。惟兹宓子墓，以歲月之先，木本水源，承接罔識，一二儈竪且利其青蘇，旦旦加之，幾同荒壠。來日正多，恐將有不可問者。因僉謀防域，以謝樵牧。非敢附追遠之孝，期免後世有識者揶揄云耳。

大雲寺禪堂碑記

邑之最勝曰檽山，山之最勝曰大雲寺，蓋靈鷲之遥觀，旃檀之秘藏也。九天風雨，夜高秦帝之松；滿壁龍蛇，時走常倫之墨。禪關晝歇，香界春芳。自昔高行，是用游寫。雖我一隅之地，一椽之依，而景慕宗風，信心不退。白足之侣，紫塵之徒。晨鐘夕梵，遠至如歸。莫不挹貝葉之清芬，聽迦陵之隱義。道安之遇澄上人，便稱北面；惠永之逢遠上首，即創東林。今名淄不乏，精舍有加。登斯堂者尚精持木义，研究大事。馬鳴龍樹，古德雖絶；曹溪趙州，法乳未斷。居兹勝地，不有勝人，即法堂前艸深一丈矣。

余深幸此堂之建立，且懼其習于偷也，爲進而語之：予快悮嬰世網，猶皈依净土。思乞食投老于此，如白香山、蘇玉局故事。諸上人不勉思精進，弘荷佛法。將來山中白松，得無上菩提，若輩墮落，化爲千歲土苓，不復見大雲寺天日，然後爲彌勒佛下生耶？記之，當必有過而問者。其創立歲月，及諸檀那，法得備書于左。

校勘記

〔一〕"使"，疑當作"史"。

檄

禁檝山伐松檄[一]

檄諭檝山大雲寺住持等：茲山松栝，列冠巖阿，佳氣鬱蔥，黛顏蒸蔚。風來謖謖，陶居士午夢初回；月表亭亭，杜少陵朽骨未死。虬形自古，龍質宜蕃。中室群峰，隔高嵩而不見；石梁一徑，問天姥之誰多？加以影翳真曇，濤清別梵。浥飄花而散雨，象外成林；吹野雪以粘雲，空中無日。誠靈區之異睹，禪宇之奇蹤也。故劉莊靖止爾樵蘇，我先宮保嚴其斬柝[二]。屬者[三]寇禍浸淫，山門灰燼，化城議建，柯斧因加，一時計出權宜，大衆緣爲侵盜。方怦怦如也，既失禁于厥初；乃旦旦伐之，亦何難於坐盡？在佛已干貪戒，于山頓減壯觀。今約方袍員頂之流，務蠖蜕骨皴鱗之色。茶鐺煮月，但許掃葉階前；墨竈飄烟，豈得然脂爨下？天長地久，蒼髯翁任化雙童；日升月恒，支離叟便同千佛。誰彰木德？免犯竹刑。檄到各宜知悉[四]。

創世勛祠檄

我輩名籍金閨，俱緣先德。顧一涉仕路，遂離墳墓。松楸在望，雲樹長違。雖王事靡鹽，而私情未報。抱木裂腸，望弓引頸。我生恩重，何日忘之？履霜而涕，聽雷則號。是匪異人，尤倍今日，奈何不重圖之也？況乎人聚四方，誼聯世講。幸締良緣，用敦夙好。仰先烈而振來模，展孝思以起忠悃。是何所惜，乃容忽諸。謹集衆議，擬建世祠。庶以享以祀，追遠之念少酬；罔怨罔恫，在天之靈可慰。長安極目，不須致嘆于白雲；宰木關心，稍得伸情于烏鳥。凡我兄弟，諒有同懷。

三晋徵詩檄

《薰風》、《卿雲》之詩，倡自有虞氏，則吾晋固《風》《雅》之鼻祖也。今曰太行以北，風氣峭拔，異於他方，獨不究其始之和平深厚乎？且以峭拔救當世之靡靡，正今日急着。國家全盛，先輩嘗操正始之音。況今日纓緌相望，操染雲從，靡不思凌顔鑠謝，並李追庾，而散在吾黨，未之或一。昔人《英靈》之集，《間氣》之選謂何？敬告同志，各賜以穆如之風，二《南》三《頌》，即藉手以奏成事。

校勘記

〔一〕此文又見（清）光緒《沁水縣志》卷十一《藝文》。

〔二〕"斬析"，《沁水縣志》作"斬伐"。

〔三〕"屬者"，《沁水縣志》作"昔者"。

〔四〕"檄到各宜知悉"，《沁水縣志》作"謹諭"。

說

棄履說

予履且敝，欲棄之。見荷蕢者三人，其履敝甚，問其棄否，曰："着且無，敢棄耶？"噫嘻！予過也。夫享天物，席先廕，而不知惜也。食肥甘矣，衣紈綺矣，華屋而居矣，乃有侈心。彼藜藿不充，布葛不備，蓬蓽不完者，視敝履不十百耶？而且食也，衣且居也，何也？窮于遇，廉于福，涼于德也。然則予幸有遇，而德之不修，福之不惜，其何堪？人亦有言："知足不辱，知止不殆。"又曰："儉，德之共也；侈，惡之大也。"予敢不三復此言？今而後以棄履爲戒。

世系圖說

余祖宮保公之以王命埋玉斯也。礦[一]有誌，碣有表，其稱述德業無遺矣。即源本支系，亦載之詳。後人過茲者，鬣封華識，千古如新，亦無庸向樵夫牧豎詢所爲誰氏壙者。第支分派別，敢曰骨肉無猜。且世遠代湮，或至丘陵有異，飛鴻伏蟄苟不同時，零露流霜懼或忘自。因而間親加大，吐剛茹柔，操入室之戈，角鬩牆之釁，勢或有之。親親之道，遂成廢棄。此古士大夫家譜系所以圖也。

余先世遠不可玫，以故宗枝繁夥而分不可臨，誼不可屬。情本瓜葛，幾斷蔓藤。居比室廬，半成胡越。宮保懲先毖後，於九世祖下詳列昭穆，訂譜柝[二]系，遂班班不紊。藏之于家，分之于族。尊卑罔忒，可無遺憾。而兹墓始于宫保，則爲宫保本支者，懲先愍後，不必于譜外增之，亦何可不于譜餘續之耶？爰圖系于碑之陰，以示無斁。因體宫保之意而勖之曰：春秋匪懈，享祀不忒。無念爾祖，聿修厥德。

讀小史説

今夫稱人曰"才子"，則頷之；曰"情人"，必拂然不受也。抑知"才"與"情"，政非可二之耶？情非才而不傳，才緣情而更露。無才之情，多情總癡；有情而才，是才盡致矣。

稽古才情兼者，惟宋大夫玉、司馬中郎相如，是兩人皆賦不世之才，不世之情，因見稱于當時。即女子中季清吴、卓文君，一挑一奔，其宛曲昵比之態，奕世如覯。偶一披卷，雙眸倍霍，間或述叙，齒頰盡芬，兩人蓋千古不朽矣。獨是東鄰三年之窺，徒成畫餅；《求皇》一曲，遂縮紅繩。遇不遇之間，不無遺恨。説者且謂，玉過可謝，文君醜不可掩。

嗚呼！玉不得清吴，玉固自若。使文君不得相如，誰知所爲文君耶？相如得文君，相如才情益顯。使清吴得玉，寧不爲清吴羡，而爲清吴咎？今又誰不惜清吴，而反幸清吴也耶？量其時，度其勢，摹其事，想其人，真千古不朽矣。則夫世有才情如兩人，得遂文君之奔，不徒爲清吴之挑，再揭相如之生面，續成玉未了之夙緣，豈不大快事？而寧呬呬議之哉？説者之鄙，是當與登徒子之妒色，卓王孫之肉眼，同日而共嗤之矣。

贈嗣紅説

昔紅拂之從李藥師也，已稱具眼，乃再於逆旅識虬髯，千古而下艷之，今不僅見矣。議者爲世乏藥師，則紅拂隱。殊不知世即有紅拂、藥師其人，無虬髥之識，亦烏足多哉？

余謫後，久不相天下士，況于婦人、女子，詎一着眼？忽當虜退時平，更生可慶，二三友朋載酒徵歌，中一人獨木木然。余私心曰："是自審而處後，不則使君在側，不學野鴛鴦者？"及酒數行，間一飛屑，頗有致，則余稍耳就之，猶未屬也。已將酣矣，嘈嘈者且厭，忽拓視張齶，三寸風生。余偶嘲以微辭，突反之曰："是殆皮肉我也。昔紅拂從藥師，逆旅中識虬髥。古人不作，舍我其誰耶？"余駭謝之，因字之曰"嗣紅"。附之句曰："佳人而俠骨，千古推紅拂。後來者爲誰？乃得此尤物。"

戒佛慧和尚説

大千一空，誰非土苴？不争有無，云何多寡？文字既繁，色相俱假。機縱珠圓，理同狐野。路岐泣羊，窗隙擲瓦。一隅猶存，三世未捨。面壁人還，誰後來者？直探本根，得之慧也。啟鑰投匙，範金就冶。毋跳爾猿，爾馳爾馬。黜聰若聾，塞兑如啞。花影鏡虛，月明水瀉。點火非燈，掘權寧把。不即不離，一喝一打。

校勘記

〔一〕"礦"，疑當作"壙"。

〔二〕"柝"，疑當作"析"。

奚囊剩艸卷七

辭

先忠烈招魂辭

嗟乎！濬尚忍言乎哉？遼陽之難，先君子奮不顧身，下殉神祖。九原之目，惟遼土之克復是望，今猶未瞑也。城存與存，城亡與亡。先君子殉遼陽，魂魄當依遼陽。獨惟是犬羊易性，膻酪匪馨，雖河東三百年之舊疆，謂此甌脱何？濬知先君子之不遑寧居也。然則歸於故鄉乎？曰枌榆有社。歸于帝所乎？曰箕尾有纏。歸於神祖，以拱護河山，呵禁不祥乎？曰御風鞭霆，如或見之。嗟乎！"邾婁復之以矢，蓋自戰於井〔一〕陘始也"，先君子何辜至此？迹名德之未湮，體宿志之猶在。謹飲血雪涕，為詞以招之曰：

魂兮歸來，毋遠招些。揚車凡輪，曷其有極些。大行白雲，亘里門些。宦轍周流，碑去思些。長安天上，去尺五些。謁帝承明，蒞輦轂些。屬車至止，日有聞些。繡衣孔揚，珮葱珩些。有節斯煌，馳四牡些。隴坂極天，紆鬱折些。騍牝三千，馬斯臧些。西江瀰瀰，橫中流些。豫章梗楠，材翹楚些。白簡諤諤，霜凌歷兮。虎豹九關，頓清熒些。海波拂揚，肉遼人些。積屍為陵，血沉沉些。盤根錯節，辨利器些。驄馬東行，若流星些。搜乘儲峙，劌心腎些。飛虎騰蛇，繁其類些。張吻摩牙，漢兵靡些。左抨右批，戈戟鏗些。髮指目瞋，聲雷霆些。生未忠良，歿明神些。婦女巾幗，愧遝臣些。上訴高皇，報先帝些。氣吞逆虜，志耿耿些。魂兮歸來，北方之人，不可與居些。猘犬狺狺，雜豺狼些。木皮三寸，冰三尺些。積雪層陰，天日晦些。魂兮來歸，西方之人，不可與居些。太白欽崟，聯鬼方些。蔥嶺于闐，地沙磧些。獸嗥狐祥，塞道路些。魂兮歸來，南方之人，不可與居些。木魅水靈，霾霧冥些。涎沫腥穢，苦卑濕些。蛋人猺獞，手標弩些。魂兮歸來，東方之人，不可與居些。天吳九首，鯨千里些。蜃樓鮫室，立籦盪些。滄溟鯷壑，灌惡燋些。魂兮歸來，不越故鄉些。里黨懿密，儼如故些。楗山白松，大十圍些。下有芝房，炳明靈些。沁河之西，立新城些。崇墉翼翼，賴保障些。飛蝗蔽日，延饑喘些。流寇蕩軼，惕聲息些。魂兮歸來，言念邦家些。

茅止生哀辭

嗟乎！深山大澤，生龍蛇只。天目貝區〔二〕，晶英不磨只。世閥華胄，卓爲人望只。文心熒熒，俠骨骯髒只。神彩陸離，發爲雄藻只。風霜雷霆，颯颯轟轟只。綺語驚人，群目瞠眩只。遨游兩都，班張再生只。擊筑談劍，傾燕市只。鳴鏑吹笳，氣吞驕虜只。榆關嶽崒，借箸丸泥只。豺虎狺狺，磨牙吮血只。杜郵吳門，獄吏深文只。條侯浩憤，李廣數奇只。閩海沉沉，羅珍錯只。荔盤蔗漿，食指動只。鯨波千里，長風駕浪只。帆檣浴天，烟消雲平只。匈奴再入，義旅勤王只。挺劍逐虜，幕南空只。天門九閽，仰籥閶闔只。蒼蒼蕩蕩，帝德難名只。廊廟江湖，任運遷流只。浣腸伐髓，五色雲霞只。沙石篆榴，其文蔚只。緬維同調，日周旋只。斗酒刻燭，唾視今昔只。長安敝貂，霜月傾倒只。遼左分鑣，塞草獵獵只。楊〔三〕榷藝文，甲乙上下只。大江之南，音徽載挹只。逐臣遷客，天日互信只。清苕漣漣，人咫尺只。高談雄辨，拜下風只。隙駒如馳，歲月徂只。見忌造物，司命催奪只。豪憤未散，長虹燭天只。彩毫幽空，星斗霍煜只。生芻一束，奠椒漿只。南北異地，隔幽明只。有淚潸潸，文人不祿只。

校勘記

〔一〕"井"，據《禮記·檀弓上》當作"升"。

〔二〕"貝"，疑當作"具"。

〔三〕"楊"，據文意當作"揚"。

贊

廣寧伯劉擎石像贊

其心休如,其神怡若。申申夭夭,磊磊落落。胸裕黃石,而秘之腹笥。才利青萍,欲電掣而藏鍔。未識漢家麒麟將,恐是當年之衛霍。噫!分明通侯劉擎石,奈何問借前籌而不輕諾?

畫雞贊

峨冠綵衣,華而不文。氣前勢却,勇而不武。開口欲鳴,而人不聞其聲。獨立孤踪,行何踽踽?嗚呼噫嘻!止食粟也歟?

呂司馬《風竹圖》贊

虛乃心,勁乃節。直立亭亭,凌霜傲雪。又何有風霾而能摧折?君子哉,宜乎友大夫丈人而稱歲寒之三傑!

竹蘭贊

其心何虛耶,而不容涅。其骨何勁耶,而不可折。惟茲丰采冷冷然,求所爲臭味之投者。獨有寧馨,始堪俯而相接。

水仙贊

玉耶,冰耶,雪耶?態耶,神耶,韵耶?花耶,人耶?是耶,非耶?

張九峰像贊

其神恬以飭也,其情閒以謐也。相視而笑,莫逆於心。儼然九峰,何可望而不可即也!

東寧伯焦毅山像贊

月之白耶,風之清耶,毅山之神與情耶?獨安得吾與周旋,聆高談雄辯而四筵驚耶?

跋

懷素手迹跋

狂素手迹，予不多見。偶元明見示，雨窗展卷，豈青蓮所云"飄風驟雨驚颯颯"，適有合耶？爲之一粲。

《三世馬圖》跋

趙榮禄以天水龍種，致身幽燕，今作馬若局促轅下駒，豈追風逐電未展其用耶？瀛國公往來上都時，風塵匹馬，榮禄當日，亦曾着眼否也？子若孫世其筆法，不失舊規。今先宮保司囧事，先忠烈巡牧政，予官禁衛導駕，俱若與馬作緣，此圖自應相屬，飛卿廉訪不能爭于我前也。戲書此，恐落米顛狡獪耳。

張坦之《人日游雨花臺》跋

人日偕坦之游雨花臺。是日也，風和氣清，士女駢集。賞心樂事，游者歡焉。坦之摘詞捴藻，以紀厥勝。金陵繁麗，增一佳話。後之攬者，寧不與右軍山陰祓禊同一感耶？第薛道衡云："入春纔七日，離家已二年。"遂有悵然舉目山川之異。余九載江南，兩以春事至兹臺。忽忽悠悠，莫知所屆。坦之是詩，先愴予懷矣。

奚囊剩艸卷十

疏

募建大雲禪院疏

余夜苦不寐，閑想天地間，一切浮生皆沉苦海。翼飛蹄走、穴居水處之物，生死墮落，可惜可憐。而人非若倫，宜脫火坑，尋彼岸，惟人之能。乃認血肉爲真身，悲歡爲真象，得失爲真境。日于此中，纏脫不釋手。一旦數盡，三尺黃土，儘可受用。兔走狐嗥之所，白楊衰草之間，夜月猿啼，陰風鬼哭，誰則憐念？惟是回頭猛省，刳情破愛，踏一塊清涼地，以木患子消灾障，差可度脫，惜哉衆生方醉夢何？以天明聞扣門聲，亟披衣出視，則兩僧問訊，函金剛科令余閱。閱畢，如身墮冷水中，毛髮皆竦。而兩僧復向余曰："衆生六根未净，三業莫逃。欲從腦後一掌，叫醒痴人。而人方痴也，急難叫醒。意欲假色寄空，假形寄性，爲布金地以象佛，令人見佛見心，了然幻物。"余因恍然于夜來閑想，敢告諸什方。想前世緣作來世果者，幸勿吝一飡之費。

妓李慧入道疏

銅雀臺上，幾多秋艸連天？枇杷花裹，畢竟荒烟匝地，兔烏易逝，金粉難銷。故江州白傅，淚漬琵琶；北里孫樵，心傷花月。誰其歸途黃老，脫屣鉛華？洛烟松月，蕭鍊師久出内宮；鳳吹霓裳，謝自然遂泛蓬海。求于今日，如我李慧，不多見也。本騰空之後身，亦玉真之同籍。悮嬰世網，遂占時名。西陵油壁之車，善和繡鞍之馬。莫不流霞滿席，迴雪凝杯。墮珥落釵，時悮周郎之曲；桃鬟拂黛，朝行楚館之雲。輕度香塵，笑石家之金谷；雙栖海燕，藏盧氏之玳梁。新歌自作，舊瑟不調。西北樓高，人傳樂府；東南日出，家羨風流。於是野曠舞衣，江清歌扇。泣翡翠之裙，恨鴛鴦之繡。嘗思築愁城于巫峽，開情欲于陽臺。令萱艸止争，石榴失妬。乃秋光未短，春風正濃。斥去金縷畫羅，捐來綠珠絳樹。讀青苔之篇，餐金鵝之蕊；慕山姑之雪，求瑶池之蓮。風篁共其八音，露艸樂其五□。吹笙延崔，黎園忘譜于柘枝；敲磬引龍，葛陂息心于邛杖。瑶房獨宿，瀟湘之月水如；丹竈九還，太乙之舟葉若。東山李白，聞嵩山之神人；丹陽許渾，見洞青之仙客。靡不稱嘆，曲爲播揚。嗤真娘之蕪墓，傷張盷之空樓。何不早步玉壇，仰依雲幄？西王母傳之青鳥，東方朔絶其冰桃。此一時也，容可繼乎？青溪小姑，尚悅趙生烏飛之曲；蘭香神女，猶降張傳薯豫之情。倘杜牧重睹于洛中，宋玉再窺于鄰左。徘徊欲絶，卿如之何？曰：天上司書之仙，玉皇香案之吏。雖宿緣相近，實至道無關。莫言錦字之機，惟侍玉清之殿。謹疏。

奚囊剩艸卷十一

札　記

先忠烈生平異迹（原書闕頁無文，存目）

先忠烈殉難遺事（原書闕頁無文，存目）

八編　雪广筆役

沁水張道濬子玄父　著
綏安吳秉志能尚父　較

《雪广筆役》序

　　天下群擠其人，其人可知也；天下群推其人，其人亦可知也。筆墨之靈，邀於天厚，則於人間世，嘗衆向獨背，衆排獨趨，若有物焉以役之，群情不預焉。深之先生鐵骨冰心，不受役權黨，而不能不役於毛穎、陶泓。蓋忠孝性成，遇一切可悲可喜，知戚懿密，坦然應之。蘇子瞻萬斛之泉，隨地而出，固其所也。今其文具在，群擠之，群推之。先生正不介介於此，但卧雪广，了袁安故事而已。

　　門人王度沐手撰

慶賀文

餞董仁庵邑侯擢刺晉州序

余鄉濱於沁。先是，三年時稍旱，雲霧輒蒸蒸起，不逾時，四合甘雨如汪。以故數有年，農夫之慶有年也，莫不謂天實爲之。一日，雷大震，野火燒空。須臾，五龍飛去，嗣後風雨遂多不時，間罹灾眚〔一〕。二三父老咨嗟嘆息曰："向者有年，龍之故也，龍去而沴戾。我輩安得常獲龍庇也耶？"其辭若悲若憤。余聞而笑之曰："若何不自揣甚。龍神也，時而見，時而隱；時而須彌，時而芥子；時而九天之上，時而九地之下。巨細幽明，短長存亡，倏忽變化，莫可方物。即山溪澗谷，偶然而在。變也，非常也；暫也，非久也。不然，而青氣之中、天外之野，誰哉爲霖爲雨，而必曰寄迹之地，遂使久於偃仰，則亦易視龍矣。若輩又何歆歟若是？從此而流膏灑液，以潤六合之蒼赤，利孰大於是？區區以一時沴戾，遂悲憤龍之升去也，抑何見之卑耶？"二三父老始唯唯退。

越今年，邑董侯治成，擢五馬大夫，行將去沁。二三父老亦咨嗟嘆息，謂："不常獲龍庇，且不常獲侯庇也。"猶然向時之悲憤，不知董侯正猶龍也。以尺五去天之身，而屈爲魚服，令人愛而忘畏，是蝘蜓池中探頷下珠而不驚者。等若雨澤，濟以風霜，恩深挾纊，而法令行冰，則合爲體而散成章矣。至於曉星田唱，夜月春歌，先勞併忘，聲色俱泯，又誰不謂其變化無形也耶？向在邑也，正如其伏。今去邑也，正如其飛。以尺蠖蹄涔，而聊焉泥蟠，吐雲噴霧，澤人而人莫知。一旦乘風雷上天，瞬息且萬里也，乃始咨嗟嘆息，謂雨暘行且旱魃，欲顧天而暫羈鬐鬣晚矣。惟是仰而祝曰：飛龍在天，幸普六合而賜之霖雨，則吾儕不幸之幸。若猶悲且憤之，欲私其庇也，惡可得與，惡可得與？

賀韓次卿戶部員外轉正郎序

余與次卿忝兄弟行，蓋榮辱關切者也。歲辛巳初夏，次卿以戶部員外轉正郎，人皆爲次卿榮，因爲余榮且賀余。余以次卿受人賀，焉得不更賀次卿也？第次卿奉命督徐餉也，亦惟曰："會計當而矣。"次卿則不止會計當而已矣。徐頻年荒旱，次卿開門賑恤，賴存活者百數萬。每一出，環輿之歡聲相應如雷。流寇發難，所至糜爛，徐兵使恇怯不振，塞門觀變。次卿署故在城外，獨不爲動。惟散金募士，懸重賞，購首賊，賊相戒莫敢犯。軍中有一韓，次卿遂二之。三年，能聲上徹宸聽，不次之擢，且暮行及，乃僅循資，遷以正郎。聖主方破格用材，材有如次卿者哉？操觚則灑灑萬言，珠璣錯落。時而籌見一班，鬼神莫喻其微。即戲嬉末技，騎生惡馬，馳驟風呼，左右手彎弓，舍矢如破。當今乏文武兼資，如次卿，用之廟堂則經綸炳煥，世道嘉賴；用之封疆則威靈丕暢，氛祲肅清。是亟借次卿，猶以爲晚，而一階一級云乎？雖然，余又以見次卿也。丙子，狡虜内犯，轉餉需人。人皆餒，不敢前，次卿毅然肩承，出入鋒鏑間，衣不解帶者四十餘日，卒賴以濟。天子嘉之，徒嫉以流輩，賞不酬功，而次卿處之晏如。夫冒九死一生，不蒙殊賚，猶且晏如處之，循資之轉又烏足動次卿念哉？勉矣，次卿。巧遲拙速，大造另有權衡。但堅白一心，以報朝廷，是則次卿家世，尤余所夙夕望者。勛紀旂常，名勒鐘鼎。余再叨分榮，異日之賀，視今日且何如也？次卿然否？

寄謝張寧寧別駕序

余嘗讀樂府《行路難》一題，自漢以迄時代，作者如牛毛之夥，其遠憂沉思，深怨微情，借三寸管，宣所欲宣，啼笑怒罵，幾如牛鬼蛇神。余始以爲世界自寬，人心未遠，即不可方物，何至同類戈矛，一室胡越，乃令負隱痛者，如喉間之物，必咯咯而吐如是。逮今觀之，正自難言也。人我勢分，忮求念勝，小而衣食，大而名位，莫不操一必得之心，少不如意，遂以搆門佐之，甚而護瘢嫌指，據穢厭芳，肆豺狼梟獍之性，附翼食肉，忘本興讐，翻令忠臣孝子，勞人在士，無容足地。因念先是作《行路難》者，良非得已。

余以戇直譴謫，寫牢騷而悲時情，亦拈此題揮十二首。雖然，余仍有自取也。余自侍明光，始而忤璫，幾禍首領，繼賜環，彈權貴復十餘人。凡羽翼爪牙，正擬盜竊名位，以遂衣食之私，豈容余破其局，聚族搆射，不身膏斧鑕，猶爲厚幸。若張寧寧別駕者，紈綺不章，膏粱不厭，絕無衣與食想矣。而才裕一石，厄於上第，僅以一經舉，名之早暮，又所不計。至筮任，止得一五馬之副，復未嘗卑其位，抑且篋惟簪珥，庭鮮鶴琴，庶幾柳下先生之風也。鄙薄寬敦，誰忍自外？已署篆下邑，更莫不二天戴之，屬下邑焚，赭朝廷一塊土，幾如敝屣。初王東里兵使銳意建置，忽焉不愁。余雖破家佐助，而責非守土，勢不敢先人，輕擲千金，僅具畚鍤。慮始之議，且成畫餅，咸謂終事非別駕不可。別駕果毅然躬承，鼓義率先，嘔心罄力，不三閱月，板築告竣，望之巍然而改觀者，邑雉堞新矣。於是流離士民竄四方者，接踵來歸，如鳥巢狐丘，欣欣然相告，以爲百世之利實維再造。其叙告聖主，不次遷擢，以酬勛庸。數萬姓方旦夕望，乃若有以瘢穢自蒙者，反没成勞。於乎！在別駕不形於色，而受卵翼者能平於情乎？余於是重有感也。

夫以別駕仁聲遍沁，峴碑載道，而猶齮齕若此，則夫《行路難》之什，余十二首尚覺未廣，行且搦管發古人所未發，別駕以爲然否？時共事王生廷璧有慨於中，四千里獨跋涉詣越稽謝。余美其意，附言并詩以寄。

送鄭夢生秀才〔二〕南還序

小說家傳張邦彥雷轟薦福寺碑，憐其厄也。今春夜將半，微雨溜檐。余挑燈披卷，正拈此帙。恍身丁其時，不禁淚下，與檐溜相雜。數百年之後，張子玄從書卷中生不平感，可稱有心人。然亦因吾眼前鄭生，其途窮遇蹇，正與邦彥未達時等，故益酸楚爾。

鄭生生西吳，余家晉，似乎風馬牛。鄭生游人不擇地，吳越近桑梓，一帆最便。燕趙貴人里，咳吐霖雨。齊梁間居人，古稱豪俠。當日彈鋏鼓刀輩，兩公子且輕身下之，今其遺風在也。倘鄭生肯銜玉自媒，寧直長卿，僅一虛左於蜀令，顧鶉衣決履，蒞兹萬山中？況鄭生之品，匡廬壁立，文藻則斗光劍氣，至襟量汪洋萬頃，彭蠡入懷。國家設網羅士，章甫縫掖，豈終穸人？而乃落拓去故園，如楊花飛繞天涯。蓋美才招忌，鄭生不幸，以少年負文名，輕薄輩妒其先驅，則欲其璞泣，不欲其翩振。比舍富貴者計得鵲巢，更利其死徙出鄉，不利其骨肉無恙，遂以莫須有誣雋不疑。不疑長者，何嘗亟亟與辨？聞見冤之，鄭生弗冤也。盆覆之下，心益開廣，咿唔書聲，子夜莫廢。鄰舍郎亦懷"伯仁我死"之慚。歲戊午，先忠烈代天子理枉直屈，廉實其情，亟還故物。鄭生三年犴狴，郡三年灾水，至是而始雨暘時若也。燕市飛霜，東海不雨，余方信然。神龍蠖伏必飛，頭角嶄露，好還天道，亦應爾爾。乃劉蕡猶然不第，迨東方孔亟，鄭生欲投三寸毛錐，學萬人敵，踵班定遠故轍，而數奇又與李廣同。不得已，囊琴負笈，自吳跨越，涉齊梁，歷燕趙，白龍魚服，人莫之識。隋珠無因，動遭按劍；荆玉疑石，烏問連城。途窮之慟，古人非欺我也。

今上改元，余適陳情闕下，獲識衆中，憐其困於子衿，逢人説項，且引爲某座上客。不意余馳驅王事，鄭生主賓不合，金盡裘敝，踉蹌訪余梓里。未至，余又指榆關，千里相左，人值是而不爲阮泣者，難矣！賴弟子輩延寓蕭寺。未幾，余忤璫斥還，正朝夕過從，乃鄭生家訃不三月兩至。萱折曰炊，情不能留。遂謀歸里舍，且將舉兩喪。余從鄭生前後四年，誼雅稱篤，願鄭生此行，苦勵薪膽，鵬飛鯤化，展馬足於曲江。余得於鵷鷺行中，再識髭髯，何幸如之？張邦彥不終白屋，天於鄭生，豈無以成彼一時也？當如閱書至邦彥榮顯後欣欣色喜，而不徒悲雷轟薦福寺碑之時也。

賀禮部儒士王仰峰序

余鄉萬山中，深岩窮谷皆有居人，草茅止可蔽風雨。磽瘠數畝，不足供俯仰，甚而旱魃一虐，草根木葉不聊饑矣。以故日用物力咸取給四方，族大以繁者，復徙樂土家焉。大族莫王姓若，有仰峰者，遂占籍睢陽。睢俗好禮尚文，仰峰安之。初用計然術起家，二贏三散，比迹陶朱。長君曰："烏用是權子母覓刀錐，逐逐市塵間，與庸俗伍。"乃潛心經傳，出入子史，以文顯。衡士者廉其負奇，收補博士弟子員。浸浸乎嶄露頭角矣，而仰峰默慰。然猶私念曰："禮義縣乎富足，使匕箸不供，雖使子夜呫唔，其不中廢輟者幾，欲竟志終業，則夫子母刀錐是未可少，伍庸俗於市塵，亦安非佐修者事？"乃令次君仍故業。次君窺其微也，戴星經紀，無忝負荷。仰峰逍遙田里，望廬而誦太丘。鄉人士咸誦之，因慫恿有司薦於宗伯，榮之冠冕。謂非此不足以勸，尤謂即此不足以勸也。

邇朝廷破一切拘攣，徵書行且下及，卜式，崔烈，致位通顯，清問彌張，當時後世，未嘗少之。仰峰一促而至，夫又何難？且賢嗣繼武，聯翩金紫。仰峰左右顧盼，煇煌堂搆，何樂如之？初國家鼎盛時，余鄉見家四方者，常有輕故土之議。即家四方者，亦有重故土之思。今故鄉方罷兵燹，十室九虛，非復疇昔。又何如早見預圖之，得如仰峰者耶？《易》曰："知幾其神。"《詩》曰："俾爾熾爾昌。"吾不能不服膺仰峰矣。雖然，否泰遞乘，聖天子福澤無疆，小醜行滅，故鄉漸復。願仰峰及諸子仍衣錦一晝游，更有光於今日之睢也。

禮部儒士韓念端子謙之游泮序

夫人不皆聖賢也，其修德未必力。聖賢之以修德迪人，慮其未必力也，旁喻曲引，無不備至，而猶借食報之，語以歆之，人始豁然醒悟，即或昧於修德，而未有不羨夫食報者。使人而皆以食報之心修德，則人人皆可聖賢，於聖賢迪人之意，天復何憾？以故諸子百家言修德，隨言食報者，不一而足，尤莫約於"天道無親，惟與善人"兩語。余年自少而壯，地自近而遠，事自小而大，人自疏而親，自貧賤而富貴，歷歷聽睹，毫厘不爽。然余亦恒指以箴勸世人，脫有所遇，即急揚之恐後。往不具論，韓念端又其一矣。

念端父，以文學起家，爲一時名士，方賀而稅。母張，少年即稱未亡人。時念端生纔八閱月，且家四壁立爾。無論一息呱呱，成否難卜。即兹炊烟欲絕之身，生死且未可知，使不金石堅心，誰能以溪刻自處？而張訖志於夫，寄生以子，辟纑易食，丸熊代師，母若子相倚於淒風苦雨中，幾不望有今日者，數數矣。乃念端傷父念母，幼即勵志，折節下帷，頭角且露，然肘穿尚可後需，而九日不可以三飱也。乃徒業於賈，爲仰事計。自是匕箸稍豐。念端曰："以是而代禄養，庶慰予心。天若不斬，當必有傳書，贖予不克振領之罰。"於是，以羔烏之事責諸身，復以弓冶之學誨諸子。不寧養體，而且養志；不寧善述，而且善作。故有張婦德而兼母儀以開之，有念端子孝而兼父慈以承之。水深流長，木高廕廣，不於其身，於其子孫，修德食報，若符券也。今子謙之果繩祖武，補博士弟子員。適聖天子詔舉孝廉，念端又以宗伯薦膺冠服，鄉人士咸嘖嘖曰："天道無親，惟與善人。韓念端之謂矣。"

余曰：是固足賀，而念端仍未盡此也。母張之節著於鄉，尚未著於國。觀風者廉而表揚，太史載紀以從，光昭彤管，可與共姜比烈。念端繇宗伯之升，行以新例，試之守令。不出家以成教，龔黃治績，匪伊異人。謙之以三寸，拾芥制科，備金馬石渠之選。彼一時也，晝錦一堂，周前魯後，榮視爾家魏公不啻倍之，其可賀也，不更千萬於此也？余且執券以俟。

霍孝卿入泮序

余以復讎雪耻之舉，投棄筆硯，回顧望步，不勝痛且惜。蓋以家世一經，箕裘未紹，易儒紳而兜鍪，易談經而説劍，易三寸管而學萬人敵，易緇帷絳帳而戎馬矢石。雖職司禁掖，爲天子親臣，而父讎君耻，敢日夜即安耶？屬者樞輔簡閲騎步，爲剿伐之役。余以漢羽林故事，將先士卒驅，猥以中國長技，百步而制敵人死命者，莫過於機以發火。余因是開冶于鄉，夙夕拮据寡費，而工省者居半，至鑄刀、鎔劍，煅煉淬礪，十百其力，而以之嘗物，未可迎刃解也。余每搤臂焦思，日省月試，差有實效。因思及余向時業文,技正類此。當七歲而就外傅,如冷鐵投爐,凡費幾許錘鉗,方能去其粗質,鍊其野性。既而對制義,又如所爲規圓矩方,寸長尺短者,及工熟候到矣,猶千敲百煉,始覺造化在手。持政國工,皆浪許太阿、吳鈎,光芒射天,而煅煉淬礪,十百其力,已不知閱幾時日已,可易言哉?余故恒語弟子輩,立志如點鐵之爐,用工如萬折之鋼。至居肆利器以善其事,又必先之,而後望氣始識。

霍生孝卿,果以此道進,遂當衡文者目,羅補博士弟子員。然其發軔始也,嗣是而熟火候,斗牛之間,光怪陸離,世豈乏張茂先耶?煅煉淬礪,十百其力,仍願言勉之。

壽環山霍外祖序

余外祖霍太翁,與先宮保爲中外兄弟。實生余母夫人,歸先忠烈,稱世好也。往每太翁誕辰,即先宮保,忠烈出入異時,而更迭稱祝,頗稱殷篤。已,先忠烈殉遼陽,先宮保以南廷尉過里,維時太翁壽七十有三,先宮保少一年,恒宴會舉觴相屬,曰:"老年兄弟落落兩三人,願白髮歡聚,花晨月夕,山頭水岸,杖履相隨,以樂天年。"余時于役王事,聞之色喜。中外兩太翁,于于相得,恨未能隨侍其間,以承咳唾。未幾,余爲權璫所抑,罷歸田里,私自幸曰:"雖不得於君,而得於親矣。"乃行人家門,而先宮保遂大往。草土餘生,幾謝人間事。再值太翁誕辰,俱以衰墨廢禮,猶意謂:"埋迹山林,不獲侍先宮保而侍太翁。既樂慈母之心,兼酬嚴父之願,其可爾。"乃悞辱環召,且治裝北上,去太翁誕辰尚遠。即非遠,而一度稱觴,來日實多,亦不能伸區區之意。爰約諸親,效華人故事,余敬摛詞而頌。然考古稱善頌者,莫若《詩》之"九如",余又何以頌太翁?亦頌夫九如如太翁而已,莫高匪山,崔嵬而拂青天,孰與比肩?

一如，如太翁氣宇何嚴然，居塵出塵，在世超世，游鹿豕而衣蘿薜。二如，如太翁形神堅凝而不憊脆，鬱乎蒼蒼，萬仞屹立，四壁軒昂。三如，如太翁悠久無疆，勢障天日，脉横地軸，大員廣幅。四如，如太翁人不能陟其巔，而瞰其麓，放而至海，渟而爲湍，静則淵涵，動斯浩瀚。五如，如太翁匯分支別派而無涯岸，虚生明，盈生魄，何虚匪盈而問圓缺。六如，如太翁無盛滿之歇，夏可畏，冬可愛，歷六時恒然，矧曦馭始旦，未週乎天界。七如，如太翁和景方享，人欣曝背，悠悠南山，來無始，高無極，吞艮吐坤，變五成十。八如，如太翁閲今古往來，而無消息，不争芳菲之艷，不受寒暑之浸，神幹蒼髥，摩戛青旻。九如，如太翁，歷大年而亭亭。余謹捧九爵跽獻，歌九章侑之，以當每誕辰之祝。先宫保、忠烈鑒兹必且曰："小子能酬吾未了之心也。"太翁其敬進兹爵！

壽劉西松序

嘗聞之：山當乾地爲老人。吾邑界萬山中，層巒疊嶂，奇峰峭壁，安辨其孰爲乾，孰非乾也？將邑故不乏于壽，無所得乾老人之説耶？然而，吾晋居天下西北，其地維乾。西北晋之大山，則曰五臺。五臺高下數千仞，幅員數百里，峰巖複合，深險莫倪。其更西北而峙者，爲太白巖。巖，昔孫思邈養真地，思邈依是山也，不生不滅，乃至無老死盡。吾邑者，西北晋之一邑也。邑西北有大山，又如五臺之高且廣，曰姑射。傳記：姑射，昔王子晋嘗依之。子晋，寒暑風雨，於姑射有年，後遂仙去，世稱子晋，因并稱姑射。俯姑射者霍，霍衍脉則届邑西北疆。維西北疆而突出一峰，曰東烏。東烏之山，巉巖磊落，奇非一狀，誠邑大觀。再衍而鹿臺高出層霄，陟其顛可俯星斗。黄河尚在數百里外，視之不啻山麓間一衣帶水。且也，風月夜時聞樂聲，其亦依之有仙者與？更衍三大起伏而東南，結一山，形如酒櫨，因以名焉，此櫨山也。非土非石，半烟半霧，千巖萬木，障日干雲，真所謂福地洞天者。山麓之東南，則數十村落人依焉。數十村落人皆依櫨山而鍾其靈，或富或貴，所不可紀。而龐眉雪髪、傴僂偃仰于山之下者，則又多壽人。壽人，以乾老人山故壽。乾老人之說，其不謬哉？雖然，山能壽人，而又在人自壽。使人依乾老人山而日夜鑿削，夭扎疵癘，世豈少若而人，郡豈少若而人，邑豈少若而人，即乾老人山下，豈少若而人？語云："仁者壽。"是惟仁者靜如山，故壽。

吾櫨山麓遂有居人劉西松翁者，鍾山之靈，如十數村落人所必然，而靜又異。自少而壯，而老，迄今八十年。無狗馬之好，聲色之娛，功名富貴，皆視若土苴浮雲，獨能以丘壑自怡，而更依乾老人山下。是仁者樂山之性，天年固多假也。寧獨五臺、姑射能壽思邈、子晉，思邈、子晉僅一再見于五臺、姑射已乎？西松翁者其以櫨山壽，櫨山麓而有壽人西松翁者，其並五臺、姑射而傳也耶？乾老人之說，其不謬哉！

壽竇芳溪翁序

人生而壽，賦予之厚也。自無性命外之衰益，然使陽害陰損，撥本揭源，既奪精魂，孰延視息？尼父若慮人之任天而澆于人也，質數於理曰："仁者壽。"他日又曰："大德者，必得其壽。"是壽也，固賦予之厚，亦鑠有以致之。而後世之蠱人聽者，謬爲丹餌之論。偶用其術而享大年者，遂艷稱于人曰："養生家言，未可廢也。"殊不知人自有生，生自有養，其言正自可廢。不爾，則爲是言者，其人至今存，可矣，何世遠人湮之後，而僅傳其書耶？余愧未能一一向人醒。

一日，翻閱編簡，忽友人王渭橋至，問近課，余笑曰："寄目丹書，深疑其未當理耳。"問云："何？"余質以前言，渭橋曰："是也。然于理亦未甚悖也。養生家言長年之術，却穀辟導，煉汞燒鉛，熊經鳥伸，修煉之久，便可昇舉，是誠誕説。然其清心却病，寡欲延年之説，求之浮淺輕躁之人必不可得。蓋賦性既蕩，行事必張，醉鄉色陣，漁名獵利，白日昏夜，勞精役神，得不即殉，幸爾。若在仁德，其稟獨澹。澹于聽則耳聰，澹于視則目明，澹于攫取奔逐則手足強健，澹于籌畫營謀則心慮清净，神夢開爽。雖不却穀辟導，煉汞燒鉛，熊經鳥伸，而于清心却病，寡欲延年之説，亦不合耶？故曰于理亦未甚悖。"余恍然曰："是可持此論以壽人矣。"渭橋曰："余舅氏芳溪翁，八十初度，丐一言佐觴。"余曰："芳溪翁有仁德者，絶不與浮淺輕躁之人類。今日大耋，故雖賦予之厚，正有以致之。以是佐觴，必當翁之心喜而嚼三爵。"渭橋曰："余沐舅氏之德之深，而無以祝也。當舅氏之心，可以喜而嚼三爵，余敢不奉是往，以三爵獻？"

壽張節婦序

張節婦焦者，大賈學柳之母也。節婦笄歸學柳之父，於時家徒四壁耳，而庶姑在堂，晨婦也。善作威福，每遺節婦勞苦事，嘗衣食不被體充口。自合卺後，夫婦不得接，節婦躬苦操作，無幾微見顔色者十年如一日也。

夫偶病，節婦給薪水焉，得留信宿，孕，生學柳。而夫隨遠游，歿他鄉。節婦抱稚子，事嚴姑，捶楚無完膚，朝不保夕。父母欲奪其守，則曰："十餘年來無他志，今夫且死，一息未就殞，爲稚子也。稚子成，方可以對亡人于地下。毋言，祇污吾耳。"

學柳稍長，嘗數數噍呵之，曰："孺子不自成立，吾毋惜命。"學柳少稟節婦訓，輒知義讓。學書不成，棄去。往來梁宋賈販，權子母爲治生計，家稍豐焉。而嚴姑病且革，良心忽動，屬節婦曰："我生不德，今將就藥，幸爲我掩過。"已大瞑，節婦哀毀特甚，卒無後言，孝可知已。學柳日富，而節婦居恒自紡績，每夜分方寢。學柳諫曰："兒雖無厚藏，甘旨自足，母何勤若此？"節婦厲責曰："嘗聞之，絲枲紡織，婦人之務。上自王后，下及大夫士庶妻，各有所製。墮業者是爲驕逸，吾雖不知禮，其敢自敗乎？"自初嫠便不御脂粉，常服布練，性最儉約，酒肉不妄陳其前。姻戚鄰比有不擧火者，節婦復能周給之。族有不更事婦數辱節婦，受之怡如不較，以故居無怨人。今且八十，尚矍壯如少時，視其徵，百歲不足多也，孰謂天道不報善哉？語有之："慷慨從夫易，從容守節難。"誠不得不爲節婦苦；然惟德是親，天報不爽，又不得不爲節婦慶也。今月日，爲節婦初度。鄉人仰名行者，具醴酒登堂拜之，命予爲祝辭。余曰："祝故事文耳，無足以當。"爲次其實如左，行將列之史傳，傳之萬世，以壽于無窮焉。

壽常母序

今鄉里間，以男子壽者什三，以婦人壽者什七。人若謂陰順久道，柔克勝強，遂以爲婦人眞壽於男子也。不知事正不然。《易》曰："天道福謙。"孔曰："仁者壽。"亦視其修德獲福何如耳。故在昔升堂乳姑者，壽以孝；抱甕出汲者，壽以順；出與子俱、入必盡期者，壽以貞；丸熊者、畫荻者、擊魚責金者，咸壽以慈。非然，而德不配福，爲鬼神惡，則大年不假。即或留形骸人世，而疲癃殘廢，傴僂呻吟，爲之子者，且心恫矣，雖有烹雞之供，導輿之娛，又何足言壽也乎？

吾兹有羡夫常母。常母之爲人婦也，敬與父同，愛與母同，孝則如唐夫人。爲人妻也，義以和親，恩以好合，順則如桓少君，耳目之欲，不越其事。常母之稱未亡人，與魯母師者，何異？至教誨爾子，則宴安鴆毒弗納於邪，非若夫柳韓諸公堂上人耶？玎哉，常母！静專動直不失其儀，一身而萃數母之德，天寧不以壽數母者壽常母？萬斛之舟，所受必多；千尋之木，其廕自廣。鶴髪古稀，於今非異。鼇而髦，而期頤，直如操券矣。雖然，余有多望也。

　　漢毛義舉孝廉，檄至，義捧之色喜。張奉初心賤之，後知其母老禄仕，乃嘆曰："嚮者之喜，爲親喜也。惜也，義母之不待也。"

　　晋虞潭將征蘇峻，其母孫誡之曰："吾聞忠臣出孝子之門，汝當舍生取義，勿以老母爲累。"後潭及子楚平峻，拜武昌侯，孫時年九十五，加金章紫綬。

　　今常母康强，善匕箸。朝廷復多事，時邇秋闈掄士，令子負不世之才，竟堅卧不起。今而後誠幡然改也，寧直捧檄者之以禄養？拜侯之勛當亦人之能事耳。常母之壽，視今日且何如哉？此余之多望，常母其喜而進三爵。

校勘記

　　〔一〕"青"，當作"甘"。
　　〔二〕"秀才"，底本原無，據目録補。

雪广筆役卷二

吊祭文

祭潘麓泉冏卿文

今天子聖明，一掃黨逆。凡忤奸逐者，皆得再入春明門。師師濟濟，良稱盛事。吾晋當日罹毒最慘最夥，邇亦漸次昭雪。我潘麓泉公，曩先諸君子去國。此一時也，正望旦晚出山，爲鄉國生色，乃忽以訃聞。嗚呼！山頹水萎，邦國殄瘁，不獨桑梓哀悼，而維桑與梓情庚盡也。則追公生平，寧能一已于懷乎？筮仕而密縣、中牟也。繼佐版曹，守名郡，含香之風，懸魚之節，千古競烈。屏藩西塞，點虜氈廬，遠徙塞外，韓范同歌。涪陛冏寺，數馬以對。出且牙節，入即公孤。社稷倚重，盤石是依。詎意社鼠城狐懼薰炙，故遂鋤逼處者首及于公。世道既清，尚未借公一日；有用經綸，竟付之箕尾之身哉！嗚呼！公心不愧，鑒之者天；公業未竟，繼之者子。生順沒寧，于公無憾。獨所爲太山梁木，海内悲之，而桑梓庚盡之情痛無已時也。一束生芻，聊將鄙悃。存殁殊途，曷維其盡？

祭尹舜鄰少司農太翁文

維茲晋國，水帶山衣。山也翠滴，水也雲披。孕秀鍾靈，名詰[一]代起。端人之裔，篤生夫子。實維神龍，驤驤桓桓。時即魚服，頭角嶄然。役電鞭雷，喘息萬里。上排天門，力其餘爾。風厚不負，非或尼之。一壑一丘，若倦於斯。數雖若奇，理終可信。惟帝念哉，乃錫賢胤。其胤維何？威鳳祥麟。配厥所出，孰藍孰青？錦製花封，霜飛白簡。初頌神君，再稱名諫。典禮陋許，建牙邁張。鍾鼎借勛，股肱曰良。飲醴覓源，誰忘其自？龍章四褒，寵稱不次。俗眼富貴，莫不艷傳。鳩杖角巾，翁何與焉？萬里家書，別無多語。誨忠移孝，母投慈杼。人不同面，果料其深。薏苡謗煩，嗣君抽簪。往當菶菲，亦少嚘嚏。等玷樊蠅，翁意不介。所以勸勉，惟有自修。宗社太山，夫復何求？繇是觀之，安身立命。志士達人，翁也兼並。其歷大年，為世儀型。匪龍匪蛇，胡遽遐升？豈視塵凡，不可藥疾？勞勞形骸，毋寧偃息。嗟乎形往，而神獨留。願傳行事，播于千秋。一束生芻，知翁不吐。但可思而不可即，亦徒盡此寸縷。

祭苗晉侯憲副太恭人文

今夫婦人女子深處閨閣，惟酒食是議，亦烏有所為懿行碩德著人耳目間。其食貧衣布者，埋沒蓬茅，無論即我生之辰而晨雞維索，雖偶名賢，誕聖哲，紈綺膏粱，崇樓邃閣，鬼神瞰且忌之，不奪而年，即災而身。安享其逸，考終其身者已寡，況乎恩短怨長，肉溫思冷，一時之涕泣戀慕勢且不得，乃欲延譽於千秋萬歲後乎？我太母笄歸大族，其視埋沒蓬茅者，丁時不啻霄壤。太翁洊歷二千石，太母以夫貴，而雞鳴之警、脫簪之規，未或少缺。迨慈覆三珠，為朝廷屏藩西秦，太母又以子貴，而擊魚義訓不懈於畫荻、丸熊。時人固不知閨閣間婦人女子行事，而視其夫與子，則耳目可悉了，而譽滿內外，懿行碩德皦皦矣。且紈綺不易荊布，膏粱不易蔬水，處崇樓邃閣若無異於桑華。大德必壽，居謙獲福，此鬼神自默相之。即未享來日台鼎之養，而異數承恩，古稀閱世，非所為安享考終者耶？當時奕世，頌婦德者，莫太母若；頌母儀者，亦莫太母若。怨原無而恩益深，肉即寒而思更遠。揆之理勢，自應爾爾。矧時丁訣絕，誼忝骨肉，寧能禁慕戀私懷，止涕泣之從出哉？謹束生芻，介詞以獻。亂曰：

太行崒嵂兮，霜威重而色削。丹水浩淼兮，石巉巉而聲咽。烟鋪閉林，雲深冷月。珠輝蚌衰，桂馨萱折。因物理之乘除，欲問始終之生滅。

大父宮保公革七同叔氏祭文

維茲正月二十七日，兵部尚書府君辭世。五七之辰，俗禮於是日爲革。不孝男等，維革之義，革，盡也，豈人子哀慟之情，至此日而便盡耶？抑人子哀慟之情，至此日革其奉養之色，以易追念之思耶？然然否否，其何必論？第以違遠親顏，日易而月，且易月而歲也。回想未月之前，不孝男等承歡膝下，烏忍計此？孰意竟若此也？無術招魂，有眼流血，聲音笑貌可想而不可即。呼天搶地之無從，而悲號乃云可釋。劬慕誠深，視膳問安，政未得忘，又何革之云？即革其去之日，不革其去日之心也。謹涕泣陳奠，以表不忍革，不敢革之意。府君當不棄而吐之。嗚呼，哀哉！

大父宮保公生日同叔氏祭文

嗚呼！我父歿矣。遙憶當日之生，亦知必有今日之歿。第值今歿之日，而想昔生之時，又誰願今日即歿也耶？生之者祖母，憶襁褓而含辛；共生者弟妹，念胞胎而隕涕。所生者子女孫曾，思毛裏而呼天搶地。雖有衣裳，向值生辰而被服者，今陳設也；雖有酒食，向值生辰而筵宴者，今供祀也。固知我父德業聞望，千古常生，不在一時之氣息。兒輩力學樹行，勉繼前修，以追體我父之生，不在一時之悲慟。然罔極莫報，又不能自禁，稽顙哀號，憑柩洒血。冀我父如在生之時，一舉兒輩之觴。嗚呼，慟哉！

祭亡妻文

嗚呼，慟哉！妻何以死耶？天耶，人耶？天道無親，惟與善人。妻從不爲惡，豈天獨不鑒之耶？與人無怨，與物無争，而奄奄就斃，又何人之尤耶？天耶，人耶？嗚呼，慟哉！妻何以死耶？數耶，理耶！天壽不貳，豈爾偏受其短耶？仁者壽，乃于爾而獨爽耶？數耶，理耶？嗚呼，慟哉！妻何以死耶？天道難問，人事難憑，數與理茫不可測，而妻何以死耶？嗚呼，慟哉！妻死矣，而目未瞑也。有懷二人，未相忘也；言念君子，未覩成也；見其二子，未有依也。兹三事，皆妻不瞑目者也。雖然，父母劬勞，心誠難忘，而代妻者有人，是可以瞑目。我雖滯青衿，倘徼天幸，席先德，自奮不難，是可以瞑目。小子雖未成立，而俱有定配，十年外皆當娶婦，我鑒爲繼母者往事，斷不有以負妻，是亦可以瞑目。嗚呼，慟哉！獨是妻目瞑，而我心轉酸也。妻自十四歸我，迄今十一年，克執婦道，承順親顔；我兩人又相得最歡，從未嘗一反目。人處姑姊、妯娌間，罔不小失意，而亦未有與爾搆者也。至諸僕婢，人間嘗一呵噍，而妻又獨不然。吾鄉里婦人，如妻者幾人？而妻死也，嗚呼，慟哉！昨簡衣筥，凡爲妻衣者，無不數結，妻之儉惜至矣。妻誠我一良友，何死之速也？嗚呼，慟哉！雖具此牲醴，亦供妻之魂耳，能視妻之食不？嗚呼，慟哉！百歲之後，歸于其室，妻其俟我。嗚呼，慟哉！

校勘記

〔一〕"詰"，疑當作"喆"。

雪广筆役卷三

傳

孝廉王公傳

漢法舉孝廉，大率二萬人得一。然往往以名應，不盡稱其實。明興，貢士于鄉，猶漢法也。而以文進，于孝廉之名益遠。今確求其人，則吾晋固仕國，蒲坂衷顯王公，其一也。

公名三欽，字堯俞。歷世顯融，太公熊以醇謹稱，公其季子。七歲就塾，即穎露不群。尋受最鳳岡任氏，能盡其學，補博士弟子，有聲章逢間。甲午，吾晋歌鹿鳴，公預焉，人曰："王氏青箱之業，未替也。"屢試南宮，輒報罷。馬蹄特特長安，輕塵縈拂頤鬢，公第以濁醪消之。孟郊刀劍之悲，李郃厚顔之嘆，都無所介介也。上觀下獲，益閎切理奧。新建王氏學，近世率置勿道，又吾晋風尚樸略，鮮善其說，公獨嚮往之。嘗標舉"微義獨至"之語，名師宿儒有所求逮。性又慷慨，好緩急人，解衣推食，排難解紛，千里慕義，至擔簦負笈之士吮風立雪，稱《易》家大師焉。顧止于孝廉，見奪司命，年五十一卒，享不酬德。所謂天道嘗與善人，非耶？然予謂公真于孝廉無愧云。歲在庚戌，公就選人，當緺銅墨綬治縣。公念太孺人春秋高，拂衣還里。沒齒之日，猶依依子舍。初，太公積貲二千金，伯兄善賈，從祖大中丞委以五百金，積著大起，盈巨萬。析箸時，伯兄意以中丞之子錢不入世券，後微悔而晰分之。公謝不可，作《仁讓錄》。以此而徵孝廉，又何愧焉？故予樂爲傳之，以風天下後世之名爲孝廉而亡其實者。所著《四禮約》、《遵儉約》、《表貞編》行世。子溯元有文行，王氏青箱之業未替也。

論曰：予傳王公，而重有感于吾晋也。河東饒沃，名公卿相望，近代如楊襄毅、王襄毅之勛伐，張文毅之相業，最彪炳也，不以學名。獨河津，在隋爲王仲淹，在明爲薛文清，其學甚著。仲淹竟教授終，年纔三十三。今王公深于新建之學，纔逾下壽，彷彿類之。吾晋伉爽有氣誼，公又澤于理道，稱倍量焉。河東即多名公卿，以孝廉推次其間，顧不益重耶？

竇將軍傳

余里人竇明道，面鐵色，怒目如曙星，虬髯蝟張如戟，以勇悍聞。于時苦貧，游梁宋間，爲下賈。因便弓馬，習技擊，飛鞚橫槊，人人辟易。余私識之，曰："此飛將也。置漁陽、上谷、朔方、酒泉間，斗大黄金印不俛拾之哉？"

崇禎庚午，陵川狐賊據馬頭山，恣剽晋、豫，其鋒銳。時兩省撫鎮協剿王兵使肇生遄攻之，失利。召余弟恩生道濟、都司道法往，明道囊鞬從焉。官軍鼓行而前，明道以別部掩賊巢，猱附猿引，絓身于層壑危崖之上，蹈空奪險，賊大潰敗。幕府軍書上，賞格不行。

亡何，晋被流寇。渠帥王佳胤尤勍，渡河曲南下，歷長子。兵使檄神將曹文詔追擊，明道爲鋒，大破之。已餘黨繼起，兵使禦于汾西，過褫亭。會榆關逃兵彭雄等七十餘騎道掠，千里趨利，至於褫亭。檄從吏往，惴惴亡人色。明道掉臂入，指諭之，立投刃歸伍。遂從守備陳國威，敗賊于臨縣。宋中丞統殷上其功，官都司。復從余，追賊于端氏。寧武守備猛忠敗没，率明道進援，走之。敗卒衞科等百四十餘人得免，八月寇余鄉，明道扞禦甚力。堞上見寇發矢，即彎弧屬聲曰："矢及汝矣。"寇驚却，矢中樹沒羽，寇懾伏，遙指曰："竇髯，我去若，毋相及也。"

寇走陽城，余從中丞敗之小嶺。寇南下太行，懼其北也，中丞自澤州入陵川奪火村，寇果自輝縣而北。我兵猝相值，殺傷大當。日晡，卒饑憊大潰，至石磬坳。中丞立馬，招集散亡，兵使長跽請曰："今日不殺賊，退安所歸乎？"挺鼓摺鐸，周麾而呼。余率明道輩，奮刀還驅。寇夥甚，輕騎嘗我。明道及汾州千總惠光祚獨身迎敵，龍跳虎躍，霆呼風舞，終不少挫。中丞遙嘆曰："竇明道健鬬乃爾。"諸軍從嶺上目壯之，亡不踊躍，願一得當賊。薄暝，明道守隘，余等營山之巔。寇深夜數人間道登而噪，內監陸進朝駭愕遽走，諸軍皆奔。詰朝，余等會九仙臺，潰兵反首芟舍漸至，獨失明道，意其骨生燐矣。及我被圍三日而解，見明道于高平，云："前夕擠深澗中，臂折，勉自搥，脫足帛裹創，得重璽而至。"中丞等痛之，俱泣下。亡何，中丞罷去，寇西走。余等戰于仙翁山，獲其渠帥。蓋自從軍來屢戰，多所俘斬，明道爲一時冠。力瘁中瘠卒，聞者惜之，莫不曰："使明道而在也者，亡論斗大黃金印，即戚繼光、俞大猷爲不亡云。"

論曰：竇將軍初起里閈，競刀錐之末，其志豈誠欲勒燕然，鳴劍伊吾之北哉？一旦遘事會，因緣就功。當其意憤橫發，目眥盡裂，匈奴十萬衆直氣吞之耳。李廣恨結髮未得一當虜。今東胡之強，正丈夫委命時。異日，余從事榆關，募吾晉健兒百人，將軍割挈馬兔而東，適樞輔孫公報罷，不果用，僅薄效於鄉。甚哉，將軍之不偶也！同時陳國威輩，才武出將軍下，高牙大纛，取之如寄。乃終困一將軍，嗟乎！天實爲之矣。將軍所降彭雄等七十餘騎各感報爲縣官用，終身不背。嘗語及竇將軍，猶念念無已時也。

雪广筆役卷四

墓碣

故友霍圖南墓碣

余友霍圖南，以萬曆庚申六月歿，距其生纔三十八歲耳。內而骨肉，外而知交，莫不痛哭流涕，曰：“天奪之速也。”越五月，其尊兄厝圖南柩于永室，立石其上，以表遺行。因圖南遺言，屬其事于余。余何能文？余文亦何能爲圖南重？然予與圖南同筆研有年，其操履耳目之最熟，豈敢以不文閣筆，負圖南於地下？

圖南諱攀桂，別號月林，圖南其字也，世爲沁東曲村人。父汝聰，有丈夫子三，圖南居季行。其生平孝不衰親，敬不懈長，於妻子不私恩，於朋友不府怨，磊落行誼，譽在鄉黨宗族者，數窮更僕，余即詳書審紀，不能悉于他人，然亦不能悉圖南也。余之悉圖南，惟讀書一事。方圖南垂髫時，受兄門下業，此兒童嬉戲時也。而圖南儼如老成人，兀坐齋頭，不停披誦，莫不以大器目之。及就郡縣試，遂冠多士。比補博士弟子員，復屢列高等，聲蔚蔚起矣。乃三上秋闈，翩鍛不振，識者惜其屯，必其亨，謂騏驥櫪下之伏，蛟龍池中之蟠，非終屈不伸者，斗間寶氣，定逢賞鑒，特時未偶耳。圖南志亦不少鈍，嘗向余曰：“少壯幾時，不努力何爲？”每旭旦至夜午，咿唔書聲不絕於口。雖風雨寒暑，亦罔見聞。余方謂秋風伊邇，圖南奮翼，翹足可待。而入春病瘧，余見其瘧狀，仍戲之曰：“瘧，謔耳。爾何可謔？乃爲瘧謔。"圖南亦笑應曰："豈不聞，來病君子，所以爲癙耶？"未幾，而癙深矣，遂不起矣。維時六月十四日，余方于役郡縣，竟未能一訣。圖南彌留之際，尚曰："不及見張深之矣。身後之事，願得一言。"嗚呼！一死一生，乃見交情。余縱不敢望延陵季子，寧令圖南壠上石，不及徐君壠頭樹耶？因表其事如此。

雪广笔役卷五

墓　表

文林郎秦安知縣溪環郭公墓表

孟夫子有言："天下達尊三，爵一，齒一，德一。"而復終之曰："惡得有其一，慢其二？"則輕重不明明可按乎？故行不齒于士林，而拖紳縉珮，位極具瞻，無論歷年若何，當莫不鄙且賤之。即黃髮台背，而閭巷以終，屈指生平，更穢瑣無足比數，此與草木同腐朽者，亦烏足論？進而星辰曳履，鼇耇如願，得君得天，其所以處高位，享大年者，俶終未令，則得失參，而尊不尊半，何以敝天壤而高晉楚耶？余不佞濫竽禁員，向叨侍從，海內元老耆碩不少概見，而如孟夫子所稱者，什不得一，何以故？天命有修短，君恩有隆殺，而已不得操其券，即天篤其祜，君渥其庇，己或無以承其庥，則余幾幾于世而未得者，于溪環郭公見之。

公位不過令尹，而兩地棠蔭不減周人之于召伯。視彼赫赫鼎鉉，沓來南山之刺者，殆霄壤懸也。解組歸來，布袍斗酒，嘯傲山林。年逾八十，語言步履不減少年，視彼携筇委巷，老死圭門者更霄壤懸也。大德必位必壽，公固膺天子百里民社之寄，享上帝純嘏爾常之福。且也朝重其節，野樂其政，士瑾其敦淳古樸之行，俗式其勤儉正直之雅，尊哉！合爵齒德而稱達，孟夫子復起不易言矣。余後公五十年生，叨在世講，知公最真，故特表其大節如此。行誼、政教及世譜，具載誌狀中，不贅。

太學生劉乾甫墓表

且天地間皆耳目所熟習者，終非澩焉而已。惟夫三光四象，無忒於度，平等觀也。忽而卿雲見，德星聚，則莫不詫天之奇。山河位置，流峙晏如，平等觀也。忽而三呼九清，芝生醴出，則莫不詫地之奇。即羽毛鱗介，各馴所性，生生化化，亦皆尋常置之。忽而鳳儀於庭，麟游於郊，龍見於野，則又莫不詫其飛走之奇也。矧夫戴天履地，超飛走之倫而命曰人，乃一尚論出類拔萃之聖賢，後無來者，豈人之奇，僅一再見已耶？余嘗恨不及見古人，得一劉乾甫公，私竊謂有奇緣。今又棄余往矣。余仰天俯地，曠觀飛走，欷歔欲絕，安能不一言表之也耶？

乾甫為莊靖公從子，先余生二十年。以意氣投好，遂為忘年交。曩余家食，里許之阻，數日一晤，或數月一晤，猶未能時往還。迨余宦留長安，屋梁月色，渭樹江雲，亦徒往來瘖寐而已。

壬申寇變，公廬蹂不可居，徙舍余舍。余適有事戎行，歸捍閭里，始得日隨步趨，時把臂雄談，間呼盧浮白，以消釋抑鬱。方謂豺狼當道，荊杞滿眼，蹙蹙四方既難為騁，即水伏泥蟠，烏所得寧處？余與公，其避俗入俗，姑且謀朝夕歡乎？曾幾何時，而公遽歿也。先是，室人歿，余知公奇人，定自達觀。公果不為兒女態，抑情排怨，容若居平。乃兼理內政，役心疲力，遂致脫神。

是日也，余輟庀往臨，涕淚如雨，外余者，親故無論已。逮巷婦傭奴，莫不泣數行下。蓋公藥餌活人命者，時方苦癘，咸待公起，而公反不起也。公故華閥，怡情詩酒，留連聲伎者其常。而幼也潛心問學，明於理道，志向既奇矣。博極通玄，奇無不奇。技掩青囊，眠牛指兆，則目奇。隔膜洞症，和緩失巧，則手奇。風雲色辨，腹笥黃石，則智奇。霜刃電飛，盤旋中節，則藝奇。黃芽白雪，奴使汞鉛，則術奇。至於稱孝稱弟，宗族鄉黨異口同聲。莊靖冢嗣不禄，一抔未乾，咸以六尺無存，垂涎攘臂，公篤念血食，以其子子之。凡囊篋所儲，則又聽蠅嘬蚋嘬，芥蒂毫無，存人之祀，不利人之有，公之德至矣。公奇人，故多奇行，真可質諸古聖賢。彼人面獸心者，對之汗下矣。世目公爲長者什九，而識公之奇者百不得一。余特表而出之，以昭來許。其世系、卒葬之年月日及兩孺人閫德，有誌在。

墓誌銘

禮部儒士環山霍公配賈氏合葬墓誌銘

今上己巳冬，奴氛薄都城。余鄉偏遠，於十一月念五日，纔聞逼通、薊間。余時歸省里居，驚憤錯愕。母氏更慘然不懌，曰："此爾不共之讎，況主憂臣辱，豈爾安寢食日？其速馳赴，毋以我爲念。"余外祖環山翁與余居止去里許，聞即徒步來，勉以大義如母氏諭，且代爲區處健丁，間日往返，其憂國念余意殷殷篤也。朔四日，余北上，外祖送余郊外，洒泣話別。彼時即曰："爾此行，廟堂疆埸，爲所欲爲，旋返難期。我年已遲暮，後會未卜。勉之勉之！"余尚敦慰，詎意余行不匝旬，忽爾永訣，前言竟成讖耶？嗚呼，痛哉！

初，母氏以先君忠烈公難，聞訃，摧心臥床褥，至閱三月。已而千方解慰，始扶掖起，徐復故形。然遂感症，每遇哀痛事，輒便怔忡眩暈，數日方愈。值茲外祖之變，又恐悲怛過甚。余方焦念，忽家僮來，亟詢母氏起居，則云："哀而有節。"傳命屬余誌外祖墓，且云："哀痛無益于事。惟茲石言，其詳述隱德，不没泉下，以慰我心。"余慰母正苦無術，敢不仰承成母之孝？矧外祖生平，其承顏順志，人無間言，則孝可述。伯以先世未析之業，予己子者二，予弟之子者一，其誰能平？外祖怡然無後言，則禮讓可述。讀書無成，徙業於農，再徙而賈，往來梁宋，稱物取償，不罔非利，迄今不易寒素故也，則勤儉可述。宗族鄉黨，畜産不皆我饒，或婚，或喪，或饔飧不給者，時出朝夕之餘以賑之，則仁惠可述。閭左少年，故嘗以爭忿取質，外祖抑其悍無禮者，後皆望廬自解，則端方可述。余曾王母太夫人，處姑行，先祖宮保公表兄弟也，先君忠烈公復爲之壻。在薄識，莫不挾以驕人，外祖初無是，因以累行，郡縣守令循薦舉故事，禮曹襃冠服，更三屈鄉飲大賓，堅不赴，則恬退謙撝可述。且也，母氏體素弱，余生彌月後即往來外家，凡服食起居，事事週注。逮弟妹縈縈，莫不曲加撫摩。是外祖之誌，匪母氏命之，又焉敢以不文廢？況可以是慰母心，而成母孝，寧忍辭耶？謹述其梗概若此，尚愧弗詳也。千萬世後，知余非諛言矣。

外祖諱三元，字聯甫，別號環山，世爲沁水東曲村人。先世不可識，識其五世祖瑄，高祖顯，曾祖世乾。祖尚義，生二子：長伯汝卿，次父汝忠。汝忠生外祖，娶外祖母賈氏，溫栗沉毅，有丈夫風。外祖十九在外，治家人事，門內外肅如也。先君忠烈公嘗云外祖母行事，可爲婦女師，豈欺我哉？惜乎，故時年纔五旬有八，未得齊眉壽考耳。繼劉氏，庶馬氏。生子：炳，錦衣衛鎮撫，娶竇氏，繼李氏。女三：長即余母氏，先君兵部尚書，謚忠烈，諱銓配，累封一品太夫人；次適生員王敷治；次適生員賈希俊。孫男二：長壄，次坰，俱幼。

外祖生嘉靖癸丑十月二十二日，卒崇禎己巳十二月十二日，享年七十有七。外祖母生嘉靖癸丑十月十五日，卒萬曆庚戌六月初四日，享年五十有八。例得並書。銘曰：

天道無親，惟與善人。前世今生，作與受，未適所因。不於其身，於其子孫。勿替引之，無不爾或承。

壽官虛齋竇公配常氏合葬墓誌銘

先是，神廟之三十七載，虛齋竇公卒，業卜地安厝矣。迄今上改元六年，其配常孺人始卒。禮，夫婦歿則合葬，屬當啓壙，第術家初言"地實牛眠"，遂用之弗疑。乃公正寢後凡十八歲，衣食豐廣，固雖謀生之良無關係此，而乳多不育，則用爲憂。日者又言："脈散氣走，非生發地。厥嗣計萬年，不獲已。"另卜茲塋，枕山帶水，實爲佳城。例當誌麗牲之石，以示來茲，乃以屬余。

余惟世俗日僞，人情益卑。恒見具丈夫鬚眉者行事甘同妾婦，遂有一種柔媚女子嬌以和之。究也，男子婦人俱失本色。爲子孫者冒爲聲實，或蒙虎易羊，或借影翻燈，甚或脫骨換髓，假墓底一片石以欺耳目。若是，徒令具隻眼者，睫戟齗張，何益榮辱？余恒心悲之。夫豈諛人以供爲人子孫者役使？然正患世無烈丈夫、真女子爲世觀法。有之，是漢上、鹿門，千百年來，再覯懿美，亟取以傳，猶懼隱没不耀，敢以世俗之爲子孫者例人，如虛齋寳公之生平，以骯髒骨與庸愚人伍？始而學書，棄去。繼而學賈，復棄去。使世俗籠智鬭巧者，將無笑其拙。詎知公不爲禄仕，安用窮年矻矻？以千金之軀，犯霜露，覓蠅錐。嘗暮雨江村，偶逢豪客，使不見幾而免，安在爲守身之孝？此公冷眼世俗，正不欲人以巧爲拙，故以拙示巧。織問婢，耕問農，衣食外遂無餘事。即衣食之積，又不肥以自潤，咸爲杖頭錢，與二三等輩醵飲洛社。一遇貧不舉火者，又即輟結客之費，罄囊賑貸。或不諒公心，以土田償，輒焚其券，以是德所沁入，鄉鄰化之。間有使氣相哄，旋即自解，莫不以見直方爲羞。縣父母雅重之，而不可致，止循六十杖鄉之例，爲請於上，而加冠服。公以受恩於朝，不爲私謝，其磊落氣概略可知已。至其夫婦唱隨好合，余况之以漢上、鹿門。漢上、鹿門在當日也，出作入息，敬賓愛夫，不求榮辱於人，故不爲人榮辱，而奕世傳之。以公學書，常孺人以機杼佐。公學賈，常孺人以井臼佐。公好賓客，常孺人以瓶罍佐。公好施予，常孺人以簪珥佐。公孝友人無間言，常孺人佐之以潔灑和睦，人亦無間言。在漢上、鹿門，其夫婦賢事固在當日人耳目，然所傳者曰"舉案"，曰"挽鹿"。蓋以世俗之情，莫不豔羨富貴，落寞時不爲牛衣之泣，則爲交徧之謫。乃丈夫脫屣功名，樵漁爲友，婦人紈綺無事，荊布樂陶，寧無足多，但指所爲。自垂髫以至鶴髮，涉歷人世五十餘年，百行四德，無少違錯，如公夫婦，漢上、鹿門又讓美矣。夫何不誌之，以昭盛事？

誌姓字：公諱淵，字德淵，別號虛齋。遠世婦人不名，故止以常孺人稱。誌甲子：公生嘉靖壬辰，卒萬曆己酉，壽七十有八。常孺人生嘉靖丙申，卒天啓丙寅，壽九十有一。誌譜系婚嫁：其先遠不可攷。公六世祖伯政，生文善。文善生子錫，子錫生公瓚。公瓚生公兄三人，公居季行。三子：長有霖，蚤世。次有霖、有相。有霖業賈，娶王。有相業儒，爲博士弟子員，娶李。女五：皆適名門。孫男三、女五：爲有霖出者鴻章，庠生，娶韓。爲有相出者雲章，庠生，娶霍。奎章，庠生，娶郭。女則一出有霦，二出有霖，二出有相。曾孫男晥及二女，則皆鴻章出也。誌矣，例銘。銘曰：

君子之道，造端乎夫婦。唱耶隨耶，實有常度。不幸而變，節義趾措。驚悼倍恒，可起欣慕。綱常或頹，何如行素？梁孟鮑桓，古今不數。獨此兩人，紹芳嗣步。混迹庸愚，薰蕕異路。蘭馨風揚，珠光輝露。表揚余心，借石寫愫。千秋萬歲後，不朽者實惟茲墓。

祖姑丈楊元吉公墓誌銘

昔竹林諸賢，放情山水，寄興麴糵，不問人世間事。在當時欣厭異向，是非各得半焉，迄今猶然。是之者，爲人生適志，脫迹市朝，安在規繩矩步，自作桎梏？非之者，則曰："廉隅不簡，無以範身，細行在所謹也。"吾竊論之，迂士病拘則曠達是；蕩士病軼，則謹飭是。故所是所非，總無碍其竹林之是也。若余祖姑丈楊元吉公，實其儔云。

公性豪疏，幼習博士家言，才識異倫輩，顧弗屑呫嗶，遂棄去。往來梁宋間，用計然策起家，而且贏且散，且散且贏，視蠅營蟬逐，又絕無其態。故胸中磊落不平之氣時以酒澆之。然每酒輒醉，高歌起舞，白眼青天，意常不可一世。蓋不惟富貴功名，糠秕瓦礫之，即禮法，亦芻狗不屑屑拘。至若炎冷之態，益付之華胥矣。人爲我是，不色喜；即人爲我非，不色怒。以是終公之世，是非者亦半，而公夷然之性，直爲平等觀。余因指其事，摹其人，于輓近世，求之不得，若與竹林諸賢異世踵接也。

公諱有慶，字元吉。卒年七十有一。配張氏，繼竇氏。厥子明德，用卜者言，葬公于梽山之麓。丐石言于余，故略記公之行誼，以昭示來玆者如此，爲之銘。銘曰：

茫茫函蓋，恢乎無極。不有達人，孰參其秘？玩世廣裾，耻光滅燭。清聖濁賢，無入而不自得。梽山之麓是牛眠，奚必陶家之側？

張一德公〔一〕墓誌銘

予讀史，至蘇長公，自言平生不爲人作墓誌，予又何能作媚鬼語，出長公下哉？然情之所關，寧能不一識其姓字使泯泯耶？

予族之死以壽者，曰一德公。一德公處壠畝間，與鋤犂伍，固無他奇異能驚人耳目。然一德公少而食貧，甑塵壁立，殆牛衣之王章矣，人不堪其憂，而一德公處之淡如，曰："天之厄我，命也。"已三子學賈，家道充腴，幾"七策"陶朱翁。今昔易志，此其時也，而一德公處之亦淡如，曰："儉，德之共也。"不寧惟是，人情炎涼，罔不以貧富爲薄厚，悠悠交態，從古爲然，而一德公處之又淡如，曰："鴻不因人熱者也。"此之德言，足愧世之役役者矣，何不可誌？誌其姓字，諱安常，字一德。誌其系，子曰某，孫曰某。又非歿世而不足稱者也。誌矣，又何不可銘？銘曰：

　　貧士之常也，富易交，人之情也，而不去不處也。是以誌且銘也。

校勘記

〔一〕"公"，底本原無，據目錄補。

九編　不可不傳

沁水張道濬子玄父　著
門人實瑛含章甫　訂

《不可不傳》題辭

古來載籍所傳何限？或有聲無泪，有情無血，落紙之頃，一往易盡。文人筆端，美人眉端，靈腕柔腸，尚爾飛動。有此慧根，覺問牛宰相、唾面中書，世間不盡腐蝕耳？琉璃研匣，翡翠筆床，司隸公特搜奇鬢夭黛，示世間鬚眉孰爲可傳。悠悠此意，誰其知之？屈大夫不以宓妃傳，范大夫不以西子傳。今日讀公之書，當起古人而求之。

廣平談遷書

不可不傳卷一

女俠曹大兒傳

吳淞沈璨,英士也。賦情超越,束髮即不可一世。將走上都,射金門策,故凡經游,雖佳山水、好人物,都不屑屑問。已抵維揚,二十四橋,花月晨夜,獨契於心,因而流連逾歲,至資斧告匱,弗戚也。

一夕步月,擊手浩歌,意氣閒若。偶歷酒胡之側,板扉半啓,一女郎年約十八九,雙鬟綴綠,半臉潮紅,齒瓠唇櫻,眉蛾目鳳,翩躚體致,綽有餘妍,若耶施、洛浦甄,其冶容艷質,疑仍遜美。惟是短襟禿袖,鴉襪鸚靴,大類木蘭從軍之裝。倚門顧盼,如有所伺。璨惑之,訪諸鄰比,皆謂輪蹄往來,過續如織,烏識其繇。會漏稀,罷去。

異晚,復見焉,指揮小童,市酒舖以入。璨因揖童,問姓氏鄉里。童初不顧,璨致誠懇,始曰:"余偶供大娘役使,不知其他。""丈夫爲誰?"曰:"無。""何以大娘呼之?"曰:"隨婢爾。""從何處來?胡寓此?"曰:"來從淮泗,寓此,待其妹也。""有親故否?"曰:"親故不識,如君輩時或接見。""然則,流妓乎?"曰:"非也。大娘性佻健,難耐寂寞,間進韶秀佳客酬酢,歡通夕爾。"璨不覺自失,因賂童,曰:"吳淞沈璨,少年有心人,欲一祗謁吐肝膈,不敢造次,行止取可否。"女聞而頷之,期以詰旦。璨踴躍歸。

數漏問雞,昧爽而起。既薰且沐,心怦怦然惟恐弗當也。抵門,童已祗候,迎而笑曰:"有心人語果弗妄。"

乃發其左扉進璨，升階起簾，延璨坐。璨週視四壁，懸鐵胎弓三，白羽大鏃數百矢；寶刀利劍，若吳鉤、太阿大小五，皆露刃，光照几席。璨不寒而慄者移時。尋一婢導女出，淡妝雅飾，大袖寬襟，更非初見時比。至易靴韈以鞋，足不及三寸，纖柔周正，江南罕儔。揖璨，微笑曰："醜陋穢質，不揣銜呈。幸惠周旋，勿生嫌鄙。"璨惶恐，再拜曰："璨庸俗末流，竊不自意得接天人，眄睞之餘，置身霄漢，敢不悉其拳曲，以堅貞盟？"女又微笑之，璨於是方釋懼，因請曰："切承謦欬，非吳楚間音，願知閥閱。"女佯不聞，睨婢曰："人有佳遇足矣，亦煩他預耶？"璨不復敢再問。已啜茶畢，繼以餚饌，珍備水陸，殊不草草，犀觥可盛酒斗許，滿注送璨，曰："逆旅遭逢，雅稱快媾，何得冷面相對？願君連舉，妾以薄技侑。"顧取錦囊，出琵琶，挑撥攏撚，無不合度，其歌聲抑揚副之，則如流鶯調語，間關百囀，又如風雨忽來，颯颯振林木間。璨盈耳沁心，神魂惝怳，惟有擊節讚嘆而已。

薄暮，璨告辭，女未及答，婢曰："措大語，誠耶？偽耶？"璨怍甚，曰："誠固非誠，偽亦非偽。猶然行止，弗敢造次，取可否爾。"婢曰："君第止而不行，娘自可而無否？"璨笑曰："敬謝教。"女亦笑曰："君無庸作酸態，丫頭亦大費唇舌矣。"燃燭見跋，女偕璨寢。卸妝解衭，得窺其裏，肌膚之白如玉，膩如脂，香如蘭如桂，輸情致態，妙絕尋常。璨不圖佳遇若此。因口占曰：

　　獨立空傳古，視今疑未爭。感卿纏綿意，使我有餘情。

女曰："妾幼亦事此，僕僕道途，遂荒廢，荷君珠玉，豈得匿醜？"亦口占曰：

　　君情固有餘，妾意非不足。所嗟天地寬，始歡難終續。

璨驚曰："'黃鐘一鳴，瓦缶失音。'殆斯之謂。第始之終之，惟卿主張，何云'難續'耶？"女曰："正恐主張不得爾。"晨興，遂不與出，盤桓匝月。其間，論情則嬌媚橫生，形骸鎔化，雖使日月晦蝕，山海崩竭，不遑他恤。間涉人世事，則惟分明恩讎，如范雎"一飯必償，睚眦必報"者尚平等觀。每小不如意，即拔雙劍起舞，俛仰盤旋，以爲怡樂。偶童貰酒，無賴者與争，欺其易與，糾黨臨辱，女怒曰："何物么麿？強梁乃爾。"將奮袂出。璨固止之，曰："奈何以弱質當群不逞？"女曰："非君所知也。"闢門直前，是輩方張甚，女瞋目揮拳，左右辟易，識其魁，提髻擲空，輕如一毛。衆皆屈膝請罪，女叱去。璨曰："嗟乎！璨爲男子，徒虛生爾。"

一日二鼓，忽聞鳴鑾自遠倏近，女曰："妾妹來也。"啓門，果然一女一婢乘兩馬，行李縈然。女綠垂髫，頭裹烏紗幅巾，身衣紫繡團花襖，臂鵲畫兩弓，胯魚服囊，貯金僕姑數十，腰束鬧裝帶，懸松紋匕首，指約羊脂玉玦，足踏鹿革靴，總如健兒狀，獨容止與姊無兩。璨拜，女答拜。因詢來所，亦笑而不答。第向姊曰："何處郎君？"姊告之曰："沈郎，吳淞璨，佳偶也。"妹曰："姊大可賀。"相視而笑。女忽語璨曰："妾曩寓此者，正待妾妹。詰朝便當遠適，與君匝月之歡，不可爲無情。"顧妹問："有幾何？"妹傾一橐，約五百餘金，曰："無幾，惟姊擺劃。"女曰："沈郎旅次，余知其資斧已匱，此少可從容爾。"盡舉贈璨。璨曰："幸侍輝光，寸私莫展，何當深惠以益之羞？"女曰："君毋遜，豈有既締姻好而不念有無者？"璨愧荷。是夕，遂不即臥，酣飲高歌。達旦言別，處分其童他往。且出門，璨泣曰："卿今焉往？後會何期？豈忍終不一示耶？"女曰："那用作苦？如不忘情，他日相思，但訪妾於齊魯間。"分手上馬，一鞭絶影矣。璨悵然久之。

後數年，璨遍歷鄒兗，終莫得消息。偶訪於青州道上，一老人曰："此必曹大兒,女俠也。人亦不知所在。"

　　外史氏曰：世傳女俠,劉悟之隱娘、薛嵩之紅綫,奇踪秘迹,駭人聽聞,以爲無有嗣其後者矣。如曹大兒姊妹,何莫非然？倘謂俠也,必不作兒女子態,則崔愼思之妾,相從逾年,且舉子矣,卒割恩斷義,飄然長往。愛河欲海,烏能溺之？大兒與沈生亦偶然遭逢,聊作一時姻緣爾。不然,一鞭絶影,姓氏鄉里終不可得。兒女子態,然耶？否耶？或者曰："盜也。"夫以韶年女子,倏忽往來,掣風馳電,要亦車中三鬟之類,豈尋常肷篋者流哉？

不可不傳卷二

陳既滋傳

丙子季春，烟雨樓桃盛華，獨柔艷一枝，醋於風姨，月冷波空，香魂狼籍，友人有感於陳既滋也。余因爲作傳。

美人陳既滋者，名蘭，字楚畹，再更既滋，因以既滋稱。年十九，歿於檇李。既滋非檇李生也，家世維揚。維揚佳麗，古人稱之，洎時代益尚。凡嗜色者莫不携珍異，走維揚購所欲。使既滋不去故土，十斛千金之選，舍既滋其誰乎？

乃幼以年饑，爲檇李陳嫗紿得。初四歲，有識者見其眉目皎好，精神復炯炯，且解人向背意，嘆曰："是兒長，當絕世獨立。但不知何物郎君，享受此香脆爾。"至是，語嫗曰："天上謫仙，使貯以金屋，或少留數時。若必畜爲耳目玩好，行駿鸞飛去，不如歸之，以免罪業。"嫗肉眼，不爲然也，竟返檇李，既滋遂不得已母嫗，冒姓陳，自是人目爲陳家蘭。然既滋雖落風塵，繫念所生，絕無風塵意想。居恒小立曲欄，凝睇重雲，作咄咄語，恨不即霞舉者。間避人兀坐，亂團襟袖，一回愁復一回怨，俯仰如不自容，已則泪簌簌下數行。人偶一見問，亦不答，以故莫繇深淺。既滋迨破瓜，而容益妍，動止生輝。不朱粉而艷，不膏沐而柔，不蘭麝而芳，擬以啼露夭桃，再擬以眠風新柳，又擬以窺月疏梅，皆失其似，業令人心醉餐色矣。而且意閒神遠，於紛拏雜沓時偏自見暇。嘗月夜倚窗，漏三鼓，嫗疑其私，覘之，既滋不覺也。忽長嘆數聲，嘖嘖曰："我也乃墮落於此耶？月姊，何不早出我苦海，而徒勞無情相對耶？"因以針刺紙，作短句二章，其一曰：

　　月姊有無意，流光絕纖陰。如何照我面，而不照我心？

其二曰：

　　我面易繁華，我心難轉側。不爲月姊憐，豈應憐未得？

既將付火，爲嫗所得。人始知既滋有佳才，而不欲衒也。絕世獨立，真如向識者所許。惟不閑小技，儈俗數輩苛之曰："若倚市門者也，奈何不以技稱？"既滋聞而輾然曰："我倚市門者耶？奈何以技稱？"因是不理於儈俗，不爲儈俗所理。既滋之適也更何如？獨定情於古生。古，貧賤士也。弄三寸管，珠咳玉潘，數幅箋綃，傾刻可以烟雲滿布，而夷然不屑之致。儈俗不理，亦同既滋。既滋具眼，偏解憐才，若有韓夫子不長貧賤之賞。夫才不容於世也久矣，不等閒置之，則揶揄棄之，甚而排抑擠斥，如去芒於背，勢在必克。獨見憐於娟人女子，既滋果何如人也乎？因而兩相纏綿，綽有餘致。晨花夕月，固不虛費。即風風雨雨，擁膝話衷，略忘倦怠。至於兒女論情，則的的可想，而不可形容者，如是將終身焉。以曳雲霞，餐沆瀣之英，而甘縈縞粗糲，可想既滋之蓄念矣。

乃未幾而病，病未幾而革。且革，前古，淺笑曰："我久知不長人世，但不欲先言。惟茲囊帨亦非我本來，若封以三尺，後必如虎丘真娘，雖傳人耳，徒穢人口。幸一炬燼之，我且脫然長往，無粘皮帶骨累也。"古伴諾之，而深念曰："昔人既往，幅裙隻襪猶什襲珍藏，既滋雖罄欬邈，形在而宛然也。使可食息與俱，將之死靡他。乃令薪灰同揚，既滋喜而余悲矣。"沐而斂，而瘞，必躬必親。雖無金椀玉匙、銅棺石穴之儀，亦庶幾物稱情焉。嗚呼！既滋是果不供耳目玩好，遂驂鸞飛去乎？抑飛去有期，即金屋貯之，而亦不少留數時乎？彼嫗者追思昔言，當何處尋懺悔罪業地也，噫！

外史氏曰：人嘗謂才子佳人，生死俱非等閒；必謫自瑤宮貝闕，人世游戲，少時仍返故地。陳既滋自生而死，絕無兒女情，烟火氣。其往來自瑤宮貝闕，余烏知其不然？或者曰："仙而人，人而仙，事涉渺茫。既滋早死，亦紅顏應薄命爾。"此更非通論。即使既滋生非仙謫，便如世俗風塵中人，姻緣不偶，流落庸夫俗子手，將求死不得，脱享有大年，綠鬢紅顏換爲雞皮鶴髮，人將違之不遑，即多情如古生，亦恐未必始之終之。既滋亦且死，則死之遲何如死之早？死于異日何如死于今日？遲之異日生而死，何如早以今日死而生？百年一瞬，同歸大盡。生生死死，正自難言。又何必尋不死之藥以留餘生，覓返魂之方以起殘魄？嗚呼！既滋何以死矣。

不可不傳卷三

蔣文生小傳

　　西子湖上，春色撩人，士女雲集。歲己卯上巳，視昔更甚，歌舫相接也。吳越間，以才色稱者有兩女郎，柳隱自泖、蔣文自苕預焉。
　　隱，年十八，冶容艷質，動轉炤人。薄知文，曉音律。每一搦管，雙腕花生；長笛一聲，尤令屬耳神往。惟是風花貌冷，人謝等閒，輒謂丘壑有僻，行脫世網。然揆其況味，咸疑不衷。文，較隱年稍長，而才色與伎尚居伯行，智識又特過之。眉睫下，好醜妍媸，一瞥瞭然，應酬不毫髮爽。或曰：隱冷文熱。隱無求於世，得行其志；文生於情，不能免俗。隱與文，若或可軒輊矣。
　　未幾，隱入沙將軍之第。章臺長條，隨風委頓。眾群起噪之，隱不堪，舍去。
　　文如奇葩特秀，吐香尤酷，希世寶玩，少存益珍也。然人亦止醉文之名，未能定文之品。文蓋自拔淤泥，不向人籬落間求生活。可方蘇家琴操，雖門多車馬，皆騷墨流，儈父絕迹矣。其鍾情處視山岳尤堅，無市態。昔馬郎婦混迹風塵，玩弄人股掌間。文非具茲大識，胡能受人憐而不受人憎有若此，是文正得行其志，即左袒者不能妄軒輊云。

　　外史氏曰：耳何如目也？暫不可久也。身將隱矣，焉用文之？多見其不知量也。

十編　偵宣鎮記

沁水張道濬子　著
當湖陸澄原　閱

《偵宣鎮記》題辭

陝萬里而爲塞，兵實要乎得地利也。今塞有九，宣鎮其一，且于神都園寢勢切背項。凡所稱憂先疆圉、見徹巖險者，安可令目有見具，而見卒慳于遠受乎？

崇禎戊辰，插酋謀犯駕，釁于饒帥之挑。當事懵于情形，我先隔乎九地之下，而惟吕益軒司馬念獨勤乎黃花平遠千二百里外，引弓部落窺覦我秦恬杵築不力處，必先爲之地，冀得有同心具眼人，而不易有也。

乃深之都督仗一紫電，策一奔霄，手捉馬梢，爲海神脛骨，人奮馬飛，鳴梢靈異，一響百里，星迅風烈，有遽程愧限者。觀其所記，自出都門，歷南口，以至居庸，出北關，登八達嶺。天若爲我設雄險，嚴虎落，勝既在我，而人若不有其勝。爲一層。其次，緣岔道城岐分三道，卒從南路以達懷來，其爲境危，兵不副塞，即居恒無虞，總屬僥倖。更爲一層。其次，則怒憤土木，中經宣府西北，至于新平。尤追念先朝己巳之衄，重以前車用爲後戒，兼悉插部講賞妄僬開釁。又爲一層。此行，勢雖三層，道若一綫。所稱目收而心慮，儻果入犯，將無爲肩肘内地之憂乎？曾不逾旬，插虜竟犯大同，則深之手眼不翅燭炤而數計也。

憶先東封事，家大夫方在輦下，嘗曰："中朝纓帶俱謂封事成，勝于十萬甲兵矣。惟吾鄉沈繼山司馬極口言封事必敗。"及李小侯以册使潛逃，時越峰孫公猶謂："繼翁能無樂得此封之敗，爲一言之快乎？"則余于插酋此入，亦將追繼山之先見，未敢爲深之快矣。若夫坑殲百人，至起大釁，則有深之磔鼠之獄，以治嘆嗜嫠弁者，在軍律之三尺也。

當湖友弟陸澄原識

《偵宣鎮記》有引

　　崇禎之元夏五月，插酋入犯，宣鎮戒嚴，而道里遼遠，傳聞不一。或起于搆釁挑禍，或出于跋扈跳梁。情形未悉，戰守虛言；不得其款，毋言備也。少司馬呂益軒先生憂之，余小子有同心焉。急難之義不敢自惜，因私約輟朝五日，可以往返偵探。余遂微服單騎西行，日二百餘里。出都城，指昌平，歷居庸，陟八達嶺，下岔道城，過懷來，遵陽河，抵宣府，四日即還。其山川之險夷，道里之迂直，敵情之勇怯，我兵之强弱，目視兼以耳聞，隨得而備述之。

始余出得勝門，如出甕于牖，空闊自如。北行七十里，過昌平，迤迴而西。北邊陵寢，禮阻覲謁，可望而不可親也。二十五里而兩山對立如門戶，嵯峨巉峭，幾于碍日。其下為居庸南口關，夾澗而城，左右可三四十步。從此而入，迂行十五里，倒掛藤蘿，橫飛嵐靄，蓊蔚氤氳，蒼翠欲流。峰迴路轉，有城翼然而立者，實為居庸。居庸較行來地勢稍廣，而險倍之。又如是而行十里，則居庸北關。再上二十五里，至八達嶺。立馬山頭，翹首四望，因得句曰："可知封險丸泥足，未卜酬恩一劍誰。"蓋繇南口至是凡五十里，皆巖巒復合，兩岸如削，鳥道羊腸，足下石如馬如象，軌不可方，轡不可合。其中山腰可伏數百人，弩石以扼者，又數處。〖眉批：極險而高，人不知，何也？〗而八達嶺之城，既險且堅。北至驢兒駝，抄陵寢而接灰嶺口，南至靖邊城，歷沿河等口，而接紫荆。所謂"一人當關，萬夫莫前"，此地有之。然兵隸居庸皆荷鋤，恐無濟緩急。剄龍城飛將，世乏其選，良用廑懷想爾。〖眉批：第一層。〗

下八達嶺五里爲岔道城。城在山麓之峽口，其南北沿山之牆亦内接八達，而皆土爲之，薄且脆，不足恃也。出岔道分三路，東北三十里爲柳溝，正北四十里爲永寧，西北二十里爲榆林，又二十里爲懷來。由柳溝東北三十里四海，六十里火焰山，亦遠陵寢之後，跨山緣嶺，皆非馬足可到。而計其處，則東界白河所、大水峪，而接石塘路矣。復轉四海，西南而下六十里，始爲永寧，四十里延慶，再五十里會于懷來，爲邊路。余行南路至懷來，其間空闊如腹，懷來如居其臍。平地兩山，城跨其上，倚爲背，面環清流，亦云形勝。然止游兵一千，雜以居民，僅可實城之半。脱有不虞，其誰與守？〖眉批：第二層。〗

　　且西三十五里爲土木。土木之役，國史載也。〖眉批：即今見古，是爲前車之鑑。〗先内犯，入以紫荆。紫荆在都城南，余向疑之而不得其理，今始瞭然。蓋八達邊牆不直而南斜，下六七十里至土木，始山回勢轉。土木西南而下，一望平洋，八十里而舊保安，六十里桃花驛，再六十里而蔚州。蔚州西連大同，東逾廣昌，便爲紫荆。也先之再入也，取路以此。其初次頓兵土木，得志後遂自土木而北。其路入山口，五十里長安嶺，六十里雕窩，六十里赤城，三十里雲州，三十里獨石。獨石孤懸口外，是時大將楊浚即棄城而歸者。偶傳插酋亦將有事于此，萬一不虞，出山而東。土木城如彈丸，原無所用之，則懷來四衝重地，而兵勢單弱乃爾，其何以爲備乎？土木西二十里沙城，二十里新保安，二十里有山笋立，爲雞鳴。下有驛，因以名驛。濱陽河，循河行三十里，至響水舖。而迂回因山之勢，不能溢也。河來于舖之山南麓。余行，跨山十里得平坦，二十里至宣府矣。金城湯池，屹然巨鎮。其東北六十里趙川，六十里龍門，又六十里，遂合赤城，皆係大邊。西則六十里左衛，四十里柴溝，爲大同接壤。柴溝西北六十里，則新平堡。新平居平地中，華夷之限，止

隔一墻，向爲互市處。〖眉批：第三層。〗

其插酋部卒以講賞入，原約五十人，忽多至百餘，迹雖可猜，然實無他也。偶言語之哄，鬭斃其一。守將愚于計，遂盡殲于甕城，且火城外關聖廟，毀數仞之墻，借口先發。〖眉批：開邊釁自此。〗嗚乎！將誰欺乎？獨不思即伊先發，無尺鐵寸刃，焉有空拳格鬭之理？城外縱火，又何以駢首就戮于甕城之中？況乎設邊以限，設兵以守，即其拆毀而逾，方舉動時不聞一矢加遺，直俟其臨城始圖之，亦難辭偵探之疎，這守土之罰矣已。〖眉批：小肯磔鼠，治此貪狠。〗

酋衆洞知，遂擁衆入犯。我兵且集，酋亦旋退。或前或却，聲張不定。然彼方生釁，我復開之，未有甘心而不釋憾者。計酋必來，來必先大同而後宣府。何以言之？大同邊隘，不及宣府之險；大同兵士，不及宣府之強，且聾且講，修戰修守，不可偏廢。借箸而籌，此酋貪而無親，悍而好鬭。悍當示之威以柔其情，貪宜誘之利以破其交，庶乎可彌邊釁。〖眉批：具見盛略。〗不然，而猶泄泄也。此酋一入，無大志略，則搶擄子女財貨，害止邊人。萬一如也先故智，以游騎綴鎮城，決不敢出一旅以尾其後，東南而下，天下事危矣。震鄰剝膚，其先備紫荊而次居庸，爲內守之下策乎？余馬首遂東，因著爲記。

余馳馬腹稿，還即錄呈呂益軒先生閱，而是之。不十日，而插酋大犯，如余言。先生復詢所爲備，余對：當調真定兵守紫荊；調保定兵防沿河、馬水等口；分昌平兵守居庸。挑京營、選鋒兩營佐之，往防迴衛，此兩得之道。幸也，插酋又如余言，無大志略而退。然遂托重講款，遠置管議。嗟乎！邊禍且未已也。

秋九月初五日又跋

十一編　兵燹瑣紀

叙《剿寇紀略》

　　勘亂必以功能，鑒能必待識者。騏驥長鳴于伯樂，未御也；雌雄表異于雷煥，未試也。若乃過都歷塊，斬蛟斷犀，能已見于天下，必抹撥之爲快。雖復靖亂庇人，曰："夫夫也，何可使之有功？"功愈大，則忌嫉愈甚。以此持衡軍國，則非頓鋒債轅莫任矣，將何若而可？今時縕矣，寇虜交訌矣，生民塗炭矣，戎馬逼處，郊圻千里如赭。聖主旰食，須功能如渴，而嫉功能若仇，以此持論，誤人家國，朋黨固重于社稷乎？民之貪亂，寧爲荼毒，余于深之二編，何能不三復感慨也？摧劇寇，殲渠魁，威望逆折于數百里外，載在奏牘，何止三晉誦義？萬耳萬目昭然，誰能掩蔽，無所容贅。

　　余與君家交三世矣。忠烈公共事江右，遼左先見敗徵，余兩人所見略同。公獨以疏聞，乃竟以身殉難。世不睹曲突之功，而身膺焦爛之禍，吾謀適不用耳，堪爲於邑。寇之初猘，深之兄弟方宦游，忠烈夫人力主城守，竟全寶莊，改號"夫人城"。深之世忠義，中興武功，非深之孰爲領袖？男兒出身任事，正爲其難者，急病攘夷，百折不回，不殄慍，何傷其終爲國立大功也？

　　年通家侍生沈演頓首拜譔

小　引

　　《兵燹瑣紀》者，紀兵燹事也。事非兵燹不紀，紀以兵燹故瑣。不瑣不詳兵燹之變，不紀不傳兵燹之苦。然必止於目所及者，子輿氏曰："盡信書，不如無書。"亦恐以聞誤聞，繼武城譏也。

　　張道濬白

兵燹瑣紀［一］

崇禎三年五月二十七日，王佳胤賊至。時太平久，人不知兵。佳胤所過皆殘，余邑坪上村尤慘。考正德間，賊亦於是日至坪上，今昔不爽期，異事也。

先是，遼陽陷，先忠烈公銓殉難，先祖宮保公五典即命余曰："遼雖一隅，徵調天下騷矣，恐有他故。"乃請之監司，寶莊成堡，鄉人士皆迁之。逮流賊發難，所過盡殘，獨寶莊無恙，始神先祖之識。

王佳胤賊且至，聲甚惡。寶莊初有堡無備，咸議棄去。余母霍夫人獨不可，諭衆於衢曰："若何不見大？避賊出，家既不保；出遇賊，身復不免，徒爲人笑。憑城邀天，必無恙；萬一有他，死於家尚愈於野。"因身先登埤，衆因之。賊至，攻不克，去，凡山谷匿者果不免。於是皆頌余母，王兵使肇生表之曰"夫人城"。昔晉朱序守襄陽，其母保城西北隅，因獲令名。然序時共之，特母有先見爾。且序終陷賊，得失謂何？寶莊之守，余兄弟皆違子舍，鄉人復不習兵家事，余母率僮婢，仗梃石，卒能保全，以方序母且何如？

樊莊常治躬髻女聞賊雉經。坪上王復祚婦霍爲賊拘，與兩歲子投偏崖死。落落孤貞，今尚未旌，不能不望司風化者。

王佳胤伏誅，其僞署右丞白玉柱降。左丞紫荊梁逃，復糾衆起，共三十六營，號二十萬。紫荊梁，其首也。餘八大王、掃地王、邢紅狼、黑殺神、曹操、亂世王、撞塌天、闖將、滿天星、老狐狸、李晉王、党家、破甲錐、八金剛、混天王、蝎子塊、闖王、點燈子、不沾泥、張妙手、混世王、白九兒、一陣風、七郎、大天王、九條龍、四天王、上天猴、丫頭子、齊天王、映山紅、催山虎、冲天柱、油裏滑、忔烈眼，諸督撫鎮道皆不得要領，竟不知幾何賊，幾何頭目，良可嘆也。

　　賊入，冀南盡墟，余守寶莊無恙。紫荆梁、老獼猴、八金剛率衆三萬餘來攻。夜偵者報賊纔至石室，黎明已至檻山。續進如蟻，哨撥則涉西嶺俯窺，餘環堡，箭如飛蝗，着城内樓牆，羽相接也。余戒無動，俟其少懈，矢石並發，賊大創。忿，火余堡外樓，及余叔祖縣令五服、族人正脉、祖母舅諸生寶弘烈等房，凡四處。然賊憊矣，乃聲言請降，見余城下。余詰之："爾既請降，何爲攻城縱火？"賊委過於部曲。余曰："是否部曲不必言，如爾等既請降，須先散所掠人口。其頭目俟奏請部署，不惟性命，且保身家矣。"諸賊皆泣。旁一人突前曰："謝恩諭，即當遍曉各營，使毋妄殺爲信。"余曰："爾何人？大解事？"對曰："某韓廷憲，宜川廩生，爲所執至此。"余曰："若然，爾已有意矣。若勸衆速降，便是爾功。"對曰："無難事，自有計較。過五日，可取成約。"余目之曰："爾早計較，早爲朝廷官矣。"廷憲唯唯，即驅衆賊去，凡鄰近男婦陷賊者，皆釋回。

　　賊至陽城，督撫與戰於小嶺頭，余馳會焉。我兵貪捷，賊反乘。和游戎應兆促督撫走，余叱之曰："足一移則敗矣！"和初未識余，反叱曰："危地欲陷人耶？"督撫急叱曰："若不識，張老先生所言是，當從之。"諸兵因未敢譁潰，與賊角，日暮罷歸，得無他。

　　余以賊請降雖狡不可信，然窺韓廷憲可爲我用。乃與督撫言，以家丁楊汝成持諭往賊營，曉利害，覘誠僞，且陰啖廷憲圖賊自贖。往三日還，同賊頭目一點油、滿天星來叩，持諸賊稟，皆乞哀無異辭。止八大王、撞塌天、亂世王、混天王、党家五營賊走翼城，諸賊復從之。廷憲則密與汝成曰："事已就緒，彼意欲至舊縣，便於四散，可還報如此，仍具稟言其故。"舊縣者，在岳陽、浮山、沁水三縣間。五日，賊果至彼。督撫復遣薛備禦天祿與兩頭目入，將遂分之也。而陽和兵適至，利賊不備，輕騎擾賊營，止得四級。而賊怒我誘，遂殺薛南下，不可制已。嗚呼！薛天祿之死，與酈食其何異？然酈死而韓淮陰能滅齊，薛死賊自若也。事敗垂成，是誰之過與？

　　賊既去舊縣，南至端氏，獲余家人劉偉，將殺之。廷憲持不可，曰："昨乃官兵壞事，去竇莊二百餘里，夫豈相聞？當釋偉，仍懇謝。"賊從之，復附稟言狀。廷憲則密約偉曰："舊縣事我幾不保，諸賊既殺薛都司，急難收拾矣。我當親斬紫金梁而出，幸部丁勇接應。"余因屬竇明道等伏河濱待。乃是夜，紫金梁挖諸生蓋汝璋樓，四鼓不即臥，有告廷憲出入無時者。廷憲恐，與所伴跟蹌奔，賊覺逐之。至河半渡，我伏者喜廷憲得賊也，伏發殺六賊，餘遁，僅擁廷憲三騎來。蓋廷憲者，故富，父子六人及家屬皆為賊殺，獨羈廷憲令書寫。初，以夜不收伴之，廷憲至臨縣逸，賊追獲，殺夜不收，以弓弦縛廷憲，三日夜不死，更伴以大門子，遂與大門子結納，圖紫金梁，不果，來奔，言賊情最悉。

　　未幾，亂世王復至郎壁，縶鄉人崔國玉母，遣來具稟。廷憲曰："是賊與紫金梁爭一婦人，向有小嫌，可間之。"乃附書入，言："紫金梁將執伊降，當圖免。"亂世王果疑，乃走岳陽。紫金梁等走垣曲，八大王走長子，賊勢遂分。當事者誰則知也？先是，廷憲在賊中多所全活，既出後，過馬村、郭峪等村，諸生皆稱謝。

　　賊初至潤城，將渡河，河西一帶無備，甚恐。余速遣牌疑賊，賊還。河西一帶得從容遷去。

　　崇禎五年七月初十日，賊西來東出，破大陽，張大參光奎并二子遇害。七月十三日，賊北來南出，破郭峪，張孝廉慶雲遇害。八月初一日，賊東來北出。八月十五日，賊北來南出，中攻竇莊。九月十六日，賊北來南出，中破端氏堡；至南留，與官兵遇，都司吳必先全軍覆。十月十二日，賊東北來西南出。十一月初三日，賊東南來北出。十二月初二日，賊東北來西南出。本月十二日，賊北來，據郎壁等處，凡二十一日。

六年正月初三日，仍北出。二月十一日，賊北來東出。三月十七日，賊東南來北出。四月初六日，賊東來北出。七月十一日，賊西來，據西南鄉等處。至次月十一日，破沁水縣城北出。十一月十七日，賊北來，復據西南鄉。往來蹂躪二年，凡十六次。今雖大衆渡河，而餘在沁水者官兵不問，害且無已時也。

都司吳必先率澤州新兵一千二百人至潤城，復招三百餘人，營南留殺圪堝。稍遠皆山，賊〔二〕據山，斷薪水路，環逼營。營復近高墩，賊俯射，營破，人無鬭志，遂盡殲。獨必先轉戰五六里，不得路，死。必先，徽人也。有膂力，善騎射，亦頗讀書。初貧，游，人無禮者。余哀之，延給衣食，復予百金購產，介舍親寶明道迎其父母及妻，遂家敝鄉。余薦之榆關，必先口辯，得袁視師崇煥歡，遂佐袁。擅殺毛帥文龍，得授都司，余書絕之。已袁敗，必先竄，人莫知也。閱四年，還。適澤新兵無馭者，鄉紳咸薦必先。王兵使肇生詢余，余力止兵使曰："必先紙上言，非所經歷，必敗乃事。"兵使曰："新兵餉皆捐於士民，不許，並無兵矣。諾而抑之可也。"至是塗地，兵使語余："悔不聽指，乃如此。"嗟夫！必先亦可謂忠國事矣，然不諳地利，死千五百人，得贖其罪否乎？或者曰：佐殺毛帥，久有死道，今適報之。未可知也。

賊下太行，諸將皆從。余與宋督撫統殷、王兵使肇生、陸內監進朝，率代州、陽和兩營兵自珏山入，經白羊河，陟嶺。路陡峻，可六七里。督撫衷甲，懸弓矢，持鐵鞭，步行不艱，良難得也。

余從大兵宿白羊河，居民久空。余與兵使同臥土地，枕石塊，永夜不睫。

既至奪火村，議南阻輝縣，以防賊北。賊果北，猝遇，諸兵奮擊，追二十餘里。先是，諸將從太行山逐賊者尾其後，賊前後無路，輸死鬭。我兵敗還石磬腰。腰兩山峽中，僅容騎，舍此莫支矣。督撫毅然向賊立，兵使長跽而呼曰："若不盡力殺賊，退焉往？"余掣刀還驅，不受命者刃之。兵始集阻險。日暮，不得食，偶有以水至者，遍飲兵士各一口，如甘露也。入夜，賊劫我營。初喊，某馳去，營亂，衆相失。余與兵使走附庸，時月晦，且歷深山窮谷中，鳥道猶可辨。及抵附庸，夜過半，少蹲，仍循故道還。期督撫，督撫亦來，遂合。嚮明，潞安焦郡丞裕率部騎至，議仍趨九仙臺。路遇督撫兩郎，夜行失道，狼藉甚，余與兵使皆泣下，督撫獨慰諭，心可想見矣。行五里，復與賊遇，焦以炮扼之，衆始前及臺。臺下賊已滿，見余之旗，以爲大兵至，皆奔臺上。人復鳴金擊鼓，佐以石礊。余家丁寶森、王鉅、李金榜，督撫家丁宋禄，四騎馳入，一賊格鬭，斬之。及登臺後，賊窺無他兵，復還攻。凡三日，諸將會，賊始解圍去。

賊窺沁水，七月二十三日、八月初一日、初七日，凡三報急。李帥卑駐高平，兵使三檄不應，城遂陷。報到，余即戒行，更勉親族以大義，除丁勇外，仍得三百餘人。夜成黃號衣四百件，防他雜。余同張諭省度、袁尉邦化、譚占士守微、族弟游擊瓚、弟都司道法等率而前。先一牌夜送賊營，云余會大兵萬人往剿。賊驚，遂拔營去。李始來合追，賊遁。李懼乘，竟舍還陽城。余駐山頭凡七日，每日馬兵餉一錢五分，步餉五分，皆取余家。往還九日，費三百餘金，鎮道犒賞不與焉。

沁城陷，神祠、官廨、逮居人房屋盡焚，止餘寶家樓三間。

遇害諸生二十九人，百姓十之三，從來見聞未有若是慘者也。

賊至大興村，破諸生柳之標家。家屬盡被執，獨逸柳，許四騾贖。柳不諳世法，遂走縣城，貸銀買騾，未行城陷。守備張進孝圖卸，乃執柳，誣導賊，遂抵法。大興賊又以柳逋，殺其家屬盡，兄嫂妻子逮奴僕無一免者。此雖柳前劫，然巢破卵空，身復網罟，竟莫有肯聽訟冤者，慘矣！

官兵屢出沁水，缺芻餉。已督撫兩往返，楊令任斯爲諸生持，亦不聽出，遂被劾。還無道里費，余贖五十金，舍弟農部道澤復寄二十金，始具行李。及焦令鼇甫任匝月城陷，遂大辟。焦時夜出科跣，止一衫一裩。余爲計匕箸，復贈百金，里人佐之。在楊初落職，尚有遺憾。代者未幾，遂以身殉，塞翁失馬可慰矣，惟是下邑重累父母，將何贖云？

李丞新除且至，傳賊窺敵邑，或止之，丞以涓吉，不聽。先午視事，次晨城陷，丞及家人皆燼焉，迄今未有恤者。夫存則收之，歿則置之，何以示勸懲耶？

沁水城陷，余慮恐遂墟也，捐百五十金，因高城西北隅築寨，難民灰燼中索遺物者得依之。後漸次來歸，終有故封，未敢侈也。

諸生李鴻功、張鴻初素爲富不仁，城陷，家皆灰燼。李逸，子遇害；張遇害，子逸。未幾，李及張子復皆疫死，兩祀竟絕，亦可徵天道矣。

張孝廉洪翼僕第〔三〕，城且陷，將縋城出。妻子尾之不顧，獨負洪翼子逃。妻及子皆死焉。方古李善，亦可頡頏。

衙役杜守忠罪惡貫盈，乃有三子，且謝老歸農，衣鮮食肥，人謂天無所報。至是，賊殺之，破其家，二子死焉。一子從賊，逾年私回省母，爲縣所得，置諸法。

諸生李養妻劉爲賊得，余奪還之。父子、夫妻再生復合如養者不可枚舉，小説家載徐信、程萬里輩事，信匪誣矣。

諸生楊有倫，貧士也。頗偉，爲賊執，索錢莫應，燃臍一日夜不死。今且貢，或有厚福也。

諸生張維并兄爲賊所獲。維哀陳兄貧，乞釋。其兄反指維富，冀自免。賊曰："爾弟爲爾乞哀，爾反移禍，足徵爾不仁矣。"遂殺之，釋維。在維有趙禮之義，而兄不然，宜及禍也。

五月十三日，許督撫鼎臣駐平陽，時熊耳山賊警狎至。余往請大兵，丁勇又不可俱，止挑十二騎隨。至王寨，販米貧民聚三四百人，言賊阻西烏嶺。余乃以輕騎先之，諸負販者皆持擔隨馬後，疾行二十里。賊錯愕，避去。往晤許，正有事夏、翼，議漸而東。余先還，抵吳村，去烏嶺三十里。逃來三人，皆被重傷，言賊復爲梗。從者趨余還翼，因兵艾參戎萬年〔四〕。余曰："還示怯也，非計。"乃分十二騎爲四撥，皆去里許。先二騎至山巔，麾鞭而前；次撥二騎，繼；余與四騎，又繼；余後二騎，隨；再後二騎，收之。及頭撥至嶺，賊正劫齋客，出不意哄散。余督次撥已至，共八騎，追賊六七百人，如驅羊。余戒勿深入，小立山頭，乃轉後二撥爲前驅，余繼之收，追賊者防後，救被難者百餘人，趨沁水。晚，艾參戎紅旗至，體遍血。詢知余還，遣督百騎送，爲賊敗，亡四人，重傷十二人，失馬十六匹，紅旗頭被兩刀，五指皆斷。余慰遣之。夫余往還，雖有天幸，然賊向頗知余，不敢犯。官兵伎倆則賊所夙知，是未可徼幸也。

初，余從宋督撫統殷汾西剿賊，賊入霍，逆料必南下岳陽。急間道過里，飛書鄉人士設備，尚參疑信。未幾，賊至，免者僅十之二三。先事預防，古人豈欺我哉？

初，賊將至，貧無賴者皆有喜色，遂迎賊，且屈指某富某貴，及素所讐者，皆一一被害。然所指或少獻，反得無恙，彼一言不合，即身首異處矣。以故賊所過，此輩獨不免，行險者不可戒乎？

沁水故土城，不足恃，久擬修築，議成道舍。既陷，王兵使商於余曰："計城久遠，須磚石爲之，估費須六七千金方完好。帑藏空，勢不可請，非先生莫倡。"余遂慨捐千金。兵使喜甚，曰："可以勸矣。"復屬余廉材者督工。余舉諸生王廷壁、冠帶鎮撫霍名焕及余叔太學鉁，兵使皆勞之，許事竣叙。工纔興，兵使歿，余所捐及兵使發三百餘金用盡，莫有繼者。士民皆促余，余惜棄前，願獨成之，但事關封疆，非明旨不敢任也。督撫遂具題，許掌科譽卿抄參，内有"破家修城，意欲何爲？不過借畚鍤之役，爲捲土之計"等語，余遂已之。焦太守裕、王州守胤長委同張大爲緣門持鉢，余復捐百金，合欽賑五百金，賑銀一百六十金，及地方官、鄉紳、士民所捐，止得一千六百二十金。草率完，然高亦未增，西北面土墻，並門與樓，仍舊而已。

沁水城陷，議者欲廢。諸生吉自啓等遂具揭，梁兵使炳笞之，不悛。復乘審編，將捏害所仇。自啓忽食于狼，遺上體，袖仍藏一揭也，人咸快之。

宋督撫屬余製火器，以家丁隸游擊王尚義。臨縣之戰，余家丁張三皋直入，刺賊首點燈子死。衆輕進致敗，汾州兵盡覆，劉游擊光祚僅以身免，余家丁張三皋、田生金、張大世、賀登選、郭育賢、喬生材、李明登、寶煒等皆戰歿。不賞功，自不恤死矣。

賊逼沁水急，余遣守備郭汝茂、家丁李金榜赴潞安請兵。還，與賊遇，汝茂戰死。金榜頭中數刀，已墮，止喉未斷。賊去，少蘇開眼，反着胸也。捧起，痛，復墮，再捧。左手承頭，右手解脚布覆顛繫腋下，膝行至唐安。居人昇至家，兩月愈，其痕今宛然也。《太平廣記》載太原王穆事正相類[五]。

余部寶都司明道最忠勇，久歷行間，得瘵會石磬腰，且敗，幸阻險相角。時陳都閫天祚領陽和兵，王參戎時貞領代州兵，皆畏縮。獨明道捨馬步出，同汾州材官惠光祚與賊格鬭。群賊驅來，兩人還驅，凡七八往返。賊多爲箭傷，兩人獨無恙也。是夜暮，明道墮深崖，人馬不死，止折左臂；縛之，仍馳馬出賊中。次午，至高平，且叙，而疫死矣，惜哉！

余丁勇所獲及鄉人所執，並賊中自逸難民數百人，余咸給路票，介送出境。使他將遇之，皆報級矣。其後賊歷燕、豫、楚、蜀、江、淮間，勢益衆，良繇逸即被殺，不如苟延性命。因而固結轉徙，更難下手。則余散而剿，剿而撫之說可輕廢乎？嗟夫！身不任事，旁議掣肘，遺君父憂，謂之何哉？

張制府宗衡、王兵使肇生、白都閫安、張都閫國威、猛備禦忠，皆剿賊過余家。制府、備禦各一次，都閫兩次，兵使則數過。其他如潞澤領兵者時一過，芻餉俱余辦之。

賊方去，大疫，余施藥救。初用九味羌活湯，繼用十神湯，已則加減承氣湯，專主涼藥矣。日數百劑，愈者過半。若服藥稍遲，即不救。有一家盡空，一村盡空者，想避難飲食不時所致。然兵燹未已，瘟疫再作，天禍何未厭也？

九仙臺四面皆峭壁，兩兵背崖立，村婦復背兵過〔六〕，失足死，非兵也。其夫執訴督撫，遂將正法。余原其情解之，皆是余言，釋兵，厚給夫恤。非然，不辜甚矣。

余往雁門，至靈石遇賊。族弟游擊瓚、家丁張文、竇森、李金榜、張萬、趙尚槐、劉偉、柳晉然八騎直入，賊辟易，獲二騎還。

余所造盔甲，礬紙揉軟，繐以布捺之，刀箭俱不能入，輕便適用。

余遇異人，教皮膚刃不能破。時平陽解刀至，督撫許其利。余坦腹試之，無損。督撫駭，求余授其術。

賊至河南，僞榜內有句曰："降子嬰而復殺，嗟項羽之不仁；克長安而且焚，笑黃巢之無志。"又曰"貪官污吏，不赦[七]；義夫節婦，必旌。"等語，言極罔誕，然其中亦有大奸如趙鐩者矣。

賊新擄人入，皆衣以錦繡，或紅綠段帛，用爲前驅，以駭聽睹。其真正頭目反布素。曩見塘報所獲，甚誇服飾者，僞也。

賊首紫金梁於五年十二月初二日至寶莊，復乞降。時餘賊皆駐坪上，紫金梁止從數十騎來，來且同高巴子三五人於城下見余。若出丁勇擒，如拉朽，人亦慫余，余曰："擒此賊，我功偉矣。闔境村落定盡焚無餘。以是便己，未可也。"鄉人聆余言，有泣下者。

郭壁諸生趙完璧家近寨，爲可恃。人勸入寨，不聽；三子強之，亦不聽；獨據樓抗賊。賊攻樓，寨人弗敢救。樓焚，止一女墜，不死，趙及母、妻、僕婢皆燼焉。情事慘甚，然亦昧從違矣。

賊破端氏堡，具稟乞降。余遣往諭，故獨不遭焚毀。

衙蠹李植窮凶極惡，人被害者莫誰何。遂以赤貧起家數千金，賊焚劫盡淨。植被戮，仍投屍火中爲燼，其子亦弗瘞也。

賊所過人家，有儲酒食者，房屋無恙，不則必焚。其焚用硫黃松香末，以箒承燃，揮磺香着木即不救。

初，人皆穴洞避賊。賊以硫黃雜人骷髏末燻之，人受其氣即昏死。

馬邑村，居人於半山穿窰，賊來去梯。凡五日，水盡，爲所剋，殺三百餘人。

亢底村，初有寨，具炮無藥，賊環攻，恐甚。余丁勇段應祥戒勿譁，乃以空炮擬賊所向。賊懼，棄去。此亦得權宜法者。

賊破市莊，砍焦四喜，耳墮，隨捧安竅下，痛弗再移。已瘡愈，遂去故處寸餘，見者爲笑具。

賊至金峰村，擄王梓妻閆。梓憤，與鬭，死。閆抱梓屍罵賊，脅之不行，遇害。烈矣〔八〕！

　　余以剿賊故，四走覓良馬。費千餘金，止得烏錐一，身如染墨；艾葉驄一，高六尺。遺物於地，口銜反授，如解人意。

校勘記

　　〔一〕此文又見《山右叢書初編》，"紀"作"記"。

　　〔二〕"賊"，《山右叢書》闕。

　　〔三〕"第"，《山右叢書》作"張某"。

　　〔四〕"艾參戎萬年"，《山右叢書》作"艾忝我萬年"。

　　〔五〕"《太平廣記》載太原王穆事正相類"，《山右叢書》作"《太平廣記》載戰失頭者，尚能食而生，當非異事"。

　　〔六〕"兩兵背崖立，村婦復背兵過"，《山右叢書》作"兩兵臂崖立，村婦復臂兵過"。

　　〔七〕"不赦"，《山右叢書》闕。

　　〔八〕"賊新擄人入"至"烈矣"，《山右叢書》闕。

十二編　城守規則

十二歳　對自明

《城守規則》引

余謫武原，熱心灰冷，已謝絕人世間事。偶沈何山年祖詢《從戎始末》，不得已，略節次之。茲值寇虜乘動，憂切朝廷，復促余以丁勇勤王，且采固圉蕘蕘。夫余再螫矣，惟延此視息，微倖照覆，尚圖慈母一見。賊雖讐不共戴，誰容殄滅，乃以首領供刀俎耶？止附錄敝鄉《城守規則》，仰答明問。大而化之，存乎其人。

沁水張道濬言

賓莊城守規則

約

張道濬曰：城守不與陣戰同，要訣一"靜"而已。賊未至及賊已至，俱不可張皇，只如無事應之，自不手忙脚亂，人心安閑，餘力制賊，夫何難辦？

專 任

一、號令、指麾出於一則衆定，稟承無紛更之擾。一人尺有所短，不妨集議參商。斷不得多言多指，以亂視聽。

首事都督張道濬

遠 哨

一、四路俱置號炮。遇賊入境，挨次放炮，頃刻週到，收人畜寨堡。

一、遣人偵探，定在百里外。分五撥，每撥二十里，遇警遞傳，倒捲而還。無事則取彼處結狀回話。

使 器

一、城四門設守門長、副各一人，統領精勇夫役三十人，司啓閉。無字號、腰牌及非本境熟識者不許出入。賊至，則一惟腰牌是驗。

東門長：州同張報韓
　　副：監生張國瑛
西門長：監生張　鉁
　　副：貢生張道澄

南門長：舉人李異品
　　副：生員竇弘烈
北門長：官生劉　衢
　　副：生員張　鏛

一、城內中心設鎮守一人，四副之巡邏，各統領精勇夫役二十人，不時往來，以防譁亂。

鎮守：知縣張五服
巡邏：守備霍名燿
　　　守備竇明運
　　　鎮撫竇　琯
　　　材官張正宗

一、城四門樓上設鎮守各一人，巡視各二人。不時查驗守垛夫役。仍帶領好弓弩手十人，遇賊攻城，往來策應。

東門一面鎮守：知縣劉用寬
　　巡視：都司張道法
　　　　　監生張國瑞
西門一面鎮守：主事張道澤
　　巡視：都司竇明道
　　　　　官生張道濟
南門一面鎮守：訓導竇如軋
　　巡視：游擊張　瓚
　　　　　舉人竇復儼
北門一面鎮守：鎮撫張鴻漸
　　巡視：舍人韓仰極
　　　　　生員張　鈴

一、城號角臺上設提調各一人，指麾捍禦。

大東北角提調：生員張　宸

小東北角提調：生員竇　鋐

小東南角提調：生員張一鳳

大東南角提調：生員竇雲章

大西南角提調：生員張正中

小西南角提調：生員張國珮

小西北角提調：生員王政新

大西北角提調：生員張德榮

一、火藥，設總理一人，造辦給散。

總理：監生張　珵

一、火炮兵器，設總理二人，收發，查驗。

總理：監生張佐韓

總理：監生張　鎊

具　備

一、城四門，離地四五尺及人胸背間穿四孔，以鐵葉圍裹。上孔小以觀望，下孔安佛郎機二位，炮手六人，可遠及里許，賊不敢迫。若有甕城橫門，更可護城。此人所未究者。

一、城垛女墻高七尺，過人頭面及肩處留孔觀望。攔馬止及膝，以便折腰下禦。若八字壘砌，不用齊直，空虛低墻，僅可掩足。矢石向外，惟我所便；矢石向內，我在墻後，彼焉用之？此人所未究者。凡城墻廣厚，當速圖之。

一、城四門樓上，設大炮各二位，炮手四人，三眼銃、弓弩、灰石十人。

一、城角大臺上，設做西製炮一位，炮手四人；小臺上，設佛郎機二位，炮手六人。

一、城上，每一號十垛。第一垛弓弩一人，第二垛三眼銃二人，第三垛灰石兼鈎鐮、刀斧一人，四五六垛如之，七八九垛亦如之，第十垛佛郎機一位，炮手三人，空二人備水及雜使用。若城廣人衆，加炮倍役更好。

一、每垛一燈，夜分三班，輪流點火。用細長繩直縋城下，離地約七八尺，以便下照，使我見賊，賊不見我。近有用於城頭者，悞矣。

一、每垛，立一草把，用雜色布絹蒙之，以惑賊。

一、每垛，遮箭板一塊，長二尺五寸，上闊下窄，頭鋭底方，後用木鼻把握，輕便適用。每見用四五尺長，殊累人害事。

一、每垛，橫設檑木一二塊。各門照常打更，每一更畢巡視一回。犯者治。

一、賊臨城下，炮銃、矢石聽巡視指發，不許輕用。犯者治。

一、賊臨城下，如遇答話，聽巡視相機，城守人不許妄應。犯者治。

一、賊臨城下，城中或不戒於火及謠言蠱惑者，聽巡邏策應，守城人俱不許驚惶反顧。犯者治。

一、賊所攻之處，本面巡視策應，他處不許妄動。犯者治。

一、與賊角，或有中傷，聽號長處置，不許倡擾。犯者治。

一、賊臨城下，城內人夜間不許大張燈火。犯者治。

一、賊臨城下，城內人不許任便往來及喧號啼笑。犯者治。

養　鋭

一、賊將近，城守人，每號分三班，晝則輪流瞭望，夜則輪流歇息。及賊臨城下，亦分兩班。惟至賊攻城時，方盡數起立。巡視往來，亦不許驚動。

清　奸

一、城內，每巷，不論縉紳、士民，但爲衆所推服者，即署爲長。製籤一枝，上書"某巷長某係何項人"，投首事處，總貯一筒。

一、巷內，不論大小人家，各製一籤，上書：一戶某人，作何生理，家下男幾丁某某，婦女幾口某某，又寓居親戚幾名口、何處何項人，投巷長處，總貯一筒。

一、巷長，每日挈查本巷花戶，如有多寡不一、姓名不符者，即報究來歷。遲慢容隱，事發同治。

一、首事收巷長各籤，不時挈出，即付巡邏。至巷長處，任挈所貯花戶兩三籤，親到其家，查有無窩藏，有則報究。

一、巷長統率巷人，於本巷兩頭造立柵欄，夜閉早啓。每日夜輪流看守，遇傳報公事，亦必驗實，方許放行。

一、巷內花戶，人備器械一件。凡遇盜竊，鳴鑼擒拏。坐視者，以故縱論。

信　賞

一、生擒賊一名者賞銀十兩，斬賊首一級者賞銀三兩。

一、炮銃、矢石中賊者賞銀一兩。

一、首奸細一名者賞銀二十兩，妄首者反坐。

一、奪獲賊馬騾、什物者即賞本人。

一、舉謠言惑衆者賞銀二兩。

用　奇

一、賊屯城外，夜以炸炮、火箭亂其營，令彼驚疲。如賊稍遠，則遣慣爬墻走壁者數人縋出行之。賊自不能持久。若有兵馬，則當行"挑誘追擊法"。

設　伏

一、相賊必繇之路，挑坑塹覆土，左右參錯以陷之。地雷、轉車等炮更妙，而未用也。

急　鄰

一、賊到左近村落，出精勇，多建旗幟，鑼鼓銃炮，前據勝，以張聲援。若有兵馬，則當陣戰。